Fils à papa(s)

DU MÊME AUTEUR

Dictionnaire malhonnête de la télévision, Balland, 2011.

L'Éloge de la loose : nos pires et nos meilleurs moments de solitude, Larousse, 2016.

Christophe Beaugrand
avec la complicité de Ghislain Beaugrand-Gerin

Fils à papa(s)

L'incroyable histoire de deux garçons qui voulaient devenir pères

PLON
www.plon.fr

92, avenue de France
75013 Paris
Tél. : 01 44 16 09 00
Fax : 01 44 16 09 01
www.plon.fr
www.lisez.com

Mise en pages : Nord Compo
Dépôt légal : octobre 2021
ISBN : 978-2-259-30742-0

Introduction

Sèvres, mardi 5 novembre 2019, 0 h 45

– Allô ? Vous devriez venir... VITE !

J'écarquille à peine les yeux, je suis endormi depuis une bonne heure mais la sonnerie stridente du téléphone m'a tiré de mes jolis songes. Ghislain près de moi, qui n'arrive plus à trouver le sommeil depuis plusieurs jours déjà, me fixe, interrogatif.

– Que se passe-t-il ?

À l'autre bout du fil... à l'autre bout de l'Atlantique... la voix douce de Whitney. Plus inquiète qu'à l'accoutumée.

– *What's happening* ? bredouillais-je avec mon accent frenchy à couper au couteau.

Je vous épargne la réponse en anglais, vu l'heure, j'ai certainement manqué des mots, mais voici ce que j'ai capté... et ce qu'il fallait comprendre.

– Valentin va arriver plus vite que prévu ! Je sors du rendez-vous avec mon médecin. Il y en a pour quelques jours maximum. Peut-être même quelques heures. Venez vite !

Ce coup de fil tardif, on l'attendait avec Ghislain, on l'espérait même. Mais pas si tôt ! En principe, la date du terme est prévue le 30 novembre. Vingt-cinq jours d'avance ! Visiblement, bébé Valentin est impatient de nous rencontrer.

Nos deux battements de cœur s'accélèrent à l'unisson. Une étrange sensation nous envahit, mêlée de crainte, d'espoir, de stress et de hâte.

Je regarde Ghislain.

– Papas ? On va devenir papas ? Ça y est ?

Je bondis hors du lit et je me rue dans le bureau contigu à notre chambre. J'ouvre mon ordinateur, Ghislain vient s'asseoir près de moi. Il faut trouver des billets. VITE ! En principe, notre vol est prévu dans dix jours. Généralement, on conseille aux parents d'intention (c'est comme cela qu'on appelle les parents qui ont recours à une mère porteuse, j'aurai le temps de tout vous raconter) de venir environ deux semaines avant la date d'accouchement prévue.

Par chance, une jeune compagnie vient tout juste d'ouvrir une ligne directe Paris/Vegas. Quelques heures de correspondance à Los Angeles évitées, ça nous permettra peut-être d'arriver à temps ?

Alors que je valide le billet, Ghislain de son côté se jette sur les valises. Tout était quasi prêt. « Au cas où », disions-nous...

Du lait en poudre français, une petite baignoire gonflable, des couches, des couvertures, des petits pyjamas, des bodies... Nos vêtements, on les roule en boule à la hâte.

Jamais, il me semble, je n'avais passé une nuit blanche depuis mes vacances d'ado avec mon cousin David. Les yeux qui piquent. Le lendemain matin, branle-bas de combat familial ! J'appelle ma mère.

– Maman on part, bébé arrive !

Ghislain téléphone à ses parents.

– Allô maman ? Il faudrait que vous gardiez Madame.

Notre petit berger australien a un peu plus d'un an. Elle est toujours très heureuse chez les parents de Ghislain. Choyée, baladée, câlinée... En voilà une qui va passer des vacances de luxe en attendant de rencontrer son petit frère.

Et puis il faut aussi appeler le boulot. Bastien, le producteur de la Matinale de LCI où j'officie quotidiennement, mais aussi mon ami depuis vingt ans, comprend, évidemment.

– Il y a des priorités dans la vie ! Donne-nous des nouvelles !

Pascale de La Tour du Pin, Élizabeth Martichoux, mes camarades du matin, m'envoient d'adorables messages de « bonne chance » alors que nous sautons dans le taxi.

Sur la route, on multiplie les textos aux proches, aux amis. Ceux qui savent, pour les prévenir.

Tout va si vite.

Roissy, terminal 2

Une agente de sécurité vérifie nos passeports. Pas commode, un colosse avec les cheveux attachés et les épaules d'une nageuse est-allemande. Pas le genre avec qui vous avez envie de blaguer. Elle remarque que nous avons le même nom. Beaugrand-Gerin.

– Vous êtes frères ? Vous vous ressemblez !

Je lance un regard amusé à Ghislain.

– Non, nous sommes mariés !

Le visage du colosse s'empourpre d'un sourire gêné.

– Oh pardon !...

Et elle ajoute, étonnamment prévenante :

– Vous allez très bien ensemble...

Encore un long couloir... attente. Coup d'œil sur le téléphone. Aucun message de Whitney, elle n'est donc pas encore à la maternité. Ouf !

– « *Ladies and gentleman, we are about to take off...* »

La voix robotisée de la chef de cabine... les gestes mécaniques des hôtesses en pleine démonstration de sécurité. Des souvenirs flous. Étranges. Nous sommes comme extérieurs à nous-mêmes. Hier soir nous étions encore à la maison, deux jeunes mariés insouciants. Demain, nous serons deux papas, au bout du monde.

Envolées, les phobies de Ghislain, qui a toujours redouté l'avion et détesté les décollages. Désormais, il n'y a qu'une seule chose qui nous obsède : atterrir à temps !

Le vol va durer onze heures. Une éternité.

Mais pendant ce temps... à Las Vegas ? Whitney sentira-t-elle les ultimes contractions ? Valentin saura-t-il patienter jusqu'à l'arrivée de ses papas ?

Ce moment qu'on attend depuis si longtemps... qu'on imagine... qu'on rêve... qu'on idéalise peut-être ?

Va-t-on entendre son premier cri ? Serons-nous les premiers visages qu'il apercevra ? Serons-nous les premières peaux qu'il touchera ? Serons-nous les premiers bras qui le porteront ? Valentin... mon bébé...

Je me répète comme un mantra : « Un peu de patience, Valentin... attends-nous... Tes papas arrivent, promis ! »

J'enregistre ce message en note vocale, je l'envoie à Whitney :

– Fais-lui écouter le message. On fait au plus vite.

La seule certitude que nous avons lorsque le vol 8011 décolle de Roissy-Charles de Gaulle, c'est que ce voyage va totalement changer notre vie.

Le petit garçon qui voulait devenir papa

Villebon-sur-Yvette, 5 septembre 1987

Le pyjama qui gratte. Le cheveu en bataille. Les dents en désordre. Au quatrième étage de notre résidence. Au fond de ma chambre, au parquet seventies. Je regarde la télé. Petit bocal en noir et blanc, qui fonctionne avec une antenne télescopique incorporée. Si je passe trop près, ou si je penche l'antenne trop à gauche ou trop à droite, l'image se brouille et le son crachouille. Pour changer de chaîne, pas de bouton, mais une petite molette qu'il s'agit de bien manier si on ne veut pas rater le début de son programme préféré.

J'ai 10 ans. Les yeux rivés sur le tube cathodique. Oui, j'ai la chance d'avoir une télé dans la chambre. J'ai tellement tanné mes parents qu'ils ont fini par craquer. Je sais déjà que cette petite boîte me fascine et m'attire à tel point que je ferai tout pour y rentrer quand je serai grand.

En attendant, je m'évade.

« Il est beau... il est tellement beau... »

Je suis un petit garçon, et lui aussi. Sur l'écran je m'extasie sur ce petit blond à la gueule d'ange et aux yeux bleus. Un sourire magnifique. Cette série, *Ricky ou la belle vie*, raconte l'histoire d'un petit garçon qui n'a pas de maman, juste un papa. Mais pas n'importe quel daron ! Le paternel de rêve, un milliardaire créateur de jouets totalement immature. C'est mieux ! Et Ricky vit ses aventures de gosse de riche dans sa maison-château. Il a un vrai train grandeur nature, vous imaginez ? Et, surtout, il est beau !

Quand je regarde cette série, je sens un trouble. Au début, je pense que ce n'est que de la jalousie : j'aurais préféré être blond, je me le suis toujours dit, je trouve ça plus joli que ma tignasse couleur châtain. Peut-être que j'aimerais lui ressembler.

Mais rapidement, malgré mon jeune âge, je suis lucide et je comprends. Ce que je ressens, ce n'est pas simplement le désir d'avoir la même vie que le beau Ricky. Vous connaissez l'histoire, les papillons dans le ventre, tout ça. Je me rends compte qu'il m'attire. Je m'imagine vivre avec lui dans son palais. Avec tous ses jouets. J'y serais heureux, assurément.

– Christophe ! À table !

Ma mère interrompt mes rêveries romantiques. Ricky... je dois te laisser. Je range soigneusement mon petit fantasme irréalisable dans un coin de ma tête en essayant de me convaincre qu'il serait plus prudent de ne jamais l'en ressortir. De toute façon, tous ces songes fous sont totalement impossibles. Je suis un garçon, donc je dois sortir avec une fille ! Il ne peut pas en être autrement. Ça n'existe pas, deux garçons ensemble. Ça n'est pas « normal ».

Le devoir m'appelle : je mets mon masque du « petit garçon parfait bien sous tous rapports ». Je débarque en courant dans la cuisine et je me glisse à table. Toujours le sourire, toujours la bonne blague. Jamais je ne voudrais montrer à quiconque qui je suis vraiment et les angoisses qui m'accablent. Alors j'en fais des tonnes. Des caisses. Trop ! Comme dans mon assiette. J'en mets des tonnes. Des caisses. Trop !

En même temps, la cuisine de ma mère vaut le détour, croyez-moi. Et noyer son chagrin dans les tomates farcies, le lapin sauté aux oignons ou les biftecks sauce madère, on a vu pire, non ?

– Comment il va le gros ?

Ça, c'est papa. Il me chambre gentiment, et sa voix part en immense éclat de rire. Ce géant barbu d'1,90 mètre m'a inculqué l'humour et le second degré au biberon ! Fan de Desproges, de Coluche. Un homme formidable et si gentil.

Nathalie est là aussi. Ma sœur chipote dans son assiette, toujours pressée à l'idée de quitter la table le samedi, pour retrouver son nouveau fiancé. Une ado, en somme.

Et maman, tirée à quatre épingles. Pas une mèche ne dépasse de son brushing idéal qui embaume la laque Elnett. Maman, toujours stressée à l'idée que le repas soit froid, que Nathalie parte avant le dessert, que papa arrive en retard du tennis, que quelque chose ne se grippe dans la mécanique parfaite de son cerveau maniaque. Vous voyez Bree Van de Kamp dans *Desperate Housewives* ?

Une famille française (névrosée) tellement classique. Cette famille que j'aime plus que tout.

Alors je n'ai qu'une crainte : la décevoir.

Difficile d'imaginer le poids qu'un petit garçon peut avoir sur les épaules lorsqu'il se rend compte qu'il sera très différent de ce que ses parents ont imaginé pour lui. Qu'il ne suivra pas la voie toute tracée par la société : trouver une jolie fille, se marier, acheter une maison, une Renault Espace, adopter un labrador et, surtout... avoir des enfants !

Je n'ai que 10 ans. Mais j'ai déjà envie de devenir papa. Depuis tout petit. Je n'ai jamais su d'où venait cette envie viscérale.

Avec mon cousin David, l'été dernier, en vacances à Bordeaux, on a vu notre petit cousin, Florian. Un adorable bambin blond bouclé. Le sosie du bébé Cadum de la publicité. Un poupon parfait. Avec des grands yeux bleus. Je me souviens encore de cette émotion lorsque je l'ai vu. Cette adorable petite crevette aux joues rebondies, ses petites menottes potelées, son regard un peu perdu et cette bouleversante innocence.

Ça fait un moment que je me pose des questions... Oui, je veux fonder une famille, oui, je rêve de devenir papa. Mais il y a quelque chose qui cloche dans mon projet. Les femmes. Je les aime beaucoup, ne vous y trompez pas. Mais un mariage ! Vivre avec une femme, s'embrasser, l'amour tout ça... ça me laisse très dubitatif. J'aime beaucoup mes copines de classe, mais à aucun moment je n'imagine prendre du plaisir avec elles autrement peut-être qu'en les coiffant ou en jouant à l'élastique ! Ce sont mes « meilleurs potes ». Il est bien là, le problème. En principe, les garçons et les filles ne font pas vraiment « amis-amis ». Ils se tolèrent en primaire, mais c'est plus de la cohabitation. Ils se cherchent au collège, mais en général les garçons ne sont pas encore au maximum de leur potentiel de séduction puisqu'ils ressemblent à d'étranges créatures maigrichonnes aux longues jambes et à la moustache approximative et duveteuse. Et puis au lycée, ça se drague ouvertement et se galoche sans complexes. Enfin, les autres. Parce que moi, je ne me projette absolument pas dans cette parade amoureuse.

Alors que j'ai toutes les peines du monde à mettre des mots sur ce que je ressens, certains de mes camarades de classe ne s'encombrent pas d'indulgentes précautions. Dans la cour de l'école, des « PD » sifflent quelquefois. Des petits coups de pied, de temps en temps. Des « T'es coiffé comme une fille ! ». Je me rappelle avec toujours la même angoisse une paire de bottines en daim que ma mère m'avait achetées, toute fière de sa trouvaille. À vrai dire, quand je les ai enfilés à la maison avant de partir à l'école, je les trouvais bien jolis, ces souliers. Mais, encore une fois, je n'avais pas vu ce que « les autres » avaient déjà remarqué depuis bien longtemps ! Une légère petite différence. Un regard. Une attitude. Des manières, peut-être.

Je me souviens comme si c'était hier de ce fameux jour, avec ces fameuses bottes. À l'heure de la récréation, des quolibets pleuvent. Les petits garçons en meute surjouent la pseudo-virilité en m'agonissant d'injures. Ça ricane, ça tourne autour de moi en scandant « Il a des bottes de fille, il a des bottes de fille... ».

Assailli de toutes parts, j'essaye maladroitement de me justifier, d'argumenter. Mais c'est peine perdue.

D'un coin de l'œil, hagard, les maîtresses papotent du programme télé de la veille et observent indifférentes l'étrange danse autour de moi. Elles ne voient pas que je ravale mes larmes. On a parfois la sensation que les adultes oublient le drame qu'un enfant peut vivre lorsqu'il se sent humilié. Une impression de fin du monde. Et encore, à l'époque, j'ignore que la société va créer la pire des machines à alimenter la haine : les réseaux sociaux. Dieu merci, une fois rentré à la maison, la haine cesse.

16 h 30, la cloche sonne.

Dans un hurlement joyeux, une ribambelle de gamins surgit en courant hors des classes.

Maman vient me chercher. Parfaite comme toujours : à l'heure, embaumant le parfum et la laque, et avec mon goûter.

J'engloutis ma chocolatine en quelques secondes.

– Tu as passé une bonne journée ?

– Moui...

La bouche pleine, difficile d'articuler quelques mots intelligibles. Et ça m'arrange. Bien sûr, je pourrais balancer tout ce que j'ai sur le cœur, que j'ai passé une journée affreuse, que dès la première récréation du matin, chaque moquerie m'a accablé comme autant de coups de poignard. Mais, vous savez, un enfant n'a qu'un seul désir dans la vie : faire plaisir à ses parents. Et surtout ne pas les inquiéter. Alors il faut camoufler. Une grimace, une farce, une cabriole. Et hop ! Tout est oublié. Le visage du clown rassure.

Mais de retour à la maison, au fond de ma chambre et sous ma couette, quand je suis sûr que ma maman ne peut pas m'entendre, les larmes coulent. Ce terrible sentiment d'être « anormal » alors qu'on rêverait simplement être conforme à ce que la société voudrait. Il n'y a rien de pire pour un enfant qu'être différent. Les gosses sont obsédés par l'uniformité, pas une mèche ne doit dépasser. La bonne trousse, les bonnes fringues, la bonne attitude. Comme un troupeau de petits moutons.

C'est tellement dur à affronter lorsque vous recevez cette gifle en pleine figure... ce message qui signifie au fond : tu es différent donc on ne veut pas de toi dans notre monde. Ce rejet terrifiant, alors que nous sommes tous des animaux sociaux qui n'avons qu'une seule envie : aller vers l'autre et se rassembler.

À 10 ans, la plupart de mes camarades de classe ont leur petite fiancée. Pas moi. Je ne pense pas que j'aurais pu plaire à qui que ce soit à cet âge, de toute façon ! La raie au milieu, l'appareil dentaire, les pantalons à pince, pour aider à y faire passer mon gros ventre. Quel tableau glamour !

Quelqu'un me plaît dans ma classe. Il est l'un des seuls à avoir pris ma défense face aux hyènes moqueuses qui déversent leur fiel sous le préau et dans la cour.

Il s'appelle Fabien, je l'admire... Un peu mon héros. Il est fort au foot. Il a un joli sourire qui s'ouvre sur les dents du bonheur et le visage criblé de taches de rousseur. Il rigole tout le temps. C'est la première fois qu'un garçon est gentil avec moi. Grâce à lui, de la catégorie « innocente victime », je passe à celle de petit favori du garçon le plus populaire de la classe. Lui, il me défend, il me protège. Il leur dit d'arrêter. Alors forcément, mon cœur lui est acquis !

Un jour que Fabien admire mon coup de crayon, je dessine des BD à la récré je pense que c'est ce qu'il a aimé chez moi, il me glisse qu'il part en colo en Haute-Savoie pour les vacances de Pâques. Il m'explique à quel point ces camps sont formidables, on s'y amuse, on joue...

Il attise ma curiosité.

— Tu crois que je pourrais venir avec toi ?

Le visage de Fabien s'éclaire et son sourire laisse apparaître ses quenottes mal rangées :

— Ce serait génial ! Je vais en parler à ma mère ! On va s'éclater !

Mais pourquoi ai-je sorti cette satanée phrase ? Qu'est-ce qui m'a pris ?

Sur le chemin du retour de l'école, avec ma traditionnelle chocolatine dans le gosier, je n'ose pas aborder la question avec maman.

Moi ? En colo ? Quelle blague ! Je n'ai jamais osé m'éloigner de la maison plus d'une demi-journée. Là, c'est une semaine, loin de papa-maman, en toute promiscuité avec des gamins que je ne connais même pas – sauf le gentil Fabien. Vu ma popularité à l'école, je vois mal comment ça pourrait bien se passer.

Mais pour le beau Fabien, je suis prêt à prendre ce risque !

Après quelques jours de négociation, et malgré les réticences de maman, papa réussit à la convaincre.

– Ça lui fera du bien, tonne-t-il à table.

Et quand papa décide, en général tout le monde obtempère. Maman passera de longues soirées à coudre des étiquettes « Christophe Beaugrand » sur mes vêtements.

Le jour du départ arrive. En bus, de Paris. Des enfants viennent d'un peu partout. Il y a des garçons, des filles, ça piaille, ça rigole. Ils ont l'habitude, ils sont tous tellement à l'aise. Et moi tellement gauche. Dieu merci, Fabien est là. Il me guide, me donne les codes.

La semaine sera tantôt joyeuse, tantôt terrifiante. Des activités théâtre et dessin, où je m'éclate. Une atroce randonnée avec la tente en sac à dos et la nuit en camping sauvage. Réveil nez à nez avec une vache. Des fous rires. Un mono qui me prend en grippe et qui me rappelle les hyènes de la cour d'école. Fabien qui trouve une petite fiancée pour la semaine et me délaisse.

Et l'angoisse de la nuit, dans les draps froids du dortoir. Sans le bisou de bonne nuit de maman. Et les larmes qui coulent sur mes joues, tous les soirs.

Et puis le retour à Paris, fier d'avoir réussi ce rite de passage. Heureux de retrouver ma famille, mais nostalgique de ces premiers moments d'indépendance.

J'ai 10 ans. Pour la première fois, je suis parvenu à dépasser mes peurs et à affronter l'inconnu.

Acte fondateur ! Ça veut dire que rien n'est impossible. Ça signifie que je suis plus fort que je ne le crois. Oui, on peut aller au-delà de ses blocages, au-delà des moqueurs et des juges de pacotille. On peut déplacer des montagnes ! On peut se dépasser et – pourquoi pas – réaliser ses rêves !

Ça veut dire que le petit garçon qui rêve de devenir papa y arrivera peut-être.

Le chemin sera long. Mais c'est possible, j'y crois dur comme fer !

Le droit chemin

Villebon-sur-Yvette, juin 1994

– Christophe ? Je peux entrer ?

Ma mère vient de toquer à la porte de ma chambre. Les volets sont clos. Il fait nuit noire. Je suis dans mon lit, le casque de mon walkman Sony enfoncé sur les oreilles. J'écoute mon émission de radio préférée, l'animatrice Supernana sur Skyrock. Entre deux fous rires étouffés dans mon oreiller pour ne pas éveiller toute la maisonnée, j'entends la voix douce de maman. Douce mais avec cette pointe d'angoisse que je connais si bien chez elle.

– Oui, entre...

Sa silhouette toujours parfaitement apprêtée, dans sa chemise de nuit de soie, encore en train de s'oindre les mains de sa crème hydratante favorite, ses petits rites avant d'aller se coucher. Et toujours ce doux parfum de maman, la laque et le lait démaquillant. J'ai beau avoir 17 ans, dans les bras de sa maman, on redevient un petit garçon. Je retire mon casque.

Elle pose une fesse sur un coin du lit, s'approche de moi et pose un doux baiser sur ma joue.

– Tu n'as rien à me dire...

Mais que cherche-t-elle ? Le souffle court et les battements de cœur qui s'accélèrent... Je la connais bien et quand elle veut me tirer les vers du nez, je la sais coriace ! Pourtant je ne sens aucune agressivité dans ses propos. Son ton est bienveillant, je le vois dans ses yeux indulgents et dans son léger sourire aux coins de ses lèvres. Il n'empêche. Derrière ce « tu n'as rien à me dire », il y a une inquiétude.

Je fais non de la tête.

Maman part alors dans une démonstration maladroite et un brin incompréhensible.

– Dans la vie, parfois on se pose des questions. On apprend. On essaye de trouver sa voie. On peut faire des bêtises. Mais il ne faut jamais s'écarter du droit chemin. Jamais.

Elle caresse tendrement mes cheveux, se lève et me dit bonne nuit. Elle referme doucement la porte de ma chambre derrière elle.

Je reste interdit. Les yeux écarquillés, les mains crispées sur le drap. Je n'ai pas prononcé un seul mot. Mais ce que ma mère vient de dire résonne encore dans ma tête : « ne jamais s'écarter du droit chemin ». Le message est limpide, pas besoin d'être grand clerc pour décoder. Le droit chemin, c'est la normalité.

Alors maman a fini par se rendre compte. Que son petit gars n'est peut-être pas exactement comme les autres. Qu'il a des goûts à part. Et une identité un peu différente de la majorité de ses congénères passionnés par le foot et les filles. Pourtant j'ai tout fait pour donner le change. J'ai tenté d'être insoupçonnable.

Alors j'essaye de me refaire le film. Qu'est-ce qui a bien pu lui mettre la puce à l'oreille ?

Quand gamin je rêvais d'avoir un « Mon petit poney » pour Noël ?

Que je n'ai tenu que trois mois au club de foot auquel mon père m'avait inscrit, le mercredi après-midi ?

Que j'ai préféré m'inscrire à l'école de théâtre de la MJC ?

Que je n'ai aucun ami garçon mais que je ne côtoie que mes « meilleures copines » ?

Que j'ai un poster de Mylène Farmer et un autre de Madonna punaisés dans ma chambre ?

Bon... OK... j'avoue, ça fait beaucoup. Inutile d'être Sherlock Holmes pour analyser ce faisceau d'indices. Mais je l'apprendrai bien assez vite, ce qui m'a définitivement trahi, c'est la facture téléphonique détaillée.

Maman me voyait toujours pendu au téléphone. Avec mes copines en général.

On voyait alors arriver des factures parfois salées. Je sais que plusieurs fois, elle les a même cachées à mon père pour me couvrir.

Mais il y a quelques semaines, c'est une facture astronomique qui a atterri dans la boîte aux lettres. Je ne saurai plus vous dire de combien, mais c'était en francs et ça dépassait allègrement le montant de mon argent de poche !

Alors mes parents se sont dit qu'il devait y avoir un problème, peut-être une erreur de fichiers. On ne va quand même pas payer des milliers de francs pour une erreur administrative ! Du coup, maman est allée dans l'agence France Télécom pour réclamer la facture détaillée. Et bien sûr, on n'y a trouvé aucun bug de leur part !

On y voit surtout une multitude d'appels en 0800... des numéros surtaxés hors de prix. La facture précise aussi les jours et les heures de ces fameux appels. En général le mercredi après-midi, quand maman part faire des courses et que je suis seul à la maison.

Entre nous, je peux bien vous l'avouer maintenant : oui, c'était moi, évidemment. Ces numéros que j'ai appelés, j'en avais vu la publicité dans les journaux gratuits, vous savez ces magazines gratuits de petites annonces qu'on distribue dans les boîtes aux lettres. Et vers les dernières pages, vous n'avez jamais vu les publicités pour les « services thématiques » ? Des annonces toutes plus alléchantes les unes que les autres pour un jeune adolescent dont les hormones fonctionnent à plein régime :

« Rencontre les mecs les plus chauds de ta région ! »

« Écoute ces hommes faire l'amour au téléphone ! »

« Tous les jours, des histoires pour t'exciter... »

Mettez-vous dans la peau du gamin paumé que j'étais ! C'est tentant...

Mon père n'a pas dit un seul mot, comme d'habitude. Il parlait peu. Quant à ma mère, elle ne m'a jamais demandé plus de comptes que cela. Hormis que j'ai dû vider la moitié de l'épargne que j'avais accumulée en économisant mon argent de poche pour régler cette fameuse facture.

Désormais, à la maison, on vit dans un silence gêné une situation où tout le monde sait, ou du moins se doute. Mais où personne ne dit rien.

« Le droit chemin »... je ne sais pas trop où il mène, mais j'ai comme l'impression d'avoir déjà pris une autre route.

L'été arrive. Plus personne ne parle de cette histoire, à la maison, on s'affaire plutôt à préparer les vacances ! Comme tous les ans, papa va ressortir le bateau de son hangar, nous allons le mettre à l'eau et partir en mer pour de jolies balades sur le bassin d'Arcachon. Maman va râler en préparant la glacière, le pique-nique, les serviettes. Et puis nous devrons régler le réveil à l'aube pour ne pas louper l'horaire de la marée. La maison de mamie Cécile, mon arrière-grand-mère, est au cul du Bassin, à Andernos-les-Bains. Là où la plage se transforme en champs de vase sur des kilomètres lors des gros coefficients de marée. Là où, dans le petit port de plaisance du Betey, les bateaux s'échouent sans une goutte d'eau si vous avez manqué le bon horaire pour accéder au chenal.

Cette année, mes cousins sont là. Céline et David. Elle, un an de plus, et lui, un an de moins. Toujours fourrés ensemble en vacances, notre trio infernal fait les quatre cents coups, on ricane, on s'amuse et on ne se prend pas au sérieux. On s'aime tant.

Céline est toujours très à l'écoute. Toujours drôle avec son accent bordeluche à couper au couteau.

Ce jour-là, David est avec mon père du côté de la barre, il s'intéresse à la façon dont on tire des bords, dont on hisse les voiles, dont on noue les bouts... bref, tout ce décorum qui m'ennuie prodigieusement. Ils sont à la fête tous les deux, concentrés sur leurs préoccupations d'apprentis loups de mer.

De l'autre côté, sur la proue, ceux qui ont choisi le côté farniente : avec Céline, on se dore la pilule au soleil. Et on parle des heures en riant comme des bossus. Alors qu'on entend le ressac contre la coque en remontant vers l'île aux Oiseaux, et que la radio crache quelques tubes dance de cet été 94, Ace of Base ou Corona, mon regard se perd dans les nuages qui décorent le ciel bleu.

Ça fait longtemps que je veux me confier. Ce que j'ai sur le cœur, dans les tripes, je n'ai jamais osé le dire à personne. Mon secret, je le garde pour moi seul ! Mes rêves et mes fantasmes restent enfermés à double tour dans ma petite tête de grand ado décalé. Mais j'ai besoin que ça sorte. Comment réussir à garder pour soi ce qui est en train de construire son identité ? Partager cette solitude face à une vie qu'on a peur de ne pas pouvoir assumer au grand jour. Alors on se parle à soi-même, on essaye de se raisonner. On se dit... je vais faire comme tout le monde, je vais me marier, je vais avoir des enfants. Et puis on est déchiré, car on sait au plus profond de soi que ce n'est pas ça qu'on veut. On connaît son désir : caresser un visage barbu, se lover contre une épaule musclée. La peau douce d'une femme, fût-elle la plus belle du monde, très peu pour moi. Mais comment expliquer ce trouble-là, qui vous ronge et vous tord ? Et, surtout, comment faire pour que l'autre vous accepte tel que vous êtes ?

Dans les années 90, on parle un peu plus d'homosexualité que dans les décennies précédentes. Mais on est encore à mille lieues d'imaginer qu'allaient arriver mariage et, plus encore, famille homoparentale. À l'époque, l'homo est toujours cette créature marginale et pittoresque qu'on imagine se dandinant en short en cuir sur un char de la Gay Pride ou tout fardé de rose perché sur des plateforme shoes de drag-queen hystérique. Difficile de se projeter en père de famille modèle dans ces conditions !

Céline est la seule à pouvoir me comprendre, je pense. Mais comment faire ? Par quel bout attraper ce terrible secret ? Que dire en premier ?

Je prends mon courage à deux mains, une grande inspiration... et je lui sors la complainte du « droit chemin » narrée par ma mère quelques semaines auparavant. Je me dis qu'elle parviendra peut-être à comprendre toute seule. Elle est maligne, et moi, pas si discret.

– Le droit chemin ? Ahahaha ! Mais quel droit chemin ?

Céline éclate d'un rire tonitruant. Ses yeux qui pétillent se posent sur moi, qui ne sais pas trop comment réagir. Elle me prend la main. Elle a tout capté, évidemment. C'est une dose d'amour que je me prends alors en pleine figure. Elle me dit qu'on est une famille et qu'on s'aime, quelles que soient nos différences et quels que soient nos choix. Elle me dit que je serai toujours son cousin. Et elle conclut en me mettant en garde de ne jamais lui piquer son mec avant de partir en un fou rire mémorable !

De retour au port, ni papa ni David n'ont entendu un traître mot de ce qui s'est passé de l'autre côté du voilier. S'ils savaient. J'ai le sourire aux lèvres. J'ai envie de bouffer le monde ! Oui, c'est possible de rester une famille, de continuer à s'aimer. Je sais que ma cousine ne me lâchera pas. Mes parents non plus, assurément. Même si je me sens un peu coupable des tourments que je vais leur faire endurer. Mais après tout, il y a plus grave, non ?

Quelques mois plus tard. Les vacances d'été semblent bien lointaines. Nous sommes en décembre. Je vais fêter mes 18 ans dans quelques jours. Je me sens de mieux en mieux dans ma peau. Évidemment, je ne suis pas encore en mode séduction. Non seulement mon look est déplorable, une hideuse raie au milieu, des problèmes d'orthodontie qui s'éternisent, une surcharge pondérale qui ne s'arrange pas, mais de surcroît, au lycée, impossible de tenter de draguer ceux qui pourraient réellement me faire tourner la tête. Alors je me suis rabattu sur Edmée. Une des rares filles de ma classe encore célibataire, au prénom aussi suranné que le look. « Elle s'appelle Edmée, Edmée, Edmée. » Rappelez-vous de la tirade hilarante de Louis de Funès dans *Hibernatus*. Edmée, c'est le prénom de sa femme, Claude Gensac.

On n'est pas à proprement parler un couple très glamour ni d'une grande modernité. Mais je l'embrasse de temps en temps, sans grande conviction. Je mesure bien qu'elle aimerait aller plus loin. Mais la pauvre, elle n'est pas tombée sur le bon client ! Elle mérite tellement mieux, c'est une fille adorable et très intelligente. « Le droit chemin », je l'ai tenté avec elle. Mais vraiment, ce n'est pas le genre de route que j'ambitionne d'emprunter. Les chemins de traverse, c'est sympa aussi !

Mon anniversaire est dans quinze jours. Vivement ma majorité ! papa m'entraîne le week-end avec l'Opel Corsa sur le parking de Cora, j'apprends à passer les vitesses, à appuyer sur l'embrayage. J'aime ces moments de complicité avec lui, ils sont si rares. J'ai déjà le code en poche. Plus qu'à passer l'examen de la conduite et hop ! À moi la vie parisienne ! Les bars gay, les boîtes de nuit... je vais pouvoir connaître cette vie dissolue à mon tour ! Je vous parlais de cette animatrice de radio, Supernana. Extraordinaire personnalité, complètement cinglée et gay-friendly à l'humour dixième degré dont les blagues salaces seraient aujourd'hui indiffusables sous peine de procès et de signalements au CSA. Mais à l'époque, on est libre de dire les pires horreurs sans risquer d'être inquiété ou d'être voué aux gémonies. Dans son émission, elle évoque souvent cette fameuse discothèque, Le Queen. Comme elle le répète à l'envi en riant « Un gros Q devant et plein de petits à l'intérieur ! ». Sans le savoir, elle m'a fait mon éducation. Elle m'a un peu déniaisé.

Grâce à Supernana, j'ai l'impression de pénétrer ce Paris interdit, je découvre cet humour spécifiquement homo, bourré d'autodérision et de perfidie. Je vais le connaître bientôt, cet univers de paillettes et de rire. De folie et de danse.

Maman toque à ma porte et m'extirpe de mes rêveries arc-en-ciel. Encore ! À cette heure-ci ? Mais que veut-elle ?

Lorsque je lui ouvre, je n'imagine pas alors que je vais avoir l'une des discussions les plus bouleversantes de ma courte existence.

– J'avais envie de te parler.

Elle est souriante, douce, apaisée. Mais je sens qu'elle a un peu de mal à déglutir. Ce qu'elle s'apprête à me révéler ne semble pas évident à articuler.

– Tu sais, je te connais bien. Je t'ai porté dans mon ventre, je t'ai donné la vie, je me suis occupé de toi et de ton bonheur à chaque minute de mon existence. J'ai compris.

– Que... quoi ?

– Que tu préfères sans doute les garçons.

– ... heu...

– Non, ne te justifie pas. Il n'y a rien à justifier. Tu as toujours été différent, depuis tout petit. Tu as toujours eu ton caractère, très affirmé. Tu as toujours imposé tes choix, quitte à nous pousser dans nos retranchements parfois. Tu n'as jamais rien fait comme les autres. Et c'est comme ça qu'on t'aime. Depuis l'affaire du téléphone, tu sais, nous ne sommes pas si naïfs avec ton père.

Alors j'ai pris une décision : depuis quelques mois, je vais voir une psychologue. Je voulais des conseils pour savoir comment te parler. Comment aborder les choses pour ne pas te brusquer, ne pas te braquer, pour ne pas être maladroite. Elle m'aide aussi à accepter la situation. Je me sens coupable, je me dis que c'est ma faute. Ton père me reproche de t'avoir trop couvé, peut-être.

– Mais il n'y a pas de faute maman, je suis désolé si je...

– Tu n'as pas à être désolé. La seule chose qui compte pour ton père et moi, c'est que tu sois heureux. Que ce soit avec un garçon ou avec une fille. Nous t'accepterons comme tu es.

J'ai l'impression que le sol se dérobe sous mes pas. Quelle preuve d'amour incroyable ! Imaginez... cette femme que je sais fragile, pétrie de certitudes et si perturbée lorsqu'on vient bousculer ses habitudes et sa vie si parfaitement rangée comme une étagère remplie de bibelots étincelants qu'elle s'ingénierait à briquer sans cesse. Quel travail a-t-elle fait sur elle-même pour me tenir ainsi un discours si sensé, si sensible ? L'amour inconditionnel qu'elle a pour son fils lui a fait soulever des montagnes. Elle me confie qu'elle est d'abord allée voir notre médecin généraliste qui lui a assuré que j'étais tout à fait normal et que les adolescents ont parfois des périodes où ils se cherchent. Et voyant qu'elle se bourrait de Temesta pour parvenir à mieux s'endormir, il l'a aiguillée vers cette psychologue, à Gif-sur-Yvette.

Une femme formidable qui lui a permis de tellement avancer et de faire la paix avec elle-même. Et surtout une femme qui a su trouver les mots justes en lui assurant que son fils était tout à fait normal et qu'on pouvait tout à fait être heureux et épanoui en étant homosexuel.

– La seule chose qui me fait de la peine, c'est que je ne serai sans doute jamais grand-mère. Peut-être grâce à ta sœur... mais pas avec toi.

Maman vise juste. Cette question me trotte dans la tête depuis longtemps, moi qui ai toujours voulu devenir papa. Au moment où elle prononce cette phrase, ma mère me motive encore plus à mener mon projet à bien. Aller jusqu'au bout pour la faire mentir.

« Le droit chemin » pour être heureux et pour devenir papa est semé d'embûches. Mais je vais le trouver.

La honte de la famille

Talence, octobre 1998

– Il va falloir que tu nous présentes ta petite copine, ahahah !

L'accent rocailleux et le verbe haut, mon grand-père, le nez toujours un peu rouge en fin de repas, vient de siffler une bouteille de champagne comme tous les midis. Et il s'apprête à verser une bonne lampée de cognac dans le fond de sa tasse à café en porcelaine. La tradition après le dessert, ici ! Un digestif qui prépare vos boyaux à toutes éventualités. De son côté, mamie Jeannine engloutit son verre de porto en riant.

Dans la salle à manger envahie de bibelots de leur belle bastide bordelaise, j'ai parfois l'impression que mes grands-parents me jouent une pièce de boulevard ! De vrais personnages de théâtre, bruyants, joyeux, attachants.

Même à 21 ans, lorsque je suis assis à cette table avec la jolie nappe, les serviettes brodées et le service des grands jours, je redeviens un enfant. Toujours au spectacle devant ce couple si mal assorti et si drôle !

Leur jeu préféré : se houspiller, en permanence !

« Jeannine, tu parles trop !... »

« Jeannine, tu manges trop !... »

« Jeannine, tu en fais trop !... »

Et ma grand-mère dans un immense éclat de rire qui s'ingénie à l'envoyer paître. On ne s'ennuie jamais chez les Larue !

Mon grand-père, tout le monde l'appelle « Parrain ». C'est son surnom. Qui lui vient sûrement du fait que ce n'est pas mon vrai grand-père. Mamie Jeannine a divorcé lorsque mon père avait 3 ans. Elle a quitté son mari pour Jacques Larue, cet homme dont elle est tombée passionnément amoureuse. Mon vrai grand-père a coupé les ponts et je ne l'ai jamais connu. Mamie était d'une incroyable modernité ! À l'époque, ça ne se faisait pas de divorcer, ni de porter le pantalon ou d'avoir les cheveux coupés court à la garçonne ! Mais mamie s'est toujours moquée du qu'en-dira-t-on. Elle était libre !

Alors pas question de rester avec le mari qu'on lui avait choisi, pour arranger les affaires de la famille. Une vraie rebelle qui n'a jamais aimé la facilité. Jeter son dévolu sur « Parrain » pour partager sa vie en est la preuve !

Car Jacques Raphaël Larue, *alias* « Parrain », il a son petit caractère, endurci par la vie. Bébé abandonné dans un lange, trouvé dans la rue... d'où le nom que l'Assistance publique lui a donné. Lui qui n'avait rien et qui s'est forgé une vie à la force du poignet. Lui qui a créé son entreprise sur les marchés de Brienne, le Rungis bordelais. Lui qui a toujours pris soin de sa famille pour qu'elle ne manque jamais de rien. Bouillonnant, tempétueux, le sourcil hirsute et broussailleux qui le fait ressembler à un mystérieux animal sauvage, avec une voix de stentor qui résonne dans toute la maison. Son accent landais, aux « r » qui roulent et tourneboulent, le rend parfois à peine compréhensible. Et son éternel parfum d'eau de Cologne dont il aimait tant s'asperger après s'être rasé de près. Malgré tous ses défauts, c'est lui qui a élevé papa, celui qui n'était pas son fils, qui lui a inculqué les valeurs du travail, du respect. Mais mon père me glissera un jour qu'il ne lui a jamais appris à aimer.

Alors, quand il me balance sa sempiternelle question sur mon hypothétique fiancée en fin de repas, ragaillardi par l'alcool, je ne vous cache pas que je suis dans mes petits souliers.

— Ma... ma petite copine ? balbutiai-je péniblement, le rouge me montant aux joues.
— Mais laisse-le tranquille ! Il a bien le temps ! Pour l'instant il se concentre sur ses études !

Mamie Jeannine est venue à ma rescousse ! Elle me lance un clin d'œil et commence à débarrasser la table. Parrain se lève avec sa tasse encore à moitié pleine de sa mixture écœurante et alcoolisée pour aller s'écrouler dans le vieux canapé en cuir marron de son salon, face à sa télé, et ronfler devant les débats de l'Assemblée nationale. C'est son péché mignon, il passe des heures devant les questions au gouvernement retransmises sur France 3 pour insulter les hommes politiques qu'il abhorre tant.

Et de son côté, mamie va dans sa cuisine et dans son salon, dans la véranda, de l'autre côté de la maison, pour paresser dans son canapé à elle, l'œil rivé sur ses précieux mots fléchés qu'elle ne parvient jamais à terminer, avant de piquer du nez à son tour pour une petite sieste.

Leur logis est coupé en deux ! Chacun sa chambre, chacun son salon, chacun sa tanière !

Moi j'ai choisi mon camp, celui de mamie, assurément.

Depuis l'an dernier, je me suis installé ici, au 61, route de Toulouse, à Talence, petite ville universitaire aux portes de Bordeaux.

J'ai quitté la région parisienne, abandonné ma maison, dit au revoir à papa/maman pour suivre mes études ici, sous le soleil du Sud-Ouest. J'ai réussi le concours d'entrée de l'École de journalisme de Bordeaux.

L'indépendance... ou presque ! Puisque je squatte chez mes grands-parents.

Mamie Jeannine, avec qui je partage une phénoménale complicité depuis ma plus tendre enfance, a fait aménager en studio la petite pièce au fond du jardin, noyée derrière l'oranger du Mexique et le palmier, près de la piscine. Elle a fait faire une salle de bains et des toilettes. J'ai ma chambre, mon bureau. Mon lit, au vieux matelas en plumes et ce sommier aux ressorts défoncés. Elle a aussi installé dans mon nouveau refuge le fauteuil en cuir qui trônait dans la chambre d'ado de mon père. Et je peux même sortir le soir sans que personne ne le remarque, je possède la clé du chemin de Suzon, la rue du fond. Une petite porte de bois ornée d'une clochette qui me permet de me sauver à la faveur du crépuscule pour faire la fête, en toute discrétion. Elle appelle cet endroit « le boukarou », du nom d'une petite case au toit de chaume typique du Cameroun. Mais où est-elle allée chercher ça ? On se le demande encore, jamais mamie Jeannine n'a posé le pied sur le sol de Yaoundé.

Avec mamie, on discute des heures, « on blague », comme elle dit, et on rit. Des bavards invétérés ! Je l'ai convertie à la sitcom britannique hilarante *Absolutely Fabulous*. Une mamie branchée, croyez-moi ! D'une incroyable modernité.

Parfois, on va au cinéma tous les deux. Je me souviens comme si c'était hier du jour où nous sommes allés ensemble au multiplex voir le film *Pourquoi pas moi*. Une comédie kitsch sur le coming out avec un Johnny Hallyday haut en couleur dans la peau d'un torero ultra-viril qui devra prendre sur lui pour accepter l'homosexualité de sa fille. Un nanar totalement oublié mais qui tient une place à part dans mon cœur tant il est lié à un moment crucial de ma vie.

Mamie a adoré ! Évidemment, elle a tout compris, pas besoin de mettre des mots. Juste son regard, doux, malicieux et bienveillant, suffit à exprimer tout l'amour qu'elle me porte. Je sais qu'elle m'aime comme je suis.

– Ça ne doit pas être facile de faire son coming out, me dit-elle avec son accent bordelais à couper au couteau. (Mamie, quand elle prononce les mots anglais, ça vaut son pesant de cacahuètes !) Mais au fond, ça change quoi ? Le principal c'est d'être heureux !

Confortablement assis sur le siège passager de sa Clio grise cabossée, alors qu'on rentre du cinéma et que mamie-Fangio grille un feu rouge, comme d'habitude, je souris en me disant que j'ai vraiment une famille formidable.

Si j'avais su ce qui allait se passer ensuite...

Automne 1998. Ma deuxième année d'études. Il pleut. Des cordes ! Comme toujours en novembre à Bordeaux. Souvent sans discontinuer pendant plusieurs jours, un interminable crachin. Depuis quelques semaines, ma vie a changé. J'ai rencontré quelqu'un qui vit à Paris. Il s'appelle Sébastien. Il est beau, il est gentil et je suis très amoureux. Pour la première fois, je me vois beau dans les yeux d'un autre.

Alors je décide de rentrer tous les week-ends à Paris. En TGV ou en voiture, avec ma bringuebalante petite Twingo verte.

Et pour qu'on puisse vivre notre amour librement, on loue un minuscule studio dans la capitale. Au 7e étage sans ascenseur dans un vieil immeuble du 11e arrondissement à l'escalier aux marches usées qui craque à chaque pas. Dix mètres carrés à tout casser. Pour nous, un palais ! Je me dis que ça facilitera les choses pour de prochains stages, j'ai un point de chute.

Je me sens tellement triste quand je dois repartir à Bordeaux que Sébastien a une idée folle. Un samedi, il arrive avec une surprise. Petite boule de poils rayée grise et blanche. Un adorable chaton. Que je décide d'appeler Abby. Comme Abby Ewing dans *Côte Ouest*. Bon, j'avoue, on a déjà vu plus viril ! Comme le personnage du soap, elle sort ses griffes aisément et n'est vraiment pas commode.

Je n'ai que 21 ans mais déjà j'ai l'impression que mes rêves de foyer commencent à se dessiner. Un amoureux, un chat, un appartement... ce n'est pas encore le bébé qui fait des galipettes dans le grand jardin de notre future maison, mais on avance.

J'ignore alors le cataclysme que ce petit chat de la discorde va déclencher.

De retour à Bordeaux, ma valise dans une main, la petite boîte qui abrite le chat dans l'autre. Abby et son miaulement aigu et perçant de jeune chatte exaspérée par trois heures de train. On est dimanche soir.

Mamie me prend dans ses bras. Parrain dort encore. Elle trouve Abby adorable.

– Mais ça ne va pas plaire à Parrain...

– Ah bon ? Mais pourquoi ?

– Depuis la mort de Vulcain, il a toujours refusé qu'on prenne un animal...

Vulcain, c'était leur magnifique berger allemand. Le chien le plus doux et le plus gentil que je connaisse. Ma grand-mère avait eu beau multiplier les cours de dressage, il n'avait jamais aboyé sur quiconque et ne voyait dans un inconnu aucun voleur potentiel mais plutôt un partenaire de jeu ou de caresse.

Le lendemain, je laisse le chat dans mon mini-studio, et je pars comme d'habitude à l'École de journalisme de Bordeaux pour une nouvelle journée de cours. Cours de télé aujourd'hui, c'est moi qui présente le JT de l'IUT, avec un micro-collier que j'enfile autour du cou, le regard enjôleur vers la caméra, une gigantesque machine d'un autre âge, probablement récupérée dans le grenier de la station régionale de FR3 Aquitaine. Il n'empêche, je m'imagine déjà star du 20 heures de TF1. Des ambitions rapidement douchées par le taciturne professeur Charron qui m'assure que je ne suis « vraiment pas fait pour ça » et que je devrais plutôt me tourner vers la presse écrite !

Alors, en cette fin d'après-midi morne et pluvieuse, plutôt déprimé par les certitudes de mon professeur, je vais bientôt avoir le coup de grâce en rentrant à la maison.

Parrain est là, dans le salon, droit comme un « i », le sourcil toujours aussi touffu mais particulièrement froncé, les bras croisés.

– C'est hors de question pour moi d'accepter ce chat ici ! tonne-t-il, furibard.

Mamie est étrangement silencieuse dans un coin de la pièce. Je tente de défendre ma cause et d'argumenter.

– Elle ne te dérangera pas. Je la laisserai enfermée dans ma chambre.

Ma force de persuasion est à peu près aussi efficace sur mon grand-père que sur le professeur qui me donne des cours de journaux télévisés : proche du néant !

Je sens sa colère monter encore, on croirait voir de la fumée lui sortir des narines.

– Tu es chez moi, IL N'Y A PAS DE MAIS !

Je tente encore de l'interrompre, m'énervant à mon tour. Mais c'est peine perdue.

– Et s'il n'y avait que ça... bon... glisse-t-il, subrepticement.

À quoi fait-il référence ? Je n'ose comprendre. J'ignore s'il a parlé avec ma grand-mère mais je me doute qu'il sait quelque chose. Ça expliquerait ses lancinantes questions sur ma « petite amie » qui ne trouvent jamais de réponse mais qu'il ne se lasse pas de poser, comme pour me mettre mal à l'aise.

Il reprend en relevant la tête et me défiant du regard :

– C'est comme ça ! ET SI TU N'ES PAS CONTENT, CASSE-TOI !

Mon sang ne fait qu'un tour.

– Ah tu veux que je me casse ? Eh bien ne t'inquiète pas ! Je vais me casser ! Laisse-moi jusqu'à demain.

Mamie Jeannine se lève pour tenter de nous séparer. Elle crie pour faire redescendre la pression. Mais il est trop tard. Les mots ont été lâchés. Je tourne les talons et retourne dans ma chambre.

Je compose le numéro de téléphone de mon autre grand-mère, mamie Gigi.

Elle habite dans la même rue, à 300 numéros d'écart. Je suis en larmes. Elle ne comprend pas.

Mais tout de suite elle me dit de ne pas m'inquiéter. Papi Pierre possède des appartements tout près, l'un d'entre eux est libre. C'est décidé, je m'y installerai quelques jours plus tard. Avec le chat.

Pauvre petite Abby. Elle n'aura été que le déclencheur d'une crise qui couvait depuis des mois, je l'apprendrai plus tard. Parrain savait parfaitement mes penchants et ne voulait pas les accepter. Mais il avait toujours réussi à garder le silence en ma présence, n'en pensant pas moins.

Noël 1997, alors que l'on cuisine avec ma sœur et ma grand-mère, Parrain s'approche de maman et lui glisse :

– Quelle catastrophe Michèle... Christophe... quelle catastrophe. C'est la honte de la famille.

Interloquée, ma mère le renvoie dans ses cordes.

– Je vous interdis de dire ça, Jacques ! C'est mon fils, c'est votre petit-fils et c'est un garçon formidable !

La conversation ne durera pas plus de quelques secondes, il est déjà l'heure de l'apéro, et il y a des traditions auxquelles on ne déroge pas, ici ! Dispute ou pas, quand il y a des verres à boire, on oublie tous les conflits autour d'une bonne bouteille.

Ni ma mère, ni mon père n'ont le courage d'évoquer l'incident. Sans doute pour ne pas me faire de peine. Jusqu'à ce fameux jour où j'ai ma mère au téléphone pour lui raconter la dispute autour du chat. D'une voix étouffée par l'émotion, elle me raconte qu'elle n'est pas surprise.

Je comprends que ça fait plusieurs mois que Parrain se mord l'intérieur des joues à force d'héberger sous son toit « la honte de la famille ».

Quelques jours plus tard, alors qu'un beau soleil d'automne perce au milieu des nuages, des tonnes d'affaires entassées dans ma petite Twingo, je quitte mon « boukarou » pour aller vivre au 107. L'immeuble à moitié délabré de papi Pierre. Cette fois-ci, je vais vraiment vivre seul. Vraiment indépendant.

Mais cette humiliation, je ne l'oublierai jamais. Foutu dehors par mon propre grand-père ! Je sais que papa ne lui aura jamais pardonné non plus.

– Il est vraiment trop con ! me dira-t-il, un de ces rares jours où il s'est confié à moi.

Quelques années plus tard, mamie Jeannine m'a demandé pardon. Elle m'a expliqué qu'elle n'avait pas réussi à le convaincre. Qu'elle n'était pas parvenue à me défendre. Je sais que ça lui a brisé le cœur. Choisir entre l'homme qu'elle aime et son petit-fils adoré, c'était trop lui demander. Jamais je ne lui en ai voulu, je l'aime trop ! Sa fantaisie m'a tellement aidé, elle m'a toujours dit que je serais plus fort que tout et que mes rêves étaient possibles. Ce jour-là, elle aurait dû lui dire non. Mais comment la juger ? Ah, si les choses étaient si faciles...

Aujourd'hui, je soutiens une fondation qui s'appelle « Le Refuge ». Elle recueille des jeunes jetés à la rue par leurs parents lorsqu'ils découvrent leur homosexualité. Bilal, Valentin, Serena, Anthony ou Saki... tous ces gamins écorchés, abîmés, qu'on tente d'aider dans des structures où ils sont accompagnés pour reprendre confiance en eux. Croire en leurs rêves, se réinsérer dans la vie, dans leurs études. Et simplement se dire que non, ils ne sont pas anormaux, que non, ils n'ont rien fait de mal. Et que oui, bien sûr, ils ont le droit au bonheur !

Jeté dehors par mon grand-père, j'ai connu ce rejet. Mais heureusement, le reste de ma famille m'a soutenu. Tout le monde n'a pas cette chance.

Papi Pierre, qui m'a tendu la main, avec son éternel béret enfoncé sur le crâne et la petite moustache frétillante, ce bouffeur de curé et jouisseur devant l'éternel a certainement bien ri quand il a compris les raisons de mon renvoi de la maison Larue. Il n'est pas *a priori* le type même du papi gay-friendly. Sa maison et son immense potager jouxtent l'école derrière, au Pont-de-la-Maye. Deux instituteurs vivent ensemble dans les logements collectifs de l'école. « Les deux pédés ! » maugrée-t-il toujours en montrant leur appartement.

Il n'empêche, ce jour-là, il m'a ouvert sa porte quand mon autre grand-père me l'avait claquée au visage.

M'endormant dans mon nouveau chez-moi au plafond fissuré, au chauffage branlant et à la connexion internet plus qu'aléatoire, je sens contre moi Abby qui ronronne. « La honte de la famille ».

Je ferme les yeux dans ces draps froids en me jurant justement qu'un jour, bientôt c'est sûr, je deviendrai « la fierté de la famille ».

Je t'aime, papa

Verrières-le-Buisson, 19 mai 2001

– Viens vite ! Papa n'arrive plus à respirer. Dépêche-toi, viens...

La voix étranglée de ma sœur dans le combiné. J'ai encore les paupières gonflées de sommeil. Il est 5 heures du matin. Le téléphone n'a pas sonné longtemps avant que je m'extirpe de la couette, j'ai le sommeil léger en ce moment.

Ce coup de fil, je le redoutais. Je l'attendais depuis plusieurs jours.

On s'y préparait tous. En famille. Depuis que papa a rechuté. Cette saloperie de cancer qui grignote une à une avec appétit les moindres parcelles de vie.

Sébastien ne s'est pas réveillé. Je le laisse dormir. Nous vivons ensemble ici depuis près de deux ans maintenant. Nous avons abandonné notre minuscule studette du 11e pour ce petit duplex situé dans les dépendances du château de Louise de Vilmorin, dans cette jolie ville de Verrières-le-Buisson. C'était important pour moi de me rapprocher de chez mes parents. Je sais que la santé de papa est fragile, je sais surtout que maman va avoir besoin de moi. Alors il faut que je sois tout près. Pour être là, si ça ne va pas.

J'enfile à la hâte un jean qui traîne et un tee-shirt. Je descends les escaliers quatre à quatre. Et je monte dans ma voiture garée devant l'appartement. Un frisson m'envahit. Il fait encore frais à cette heure-ci.

Dix minutes de trajet à peine, je conduis sans réfléchir, en mode automatique. Vite. Pas de temps à perdre.

Je serre le frein à main à fond. Indispensable manœuvre dans la rue dangereusement en pente de la maison de mes parents, rue de la Basse-Roche. J'aperçois des lumières aux fenêtres. Je n'ai pas la clé sur moi, je dois sonner et attendre l'interminable bip qui enclenche le loquet du portillon. Je traverse le jardin par le petit escalier en pierre et je pousse la lourde porte d'entrée en bois massif.

Là je vois ma sœur qui sanglote dans un coin du salon. Ma grand-mère est assise sur une chaise cannée blanche dans l'entrebâillement de la cuisine, le regard dans le vague. Je ne vois pas ma mère. Mais ce que je remarque surtout c'est le silence pesant qui a envahi cette maison habituellement si bruyante. Pas même le fond d'une radio qui passerait un vieux tube de Johnny ou la télé qui braillerait quelques publicités criardes. Non. Le silence. Le vide. Immense. Nathalie relève la tête, elle me regarde. Inutile de parler, va. J'ai compris. J'arrive trop tard.

J'emprunte le petit couloir à gauche qui mène à la chambre de mes parents. La porte est ouverte. Dans la pénombre j'aperçois ma mère, lovée contre mon père. Elle a les yeux rougis mais ne pleure plus. Trop de larmes déjà, sans doute. Mon père a les yeux fermés. La bouche entrouverte au milieu de sa barbe qui a viré au gris ces derniers mois à une vitesse ahurissante. Ses longs bras sont allongés contre son corps amaigri. Il ne se ressemble tellement plus...

J'ai le sentiment que ça fait des mois que la vie a abandonné son regard. Ce père si vigoureux, si fort, devenu un vieillard éreinté sous son plaid, à seulement 53 ans. L'ombre de lui-même.

Papa est allé au bout de ses forces, au bout de son combat. Soldat épuisé par tant d'efforts, le corps abîmé à coups de radiothérapies, de chimiothérapies, d'opérations cruelles et de protocoles délétères qui ont contribué à prolonger ses souffrances et à mettre en péril notre frêle unité familiale autour de sa maladie.

Deux jours auparavant, nous nous sommes réunis, maman, Nathalie, mamie Jeannine. Pour prendre LA décision. Ça ne peut plus durer, ses souffrances sont trop insupportables à endurer pour nous, c'est certain, mais surtout pour lui.

Le cancérologue de l'Institut Gustave-Roussy où papa a passé de si longs mois de traitements, a été clair : c'est la fin, c'est sûr. Avec une froideur robotique, il a craché le diagnostic à ma mère. Quelques jours, quelques semaines, quelques mois peut-être. Qui sait ? Mais les fonctions vitales vont peu à peu s'amenuiser et la vie quittera cette enveloppe charnelle épuisée qui n'a finalement plus grand-chose d'humain. Pour tenir, il y a la pompe à morphine.

Alors on décide que papa rentrera à la maison. Chez lui, sa maison qu'il aime tant. Celle que nous avons fait construire. Celle où il a pu faire creuser la piscine dont il a toujours rêvé. Cette maison dans laquelle nous avons passé tant de bons moments de fêtes, de repas interminables, de parties de carte endiablées. Cette demeure devenue désormais le sanctuaire d'un vieil homme malade qui va passer là les dernières heures d'une vie incompréhensiblement écourtée si jeune.

En ce mercredi, alors que le soleil brille et que nous devons élever la voix pour nous faire entendre entre deux avions vrombissant – le bonheur d'habiter près d'Orly –, notre médecin de famille est là, sur la terrasse, à l'ombre douce de l'auvent. Il nous explique qu'il va nous aider. Qu'il va nous fournir une seringue avec quelques potions lui permettant de lui dire adieu avec respect. Nous sommes tous d'accord. Nous savons que c'est ce qu'il veut. Pouvoir partir dans la dignité, c'est ce que chaque homme sur cette terre devrait mériter.

Nous signons une lettre déchargeant le médecin de toutes responsabilités, au cas où quelque fou viendrait lui chercher des noises après que papa se sera endormi pour une dernière fois. Il nous serre la main, serre ma mère dans ses bras et nous quitte. Ces médicaments seront soigneusement rangés dans le placard de la salle de bains, pour être utilisés quand nous nous sentirons tous prêts aux adieux.

Mais papa a toujours voulu protéger sa famille, jusqu'au bout. Il a décidé de partir avant même qu'on ait à lui faire cette fameuse piqûre. Inconsciemment sans doute, il nous ôte l'éventuelle culpabilité de ce geste définitif. Non, ce n'est pas nous qui aurons appuyé sur le bouton. Papa aura eu l'ultime élégance de tirer sa révérence sans nous rendre responsables de quoi que ce soit.

Deux jours après la fameuse visite du docteur, dans la nuit du vendredi, sa respiration s'est faite plus difficile. Maman a crié. Nathalie est descendue. Mamie aussi. Maman a pris le visage de l'homme qu'elle aime tant dans ses mains, depuis si longtemps. Elle lui a caressé la joue et l'a embrassé. Pour l'apaiser.

– Ça va aller. Tout va bien se passer...

Sa voix douce dans le creux de l'oreille. Papa le souffle court. Qui s'en va. Doucement. Calmement. Enfin. Les souffrances sont terminées.

Cinq minutes plus tard, la sonnette se fait entendre. C'est moi. J'arrive trop tard. Comme toujours.

Depuis qu'il est tombé malade, une sombre lâcheté a pris possession de moi, alors je suis dans l'évitement, en permanence. Même écrire ces lignes m'est terriblement pénible. Car je suis contraint de me replonger dans une période que j'ai voulu totalement gommer de mes souvenirs. À tel point que je l'ai longtemps niée, cette putain de maladie. Combien de fois me suis-je rendu à l'IGR, l'Institut Gustave-Roussy, ce sinistre bâtiment gris où l'on voit devant l'entrée l'étrange ballet des cancéreux chauves, accrochés à leur perfusion, en train de tirer sur une de ces funestes cigarettes qui les ont précisément entraînés là. Combien de fois me suis-je garé ici, sur cet immense parking triste. Et suis resté dans la voiture. Au lieu de monter le voir. Finalement, je me décidais, je montais au 5e étage, j'allais dans la chambre 503. J'essayais de trouver une petite blague, une petite pirouette, comme j'ai longtemps si bien su le faire. Et au bout d'un quart d'heure : « Allez, papa, je t'embrasse, je dois aller bosser ! »

Et je filais sans demander mon reste. Pour aller travailler croyez-vous ? Pas du tout. C'était mon excuse favorite. Bien souvent, elle était fausse. Peur de la mort, peur de voir les choses en face. Comme un gosse paralysé par ce qu'il ne peut pas supporter et qui s'invente une vie parallèle, plus belle, moins dure. Il faut dire qu'on a toujours été si silencieux, lui et moi. Nous qui étions si bavards ! Mais jamais pour parler de ce qui compte vraiment. Jamais pour livrer nos sentiments.

Ce fameux mercredi, deux jours avant son départ, papa a demandé que je vienne dans sa chambre. Je me suis assis au bord du lit. On a parlé de tout et de rien. Puis il m'a demandé si j'étais heureux. Je lui ai dit oui.

– Tu sais, mon fils... je t'aime.

Je crois qu'il ne me l'avait jamais dit. En tout cas je ne l'avais peut-être jamais entendu. Les larmes aux yeux, je me suis jeté dans ses bras.

– Moi aussi je t'aime, papa.

On a pu se dire qu'on s'aimait, avant qu'il s'en aille. L'amour inconditionnel, incroyable, viscéral d'un père et de son fils. Je le comprendrai dans ma chair lorsque je deviendrai père à mon tour.

Quelques jours plus tard, la petite chapelle Saint-Sébastien est noire de monde. La famille, quelques amis. Et tous ces hommes très sérieux en costume-cravate, accompagnés de leurs épouses aux yeux rougis... tous les collègues de papa.

Je prends la parole au micro, j'ai écrit un discours en me remémorant tous les bons moments passés ensemble. Avec le recul, j'imagine que mes mots étaient d'une platitude achevée, mais ils m'ont fait du bien. Au premier rang, ma sœur Nathalie, Stéphane son mari, mamie Jeannine, maman... et Sébastien, qui partage ma vie depuis trois ans.

C'est maman qui a exigé qu'il soit assis avec nous, et même si Sébastien a hésité, ma mère ne lui pas vraiment laissé le choix.

– Stéphane y est, il n'y a pas de raison que Sébastien n'y soit pas aussi ! C'est ce qu'aurait voulu ton père !

Si une poignée de membres de la famille et quelques collègues de papa n'étaient pas encore au courant, cet enterrement aura donc également l'étrange fantaisie d'être le coming out le plus lugubre qu'on ait jamais vu !

Je me souviens dans mon discours avoir glissé que mon père avait l'intelligence de m'avoir accepté tel que je suis, ou quelque chose comme ça.

« Je suis tombé pour elle... je n'ai d'yeux que pour elle... quand mes amours prennent l'eau... l'île aux oiseaux... »

Oui, la chanson de Pascal Obispo nous a accompagnés ce jour-là. Pour ceux qui l'ignorent, ce tube du chanteur aquitain est une déclaration d'amour au bassin d'Arcachon. Papa l'a tant aimé ce bassin, nous y avons tant de fois jeté l'ancre, au large des cabanes tchanquées qui se dressent sur pilotis près de l'île aux Oiseaux. La chanson qui rappelle les belles années, ça fait tant de bien. L'odeur du varech à marée basse, les voiles impossibles à replier, la vieille radio accrochée au bastingage par un bout rayé de rouge, pour éviter qu'elle ne passe par-dessus bord, et qui nous passait en grésillant les « Grosses Têtes » en boucle. Comme nous avons ri, comme nous avons profité de ces moments...

Ce jour du souvenir aurait été presque parfait, sans le coup de poignard de Parrain. Oui, encore lui ! Il a décidé de n'arriver qu'au dernier moment, le matin même des obsèques, pour ne pas passer la nuit à la maison. Je le sais bouleversé de perdre celui qu'il considère comme son fils si jeune. Je me dis que c'est peut-être l'occasion de renouer le lien. Il perd son fils. Je perds mon père. Depuis trois ans, on ne se parle plus, mais là on va avoir des choses à se dire. Ou peut-être juste s'embrasser et se tenir par la main pour supporter ensemble l'inacceptable.

Alors je vais le chercher à la gare avec mon fidèle cousin David. L'ambiance n'est pas à la fête, vous l'imaginez bien. Je suis heureux qu'il soit près de moi. Il a toujours été si doux, si bienveillant.

« Le TGV en provenance de la gare de Bordeaux Saint-Jean va arriver voie B »...

Nous descendons sur le quai pour l'aider, c'est un vieux monsieur de plus de 85 ans. Nous le distinguons au loin, les mains toujours jointes dans le dos, avançant la tête en avant, sa posture que je connais si bien. Nous nous approchons, David et moi. Parrain nous voit enfin. Il s'approche de David, le salue, le prend dans ses bras, s'enquiert de sa santé, lui demande comment il va. Je me tourne vers lui, le cœur battant, mais il tourne les talons. Il n'aura pas un seul regard pour moi. Pas un mot. Pas un geste. Rien.

Après tout, j'enterre juste mon père aujourd'hui ! David est terriblement gêné, ce n'est même pas son grand-père ! C'est mon cousin du côté de ma mère, avec Parrain ils n'ont aucun lien filial. Il n'empêche, David est « normal ». Je suppose que lui mérite l'accolade qui n'est visiblement plus digne de moi.

Le genre de claque qui vous secoue mais qui ne vous fait pas choir. On tremble un peu, mais on reste debout, peut-être même plus fort qu'avant.

En sortant de la petite chapelle, devant toute la famille et tous ces gens qu'on ne connaît pas, on semble un peu groggy. Tous ces gestes prévenants, toutes ces « sincères condoléances », tous ces « c'était un homme bien ».

Je regarde ma mère, que je ne croyais pas si forte : elle tient étonnamment debout. Mais il va falloir l'entourer, le plus dur est à venir. Et j'ai cette pensée : désormais, « l'homme de la famille », c'est moi ! Cette expression est un peu ridicule et dérisoire, c'est vrai.

Papa, tu nous as laissés tomber prématurément. J'avais encore besoin que tu m'expliques la vie. Que tu me tiennes par la main et que tu me guides. Que tu m'expliques comment brancher un fil électrique, toi qui étais si bon bricoleur. Que tu m'enseignes comment barrer correctement ton bateau, moi qui ne t'ai jamais vraiment écouté à bord. Que tu me montres comment faire pour devenir papa à mon tour. Que tu sois toujours le capitaine qui nous indique le chemin. Je dois me résoudre à l'accepter : il va me va falloir faire tout ça seul, il est temps de grandir, Christophe !

J'étais le fils. Je deviens l'homme. Et bientôt, je deviendrai le père. Je le sais, au plus profond de moi. Un jour, un petit bébé m'appellera papa. Un jour, dans les yeux d'un tout-petit, je deviendrai à mon tour le colosse barbu et inébranlable que j'admirais tant. L'épaule solide sur laquelle il pourra se reposer.

Un jour, je lui dirai « je t'aime, mon fils ». Et il me répondra « je t'aime, papa ».

Le choix de Sophie

Paris, 29 mai 2010

– Oh mon Dieu, t'as vu le look avec son saxophone ? Et la choré ! Ah ah ah !

Sur l'écran, un groupe de Moldaves décolorés se déhanche sur un étrange gloubi-boulga disco-dance-folklorique assez indigeste. Mais moi, j'adore ! C'est ce qui fait le charme de l'Eurovision, ce rendez-vous tellement culte de la musique kitsch européenne, dont je ne crois pas avoir raté une seule édition depuis ma plus tendre enfance.

Je saisis mon petit bloc-notes et je corrige mes notes.

– Pour l'instant, ils sont dans mon top 5 ! Mais c'est grâce au coup de reins du saxophoniste !

Mon meilleur ami Laurent engloutit un énième gin tonic en pouffant. Adrien ricane de son côté. Tandis que Sophie, la maîtresse de maison, revient de la cuisine avec des petits-fours. Primordial de proposer de quoi grignoter et surtout éponger l'alcool déjà ingurgité.

La fenêtre est entrouverte, il fait particulièrement chaud en cette fin du mois de mai. Je présume que les voisins sont soit particulièrement indulgents, soit sourds vu que la télé hurle une nouvelle mélopée sirupeuse des Balkans tandis que je me verse une autre coupe de champagne.

Je penche plutôt pour la surdité, vu le quartier. Nous sommes dans un joli deux pièces de l'avenue de Breteuil, dans le 7e arrondissement, à deux pas du dôme des Invalides. C'est là que vit notre hôte, Sophie. Ça fait deux ans seulement que nous avons fait connaissance, mais je la considère déjà comme ma meilleure amie.

Je me souviens comme si c'était hier de notre première rencontre ! Je viens d'être embauché à Canal+, nous sommes en août 2007. Réunion de rentrée avec l'équipe de la Matinale : le producteur de l'émission me présente celle qui sera ma binôme pour m'aider à préparer mes chroniques. Cette fameuse Sophie. Jolie trentenaire aux cheveux auburn, le visage parsemé de quelques taches de rousseur, un sourire narquois, la lèvre ourlée d'un grain de beauté, et un nez imposant qui lui donne une gueule et un charisme à nul autre pareils.

Rapidement je comprends que nous sommes exactement sur la même longueur d'onde. Comme deux sales gosses préparant sans cesse des mauvais coups au fond de la classe près du radiateur, nous ricanons pour un rien. On se refait des parodies des Nuls, on s'amuse à rejouer ensemble des sketchs de Valérie Lemercier. On s'ingénie à jouer aux langues de vipères en vilipendant les collègues de la rédac. Une incroyable complicité. Comme si on se comprenait totalement. Comme si nos deux parcours de petits oiseaux blessés, un peu tordus, un peu écorchés, nous avaient guidés l'un vers l'autre.

Je pense que nous nous sommes rencontrés à un moment où nous en avions tous les deux besoin. Elle, éternelle célibataire... et moi, tellement seul...

Sébastien m'a quitté après neuf années d'amour, plus ou moins chaotiques, plus ou moins orageuses. Et là je me suis écroulé. Je suis tombé dans une profonde dépression, j'avais le sentiment que mon monde s'effondrait, que plus rien n'avait de sens. Cette rencontre avec Sophie, c'est comme un signe du destin. Deux âmes esseulées qui vont pouvoir se soutenir. Deux petits cœurs boiteux et rigolards qui vont tenter d'avancer et se reconstruire à coups de fous rires idiots et de jeux de mots foireux.

On bosse ensemble, on se voit tous les jours, on se confie tous nos petits secrets, on part en vacances ensemble. Jamais je crois n'avoir eu une complicité si forte avec qui que ce soit. Je pense que Sophie me connaît peut-être mieux que moi-même.

Et elle connaît surtout mes rêves de famille. Et je connais les siens. Moi je me suis dit que je ne rencontrerais sans doute jamais la bonne personne, j'ai fait une croix sur l'amour. Et Sophie pense de même. Et si... – je me prends à rêver –, et si... Et si on créait notre famille à nous ? On s'aime, c'est sûr. Pas comme un mari et une femme, mais on s'aime. Et nous rêvons tous les deux autant l'un que l'autre d'avoir un bébé.

Et si c'était elle ? Et si c'était moi ?

Ça fait des mois que nous en parlons ensemble. Je l'imagine, son ventre s'arrondissant au fil des mois. Nous achèterons des appartements côte à côte, comme dans *Friends*, pour que notre enfant puisse avoir ses deux parents tout près de lui. Nous ferons tout pour rendre ce petit bébé heureux. Nous avons même réfléchi à la conception. Méthode naturelle si aucun fou rire ne nous en empêche ? Et pourquoi pas ?

Je me raccroche à cette folie en me disant que nous parviendrons à nous rendre heureux, sans y mettre ce qui est finalement le plus fragile et inconstant dans un couple classique : le désir.

Moi je m'y sens prêt. Mais c'est à Sophie de choisir.

Retour en mai 2010. Ça va faire un an que j'ai quitté Canal+, ses tristes sires et son arrogante fatuité, pour retourner à mes premières amours : fabriquer la télé populaire que j'aime tant, sur TF1. Mais nous sommes toujours aussi proches avec Sophie.

Je lui ai présenté mes meilleurs amis. Avec Lolo et Adri, Sophie et moi formons un quatuor de déglingués pas piqués des hannetons. Les 4 fantastiques ! Et ce soir-là, dans son petit appartement de la rue de Breteuil, alors que la fine fleur de la variété européenne continue de s'égosiller sur une scène clignotante trop éclairée, Sophie et moi avons décidé d'annoncer la grande nouvelle ! La décision de notre vie.

Avec le recul, nous avons probablement manqué de psychologie. Parler de choses si intimes, si particulières, entre deux blinis au saumon fumé, une coupe de champagne et une insupportable chanson roumaine à la chorégraphie approximative, ce n'était sans doute pas la meilleure méthode.

– On a quelque chose de très important à vous annoncer, avec Sophie !

Lolo lève la tête de sa coupette. Adrien préfère encore admirer les abdominaux du danseur roumain sur l'écran.

– Oui... on a beaucoup réfléchi, elle et moi... et...
– On va faire un bébé ! me coupe-t-elle, tout à la joie de cette annonce, comme une gamine impatiente qui préparerait une surprise.

Vous connaissez l'expression « casser l'ambiance » ? Eh bien, elle sied particulièrement au moment de solitude qui a suivi notre annonce. Si ce n'était le son de la télé, on aurait entendu une mouche voler.

Voyant le malaise, j'essaye d'argumenter un peu : que j'ai toujours eu envie d'un enfant, que nous nous entendons à 200 % avec Sophie, qu'il faut être ouvert aux nouvelles formes de famille, la coparentalité, bla-bla-bla... Mais je vois bien que mon verbiage ne semble convaincre personne.

Lolo descend une nouvelle coupe d'un trait. Ou peut-être était-ce un gin tonic ? Quoi qu'il en soit, il semble avoir besoin d'alcool pour encaisser la nouvelle.

Je le sens bouillir. Je le vois dans son regard et sa respiration qui s'accélère. Il s'énerve rarement, mais quand ça arrive, mieux vaut ne pas être dans les environs. Il finit par lâcher, volontairement blessant :

– Mais Christophe, tu parles de faire un gosse comme d'acheter ton Audi ! C'est sérieux, putain !

Oui, car un peu plus tôt, j'ai fièrement claironné que je changeais de voiture. J'avoue que, coup sur coup, les deux annonces se sont peut-être un peu télescopées.

Mais sur le coup, la réaction de Laurent m'insupporte. Je lui balance qu'il est égoïste, qu'il ne pense pas à mon bonheur. La discussion s'envenime, le ton monte.

Il prend alors son manteau, salue Sophie en la mettant en garde de ne pas faire n'importe quoi et de ne pas me donner de faux espoirs, puis il claque la porte.

Hébétés, nous nous regardons, sans trop savoir quoi faire. Au bout de quelques minutes, je décide de descendre les marches quatre à quatre pour tenter de retrouver Laurent. Arrivé sur l'avenue, je regarde à droite puis à gauche. Et là, deux phares qui m'aveuglent. Il est en train de sortir de sa place de parking. Ni une ni deux, je me jette sur son capot. Drama queen ! Je veux l'empêcher de partir et m'expliquer avec lui.

On se connaît depuis 1999. C'est la personne en qui j'ai le plus confiance au monde. Sans doute l'être le plus drôle et le plus gentil qu'il m'ait été donné de rencontrer dans ma vie. Il m'a tellement aidé quand Sébastien m'a quitté. Il a été là, toujours. Bienveillant. Indulgent.

Si bien que sa réaction me bouleverse : pourquoi être si véhément ? Lolo ouvre la vitre de sa voiture et me dit d'entrer.

Je me glisse par la portière et m'installe sur le siège passager, un peu penaud.

– Christophe... tu vas faire une énorme connerie. As-tu vraiment réfléchi ?

– Mais tu sais, c'est mon rêve. Je suis certain que je serai un bon père, j'ai tant d'amour à donner...

J'essaye encore de me justifier et d'argumenter sans réaliser que je suis complètement à côté de la plaque.

– La question n'est pas là, mais tu es sûr que votre relation est vraiment équilibrée avec Sophie ?

– Comment ça ? Je ne comprends pas... c'est ma meilleure amie...

– Mais bon sang, Christophe !!! Ouvre les yeux !

– ... ?

– Sophie est amoureuse de toi, ça crève les yeux ! Tu ne peux pas jouer avec ses sentiments comme ça !

Soudain, tout s'éclaire. Mon Dieu ! Je comprends mieux... Tous ces petits signes, cette sollicitude. Et si Lolo avait raison ? Elle pourrait me faire un enfant comme preuve d'amour ultime ? Le faire pour quelqu'un qui l'aime, certes, mais comme une amie et jamais plus.

Mon égoïsme m'a visiblement aveuglé. Je n'ai pensé qu'à moi et à mon désir d'enfant, si fort depuis ma jeunesse. Mais jamais je ne me suis mis à la place de Sophie. Ce choix qu'elle dit avoir fait... ne serait-il pas un peu contraint ? Est-ce pour nous lier à jamais ? En a-t-elle vraiment envie ? Est-ce une façon aussi de donner un sens à sa vie, elle qui ne connaît pas encore l'amour ? Un pis-aller contre la banalité d'une vie de célibataire de la télé ?

Et si j'avais tout faux ?

Faire un enfant, oui... mais pas par tous les moyens, ce n'est pas possible. Pas raisonnable. Ni pour la femme qui portera mon bébé, ni pour cet enfant lui-même. Je dois pouvoir lui raconter son histoire sans rougir. Sans qu'elle cache une douleur.

Laurent avait sans doute raison. Ce soir-là, dans la pénombre de sa voiture, notre conversation éclairée seulement par la veilleuse du tableau de bord m'a permis de considérer les choses d'un autre point de vue que celui de mon propre nombril.

— Maintenant, descends de ma voiture ! Je dois rentrer chez moi pour voir la fin ! lâche-t-il dans un grand éclat de rire.

Laurent est le plus grand fan que je connaisse de l'Eurovision. Jamais je crois il n'a manqué une seule édition et désormais il fait partie des vrais « euro-fans » qui se déplacent directement dans les pays organisateurs. D'ailleurs, ce soir-là, c'est l'Allemagne qui repartait vainqueur. Et l'année suivante, Lolo était au 1er rang à Düsseldorf.

Pour représenter la France, en cette année 2010, France Télévisions a choisi Jessy Matador. Je ne sais pas si vous vous souvenez de son tube « Ola Olé Olé ». Une sorte d'hymne de camping à la chorégraphie très basique rappelant un mauvais tube de l'été, qui n'est pas passé à la postérité. En cette nuit agitée, nous réussissons la prouesse de terminer à la douzième position, ce qui me semble relever au mieux d'un miracle, au pire d'une erreur technique sur le comptage des points. Mais au fond, quand je vois ça, cela me laisse de beaux espoirs pour réaliser le rêve de ma vie : celui de devenir papa. Cependant ça ne pourra pas être avec Sophie. Laurent a raison, je ne peux pas ainsi profiter de sa faiblesse et – peut-être – de son inconscience.

De cette étrange soirée, nous ne reparlerons quasiment pas. Ni non plus de ce rêve fou. Sans doute trop dingue pour être honnête. Étouffé dans l'œuf ! Par peur peut-être de se dire qu'on s'était un peu menti. Qu'on s'était imaginé une vie impossible. Cette soirée Eurovision a sonné le glas de la vie parallèle qu'on avait tant fantasmée. Et ça a cassé quelque chose. Avec Sophie, on s'envoie de moins en moins de messages, comme une belle histoire qui s'effiloche et qui s'efface.

Et puis la vie s'emballe. Des drames, des problèmes de mon côté. Une peine immense à soulager. Sophie s'éloigne, par peur sans doute. Je lui reproche, alors que j'avais tant besoin d'elle. Elle va voir un psy pour mieux se comprendre. Et elle m'agonit de reproches à son tour. Que je l'empêche de vivre. Jusqu'au jour où elle décide de couper les ponts.

– J'ai besoin d'avancer. Avec Laurent, vous m'en empêchez. Je dois rencontrer quelqu'un, faire ma vie.

Un coup de poignard pour moi. Je suis si attaché à elle. Mais elle doit partir, en quelque sorte quitter le nid. On la tire vers le bas, visiblement. Mais que faire quand on aime quelqu'un ? Tout le monde connaît la réponse. Il faut le laisser partir, pour son bien. Même si c'est dur.

Même si ça fait mal. Même si ça m'a blessé au point d'avoir l'impression qu'on m'arrache une partie de moi.

Lorsque j'écris ces lignes, avec presque dix ans de recul, je comprends ce qu'elle ressentait. Sa psy a probablement été un peu radicale. Mais je l'ai sans doute trop « bouffée », étouffée et empêchée de faire sa vie et surtout de rencontrer l'amour qu'elle méritait.

Hasard ou coïncidence... ? Ou conséquence logique, chacun se fera son opinion, c'est quelques mois plus tard, après avoir coupé les ponts avec Sophie, que je rencontrerai Ghislain, qui deviendra mon mari et le papa de Valentin, avec moi.

Depuis toutes ces années, je n'ai jamais osé reprendre le contact. J'ai fouillé dans mes anciens textos. Elle m'avait envoyé ses vœux en 2014. Je n'avais pas répondu. Sans doute par peur de m'attacher et d'être à nouveau abandonné.

Laurent, lui, a continué d'échanger quelques textos avec Sophie, épisodiquement.

Voici son dernier message, daté de novembre 2020.

« Je pense souvent à vous, à nos grands moments.

Je vais bien. Heureuse. J'ai un chéri formidable et un petit garçon depuis l'année dernière.

Qui a à peu près le même âge que Valentin je crois. Bises. »

Sophie avait donc fait le bon choix.

Merci, François Fillon !

Paris, 24 novembre 2016

Il a de l'écume blanche à la commissure des lèvres et le front transpirant. Alain Juppé a bafouillé à plusieurs reprises tout au long de ce débat perdu d'avance. Le chemin de croix se termine pour le maire de Bordeaux ! Dans deux jours, les jeux seront faits.

François Fillon impérial, imperturbable, a l'œil qui frise et le sourire narquois. Il a bien vu son adversaire perdre ses moyens au fur et à mesure, pédaler dans la semoule sur bien des sujets, patauger sur la Gestation Pour Autrui qu'il faudrait absolument interdire en France. Une tentative désespérée d'Alain Juppé pour tenter d'aller draguer la frange droitière qui va faire l'élection de cette primaire. Ces fameux sujets de société que Fillon s'est ingénié à remettre sur la table pour mobiliser ses électeurs. La loi Taubira, l'adoption, le mariage... Les militants de La Manif pour tous, ultra-influents sur les réseaux sociaux, ont rapidement fait de l'ancien Premier ministre LEUR homme providentiel, à coups de campagne numérique parfaitement orchestrée.

Fillon a frôlé la victoire à ces primaires directement au premier tour. *Exit* Sarkozy ! Et les rêves de Juppé que toute la presse annonçait comme le prochain président de la République depuis des mois s'effondrent en miettes.

Mais pour ce vieux routard plutôt matois de la Vᵉ République, il faut bien aller jusqu'au bout !

En mon for intérieur, je me plais à croire que les plus « républicains » des sympathisants républicains peuvent faire changer l'arithmétique de cette élection. Et certains se prennent à rêver que des militants de gauche ou progressistes seraient capables de s'immiscer dans cette primaire, pour tenter de renverser la vapeur. Alors on se raccroche à ça. Moi-même j'y suis allé !

– C'est la merde...

Ghislain me regarde, l'œil inquiet. Nous sommes tous les deux confortablement installés dans le canapé de notre appartement parisien. Sur l'écran, on voit les chroniqueurs politiques rejoindre le plateau pour débriefer ce cataclysmique débat, comme nous le faisons nous-mêmes autour d'un verre de bordeaux.

Du 9ᵉ étage de la rue de Courcelles, où nous avons une vue sur toute la ville assoupie et la tour Eiffel encore éclairée, notre ton se fait plus grave.

– Sens commun le tient complètement... il a totalement radicalisé son discours...

Nous n'avions pas vu venir l'homme de la Sarthe. Le sourcil broussailleux et l'œil perçant. Mais François

Fillon a visiblement fait un travail de sape dans toutes les régions de France. La victoire, il est allé la chercher avec les dents, comme le disait en son temps Nicolas Sarkozy. Et s'acoquiner avec Sens commun, le groupuscule de droite né de la lutte contre le mariage pour tous en 2013, ne lui a pas fait peur. Très influents, proches de La Manif pour tous, les militants de Sens commun ont considérablement pesé sur le discours de François Fillon. Et sur son score qui a surpris tout le monde, même les spécialistes les plus aguerris.

« Je n'abrogerai pas la loi Taubira... MAIS... il faut la réécrire. »

Le mariage resterait autorisé. Mais l'adoption par les couples homosexuels serait rendue très compliquée. Plus d'adoption plénière par exemple, c'est-à-dire plus de filiation. Une famille au rabais, en quelque sorte. Et au revoir, la circulaire Taubira censée faciliter la reconnaissance des enfants français nés de mères porteuses à l'étranger. Pour nous, ça changerait tout.

Il faut que je vous dise... j'ai la chance d'avoir retrouvé l'amour depuis octobre 2011. Il s'appelle Ghislain, il est beau, tendre, gentil. De magnifiques yeux bleus et une crinière blond foncé qui encadre un visage de chat sauvage, aux pommettes rondes et au nez parfait. Rencontré, presque par hasard. Au moment où je ne croyais plus en l'amour.

Ghislain, lui, était sur le point de retourner dans sa province, à Lyon où il avait fait ses études : dur de trouver sa place à Paris, dans cette ville où la foule vous rend la solitude si pesante.

On s'est trouvés. Même s'il a douze ans de moins que moi ! Au début de notre relation, je refusais de me projeter. Je me disais que notre écart d'âge nous éloignerait trop. Pas les mêmes références, pas les mêmes envies. Et mes rêves de fonder une famille ? Comment imposer ça à un jeune homme de 22 ans qui sort à peine lui-même de l'enfance ?

Alors, bon gré mal gré, on a laissé faire les choses, laissé l'amour prendre sa place, se lover en nous. Jamais nous n'avons brusqué les choses. Nous avons mis plus d'un an à vivre réellement ensemble. Nous avons appris à nous apprivoiser mutuellement, tout naturellement. Et petit à petit, nous sommes devenus indispensables l'un à l'autre. J'ai fini par aimer ses vêtements en désordre jetés sur le pauvre fauteuil qui trône près du lit et qu'on devine à peine sous ce fatras. Il a fini par apprécier mes chansons ringardes et mes séries kitsch que je lui passe à longueur de journée. Une vie simple, faite de petits bonheurs, de petits plaisirs et de petites engueulades, préludes souvent à de folles étreintes.

Ghislain me sait si pressé de devenir père. Je lui ai confié mon passé, mes envies, ce rêve du petit garçon qui voulait devenir papa. Mais jamais je ne lui ai mis la pression. Il ne doit pas se sentir oppressé. Cette décision de fonder une famille, on ne peut pas la prendre pour faire plaisir à l'autre. Il faut avoir au fond de soi ce désir viscéral d'offrir à un petit être tout l'amour qu'on a à donner. Il faut être sûr que l'on est prêt à s'oublier pour ne plus penser qu'à lui. Son bonheur, ses premiers pas, ses premiers rires. Soudain, votre nombril n'a plus d'importance ! Vos états d'âme deviennent si dérisoires...

Alors j'attends. J'attends que Ghislain soit prêt. J'attends qu'il ait fait ce voyage intérieur. Qu'il ait mûri cette envie, pour que nous soyons sur la même longueur d'onde.

Sur l'écran bleuté du téléviseur, on voit Nathalie Saint-Cricq analyser le naufrage juppéiste, comme toujours le cheveu en bataille et la moue désabusée. Ghislain saisit la télécommande pour baisser le son.

– Christophe... Il faut y aller...

– De quoi tu parles ? balbutiai-je sans trop savoir où Ghislain veut en venir.

– Le bébé ! Il faut lancer les démarches ! On ne sait jamais... si Fillon était élu... ?

Je ne m'attendais pas du tout à cette proposition. Pas là, pas maintenant. Et pourtant, Ghislain a tellement raison ! Si jamais le candidat LR gagne la primaire... et ensuite s'il était élu ? Tous les analystes sont unanimes : celui qui remportera la primaire de la droite sera le prochain président de la République ! Le nouveau monarque sera entre les mains de Sens commun. Il devra aller au bout de ses promesses faites à ceux qui l'auront porté aux nues. Il serait aux mains d'un groupuscule à la pensée réactionnaire, lui dont les convictions en la matière se sont probablement forgées sur l'opportunisme de remporter cette primaire, par tous les moyens.

Qu'arrivera-t-il alors aux parents homos ? Ceux qui auront lancé des procédures d'adoption ? Ceux qui se seront lancés dans l'incroyable voyage de la GPA ? Faudra-t-il tout arrêter au dernier moment ? Faudra-t-il se perdre dans d'interminables démarches juridiques pour espérer que son enfant soit reconnu ? Des bébés risqueront-ils de se retrouver bloqués à la frontière ?

Et si Ghislain avait raison ? Même si François Fillon est élu, ce n'est certainement pas la première réforme qu'il entamerait. Ça nous laisse une fenêtre de tir. Étroite, peut-être. Mais il faut tenter de s'y glisser !

Tout à la joie de ce coup d'envoi symbolique que Ghislain vient de donner à notre future famille, je suis aussi perdu et inquiet avec toutes ces angoisses qui nous assaillent. Mais je me jette dans ses bras, les larmes aux yeux.

– Oui, bien sûr ! On va lancer les démarches ! Je suis tellement heureux...

J'attendais tellement ce « GO ! » de Ghislain. Ce rêve que je caresse depuis si longtemps va devenir réalité ! Je sais que ce n'est que le début de l'histoire. Et le début des emmerdes !

Car réussir à concevoir un enfant lorsqu'on est un couple de garçons est tellement compliqué. Il y a tant d'embûches, l'impression de devoir traverser un parcours du combattant. Je sais qu'il faut se préparer à se prendre des gifles. Et ne jamais lâcher. Croire en la force de ce désir, plus puissant que tout. Celui de donner la vie, à son tour.

Dès le lendemain, je me plonge sur Internet pour tenter d'y voir plus clair. Comment devenir parents ? Comment adopter ? Comment trouver une mère porteuse ? Avouons que c'est un incroyable fouillis ! Aucun site sérieux ne référence les différents moyens à notre disposition en France pour parvenir à fonder une famille. Croyez-moi, il y a à boire et à manger !

Sur certains sites, des petites annonces louches de femmes qui vous disent qu'elles veulent porter votre enfant, que c'est leur rêve le plus fou, et vous tombez en cliquant sur d'étranges filières d'immigration clandestine de femmes africaines.

Je tombe aussi sur ce site espagnol, qui possède une version française bourrée de fautes et qui vous promet que vous pourrez aisément devenir parents : couple hétéro stérile, couple homo, homme ou femme seuls... À grand renfort de promesses alléchantes, vous vous inscrivez sur une newsletter et vous êtes assailli ensuite de courriels signés d'un certain « Jean-Paul » qui cherche à vous mettre en confiance. Si l'on a peu d'esprit critique, il est aisé de se laisser embobiner. Les photos de bébés qui illustrent leurs pages sont tellement adorables, on ne peut que craquer ! Probablement issues de banques d'images sur abonnements, ces illustrations sont justement faites pour vous séduire : cette famille, ces deux papas à la mèche parfaitement peignée, au sourire Colgate avec un adorable poupon dans leurs bras musclés. On se croirait dans une série américaine ! C'est ça que je veux !

J'apprendrai plus tard que ce site cachait en réalité un ignoble trafic d'enfants provenant d'Ukraine, de très jeunes femmes portaient des bébés sans que l'on sache vraiment si elles étaient totalement volontaires. Ce site n'existe plus aujourd'hui.

Quand on se plonge dans le monde étrange du business de la conception, on découvre le pire de l'âme humaine. Parfois, au gré de mes recherches, je me croirais sur un marché avec des vendeurs prêts à toutes les promesses, aussi malhonnêtes soient-elles, pour vous convaincre d'acheter sur leurs stands. Mais je m'interroge... comment regarder son enfant en face quand on l'a fait venir au monde dans de telles conditions ? Clairement, Ghislain et moi en sommes intimement convaincus : la fin ne justifie pas les moyens.

Je m'arrache les cheveux, la tâche m'a l'air immense. Comment faire ? Comment s'y retrouver ? Comment séparer le bon grain de l'ivraie... ? Il faut absolument que j'en parle avec des gens qui ont fait ces démarches, je dois être accompagné par ceux qui ont défriché le terrain pour nous. En attendant, toutes mes recherches aboutissent à une seule conclusion : il n'y a qu'outre-Atlantique que l'on peut réaliser une Gestation Pour Autrui dans de bonnes conditions, autant pour nous que pour la femme qui portera notre enfant. Tout ceci me semble alors terriblement flou...

28 décembre 2016

Nous sommes dans un avion pour New York. Nous avons décidé d'aller fêter le nouvel an à Big Apple. C'est ma première fois dans cette ville incroyable. Ghislain connaît déjà, lui. Des balades dans Central Park, un burger à Time Square, les boutiques, les musées, un bar gay rempli de cow-boys qui dansent la country sur le bar. En mode touristes, nous déambulons dans un pays qui – je le sais déjà – sera probablement celui qui nous permettra de réaliser notre rêve.

Il fait un froid glacial, nous n'avons pas prévu de vêtements assez chauds ! Le shopping nous aide à nous couvrir et nous adapter aux frimas yankee.

À l'occasion de ce voyage, j'ai réservé une petite surprise à Ghislain pour le soir du 31. Nous trouvons un joli restaurant de Brooklyn à la déco chaleureuse, dans une petite maison à la grande porte en bois. Comme dans un téléfilm de Noël de l'après-midi sur TF1, les décorations, les bougies, les guirlandes, les nounours posés çà et là donnent un charme tout particulier à cette soirée. Une fausse cheminée qui crépite ici. Des fausses moulures clinquantes là. Tout est un peu toc et fake mais c'est le charme discret des États-Unis, après tout.

Nous sommes à quelques pas de Brooklyn Heights Promenade, une longue allée cheminant le long de l'Hudson River, parsemée de verdure, d'une piste cyclable et de petites installations de sport. D'ici, on a une vue imprenable sur la Skyline de New York. On aperçoit tous les buildings : de l'Empire State au Brooklyn Bridge au loin et, en penchant un peu la tête, la statue de la Liberté.

Après le repas, nous partons nous y promener pour les ultimes minutes de l'année 2016. Nous ne sommes pas seuls. Tout le monde attend les douze coups de minuit. Peu de touristes, au fond. Eux sont tous massés sous la Time Square Ball, mais il fallait faire des heures de queue dès le matin pour espérer avoir une bonne place. De l'autre côté de l'eau, loin de l'agitation, avec une foule de New-Yorkais pur jus, l'ambiance est plus intime. Perchés sur un banc, nous admirons dans le ciel de New York les traces des feux d'artifice alentour. D'ici, on en aperçoit plusieurs au loin.

Minuit pile. Je fouille dans ma poche et j'en sors une petite boîte en feutre noir. Doucement, à l'oreille, je glisse à Ghislain :

– Veux-tu m'épouser ?

Autour de nous, c'est la fête ! Les gens s'embrassent, crient. Certains ouvrent des bouteilles de champagne (ou l'équivalent sirupeux californien). Si ce n'étaient les « Happy New Year !!! » on pourrait croire que c'est de notre bonheur qu'ils se réjouissent. Dans cette ville si cinématographique, cette demande en mariage prend des airs de comédie musicale romantique de Broadway.

Ghislain me répond oui. Évidemment. Je connaissais déjà sa réponse. Et nous rions ensemble devant cette bague objectivement laide et ringarde achetée quelques jours avant de partir dans une petite boutique de grande distribution de Boulogne. Je me suis décidé au dernier moment, pas eu le temps de trouver un bijou exceptionnel. J'ai planqué ce que Ghislain appellera (admirez le romantisme) un « serre-joint » dans ma trousse de toilette. Avant de dégainer ce joli écrin pile au moment opportun. Évidemment, c'est symbolique, pour le mariage, promis, j'en trouverai une plus belle !

Nous savons, depuis que nous avons décidé de nous lancer dans cette aventure de la parentalité un mois plus tôt, que nous allons d'abord passer par le mariage. Peut-être sommes-nous finalement, nous les gays, très classiques ! Nous avons envie de faire les choses dans l'ordre : d'abord le mariage, ensuite le bébé. La tradition, quoi !

Et puis nous avons envie de tous porter le même nom. Ghislain, moi... et notre futur bébé. Ce sera Beaugrand-Gerin. BG. Ça fait « beau gosse ».

Dans le ciel étoilé de cette nuit du 31 décembre, jamais je crois je n'ai eu aussi froid... mais jamais je crois non plus n'avoir été aussi heureux. La main dans la main, nous traversons le Brooklyn Bridge pour revenir à notre hôtel, le pas léger.

Bientôt mariés ? Bientôt papas ?

Jamais je n'aurais cru devoir dire ça un jour... mais merci François Fillon ! Tout ce bonheur, c'est un peu grâce à vous.

Les jumeaux du bout du monde

Paris, février 2017

Difficile de trouver une place dans ce quartier très embouteillé du 9e arrondissement, à deux pas de la salle de music-hall mythique des Folies-Bergère. Il est 18 h 30 environ... nous sommes en retard, évidemment ! Tandis que j'enrage, cramponné au volant, Ghislain assis sur le siège passager peste contre une voiture qui freine au dernier moment et un scooter cabossé qui nous frôle de trop près. Je ne sais pas si nous parviendrons à devenir des parents, mais je me dis que nous risquons de manquer de « zénitude » !

— Là ! Regarde, il y a une voiture qui part !

Ouf ! Miracle, voilà qu'on arrive à se garer pile en bas de chez lui, à l'angle de la rue La Fayette. Nous avons rendez-vous avec Jarry. Rencontré deux ans auparavant lors d'une interview pour 50 minutes Inside, à une époque où il ne connaît pas encore le succès fulgurant de la star qu'il est devenu aujourd'hui, et retrouvé dans

« Cinq à sept », le talk-show d'Arthur sur TF1 où nous sévissions ensemble avec une belle brochette de rigolos.

Nous nous sommes naturellement rapprochés, au fil de nos longues discussions et fous rires interminables. Pas seulement parce que nous avons tous deux la particularité d'être plus émus par le visage barbu d'un Adonis que par les douces courbes d'une demoiselle, même si évidemment ça crée des liens. Mais aussi parce que nous avons au cœur cette envie... cette rage, même, de fonder une famille.

Alors, si nous avons rendez-vous avec Jarry et son compagnon aujourd'hui... c'est pour qu'il nous présente ses enfants. Des jumeaux nés huit mois plus tôt.

Je me rappelle très précisément le moment où ils sont venus au monde. Nous étions justement sur le tournage de « Cinq à sept », qu'il va quitter en catastrophe ! Un message sur son portable et il faut filer ! Jarry vient d'apprendre que la naissance est proche, un mois plus tôt que prévu ! Assez classique, pour des jumeaux. Il n'empêche, quel branle-bas de combat ! Du jour au lendemain, il faut trouver un vol, boucler une valise à la va-vite, annuler toutes ses obligations professionnelles. On ne réfléchit pas dans ces cas-là, et on décolle *illico presto* !

Quelques jours plus tard, nous recevions des nouvelles, tout s'était bien passé. Ils étaient arrivés à temps pour vivre cet incroyable moment. Des photos de ses adorables petites crevettes. Ces jumeaux du bout du monde, perdus en plein désert californien. Sur mon portable s'affichent les clichés de leur périple à bord d'une belle américaine. Un road-trip qui sent bon la Route 66, mais avec l'odeur du lait maternel en sus et les pleurs aigus de deux bébés affamés en guise d'autoradio. Ça change de la country !

Je sais que Jarry a eu recours à la Gestation Pour Autrui, après s'être cassé les dents sur l'adoption. D'autres amis, homos, comme hétéros d'ailleurs, ont failli s'arracher les cheveux pendant ces démarches folles et administrativement si alambiquées et hasardeuses qu'il semble parfois impossible d'en venir à bout. Sans compter le tabou des dossiers des candidats homos à l'adoption qui ne sont quasiment jamais choisis par les Conseils de famille. Des dossiers qui terminent à coup sûr – ou presque – en bas de la pile. Même si cela n'est jamais vraiment dit officiellement. Cinq ans... six ans d'attente. Parfois plus. Pour un résultat rarement positif. Avec Jarry nous avons le même âge à l'époque, en 2017, nous frôlons les 40. Autant vous dire que poireauter des années pour se retrouver *in fine* le bec dans l'eau et trop vieux pour être encore acceptés comme parents potentiels de petits orphelins pourtant tant en besoin d'amour... ça fait sérieusement douter.

Le choix de la GPA s'est imposé pour Jarry, mais nous n'avons jamais parlé précisément des démarches : comment ça se passe vraiment ? qui contacter ? quelles sont les étapes ? est-ce compliqué ? Autant de questions qu'il est temps d'aborder ensemble.

Et puis, ça fait des mois que j'ai envie de faire connaissance avec ces adorables Vic et Tim. Ces deux petits poupons que je n'ai pour l'instant aperçus qu'en photo.

Je fouille dans mon portable pour retrouver le code d'entrée que Jarry m'avait envoyé par texto. La lourde porte en bois de ce classique immeuble haussmannien s'ouvre sur une belle entrée. Nouveau code, et la vieille grille d'un antique ascenseur rouillé et craquant dans lequel nous sommes compressés avec Ghislain le temps de monter les quelques étages.

Arrivés sur le palier, j'appuie sur la sonnette, entendant quelques babillements à travers la porte.

Jarry vient nous ouvrir un immense sourire aux lèvres ! Ça me fait tellement plaisir de le voir dans sa nouvelle peau de papa !

– Bienvenue ! C'est le bordel ! Le ton est donné !

Nous entrons face à la grande table de la salle à manger sur laquelle est empilé un fatras de vêtements, de biberons, de jouets et autres matériel de puériculture dont je ne maîtrise alors pas vraiment l'utilité. Ce que je vois d'emblée, c'est qu'un appartement de parents change radicalement d'apparence ! De surcroît avec des jumeaux.

– Eh oui ! Désormais j'habite chez mes enfants, blague joyeusement Jarry en nous invitant à nous asseoir dans le canapé.

Les jumeaux sont là, en train de jouer, se préoccupant assez peu de ces deux grands gaillards un peu penauds et impressionnés que nous sommes devant eux. Quelle émotion de les voir ! Une petite fille aux cheveux blonds et aux yeux bleus en amande si clairs et malicieux. Son opposé, un petit gars brun à la bonne bouille et aux yeux ronds comme des billes, noirs perçants et pétillants. Point commun, ce sourire, agrémenté de quelques dents disparates, et une complicité à toute épreuve à coup de sibyllins « bah da... da... da... areu » qu'eux seuls peuvent comprendre. Voir Jarry et son compagnon les prendre dans les bras me fait chaud au cœur. Ces gestes tendres semblent si naturels. Comment comprendre les malfaisants qui honnissent deux papas ? Soi-disant la tendresse et l'amour ne pourraient venir que d'une femme et de son hypothétique instinct maternel ? Quelle tristesse de ranger les hommes dans cette case si étriquée du « papa qui représente l'autorité et qui va au travail ». Une vision finalement proche de celle de l'homme de Cro-Magnon qui quittait sa progéniture pour aller chasser en peau de bête loin de sa caverne. Rassurez-vous, mesdames messieurs, on a grandement évolué depuis ! Maman travaille et papa sait faire des câlins et changer les couches !

Nous avons apporté quelques cadeaux, peluches et petits jouets premier âge. Vic et Tim se jettent surtout immédiatement sur le papier qu'ils s'ingénient à déchirer et éparpiller avec une joie indescriptible.

Pour les grands, nous sommes venus avec une bouteille. Chacun ses plaisirs ! Et contrairement à nos couples d'amis parents hétérosexuels dont madame doit donner la tétée et nécessairement rester sobre, aucune contre-indication pour une coupette de champagne !

Confortablement installés dans le canapé, Youpi, le petit carlin tout étonné de désormais devoir partager sa vie avec deux humains rampants de la même taille que lui, saute sur mes genoux pour se faire gratouiller. Nous commençons alors à converser. Comme tous les parents, ils nous confient leur quotidien, les biberons, les nuits blanches, le désordre, les câlins...

Et puis nous en venons au fait. La GPA. Gestation Pour Autrui. Une femme qui fait ce choix incroyablement généreux de porter un enfant pour une famille qui ne le peut pas. Ils nous racontent tous les deux qu'ils sont restés en contact, qu'ils lui envoient régulièrement des photos des bambins qui poussent à vue d'œil. Ghislain demande des détails, veut comprendre la complexité des démarches. Du concret ! Il me permet de redescendre sur terre, moi tout à la joie de découvrir ces deux bébés.

Jarry commence à nous expliquer, d'abord les prises de contact avec une agence, qui vous met ensuite en relation avec une donneuse d'ovocytes, une mère porteuse, une clinique, des avocats, des assureurs... Mon Dieu ! Que d'informations !!! Dans le flot de parole, il est parfois repris par son compagnon, qui précise plus posément quelques étapes.

Nous nous regardons, passablement inquiets avec Ghislain. Nous nous disons que ça va quand même être compliqué !

– Et puis, il y a l'enquête ! nous dit Jarry, son compagnon acquiesçant derrière.

– L'enquête ? Quelle enquête ?

– Pour s'assurer de votre motivation... et les entretiens psy...

Ça, je ne savais pas. Nous apprenons alors qu'il ne suffit pas d'avoir les bons contacts et, le cas échéant, le budget adéquat. Dans le cadre d'une GPA dite « éthique » aux États-Unis, on n'entre pas comme dans un moulin ! Il s'agit de s'assurer que vous serez apte à vous occuper d'un enfant. Que vous avez les épaules suffisamment solides psychologiquement pour passer, une à une, toutes les étapes de ce qui s'annonce comme un long voyage, assorti parfois de quelques turbulences.

Jarry nous parle alors d'une certaine Bernadette qui les a accompagnés. Mais qu'il s'agit d'abord de convaincre du bien-fondé de notre projet.

Quel joli prénom, qui sonne si bien à mes oreilles.

– « Bernadette, elle est très chouette... » j'ajoute en fredonnant le tube de Nino Ferrer.

– Tu ne crois pas si bien dire, Christophe, c'est une femme extraordinaire. Elle est coordinatrice pour les familles, et notamment les couples français, dans l'agence par laquelle nous sommes passés. Elle est française et, franchement, ça aide beaucoup !

Nous aurions dû prendre des notes, tant nous avons été bombardés d'informations en si peu de temps ! Je fais confiance à mon excellente mémoire. J'aurai encore tant de questions à poser !

Mais l'heure du repas nous interrompt. Pas du nôtre, hein ! Mais des petites crapules qui jouent à nos pieds sur le tapis. Quand deux marmots ont faim en même temps, il ne s'agit pas de perdre la moindre seconde car leur doux chant réclamant le biberon peut vite vous casser les oreilles, et accessoirement celles de vos voisins !

– Tu veux donner le biberon ? me lance le compagnon de Jarry.

– Heu... oui, oui... dis-je ne sachant pas trop quoi répondre et me demandant si j'aurai les bons gestes (la dernière fois que je l'ai fait, cela remonte à mon neveu Étienne, pas loin de quinze en arrière probablement).

Ni une ni deux, je me retrouve avec une adorable petite fille dans les bras, qui me regarde, implorant l'arrivée du biberon salvateur. Ce dernier débarque heureusement de la cuisine dans la foulée, grâce à la célérité d'un Jarry devenu expert en bibs et en rots. Elle l'agrippe alors de ses adorables petites mains et se met à boire goulûment. Tellement bouleversant.

De son côté, Ghislain a préféré continuer à s'occuper de Youpi. Non pas qu'il préfère les carlins aux bambins, mais il est trop impressionné et a peur d'être maladroit.

Mine de rien, ce rendez-vous chez Jarry nous rend les choses tellement tangibles... tellement réelles. Et quelle responsabilité d'avoir avant tout comme objectif de vie de rendre ses enfants heureux et de faire en sorte qu'ils grandissent dans la joie et qu'ils deviennent des adultes épanouis. La tâche la plus extraordinaire qu'il peut vous être donné dans l'existence.

C'est à la fois fabuleux... et vertigineux !

Une fois les enfants repus, le calme règne à nouveau sous les moulures de l'appartement parisien. Quelques aimables babillages ponctuent encore nos conversations. À la faveur des lumières tamisées et du calme revenu, il est temps de coucher Vic et Tim, qui s'assoupissent gentiment le ventre plein.

Nous assistons alors au coucher des deux enfants-rois dans leur adorable petite chambre où passent de justesse les deux berceaux et la table à langer. La douce musique du mobile et ses petites peluches souriantes qui tournent achèvent de bercer les deux bébés visiblement ravis de retrouver les bras de Morphée, tandis que nous, nous retrouvons avec plaisir le confort du canapé et nos flûtes de champagne.

– Ça change la vie !!! nous assure Jarry.

Pas de doute, nous nous en sommes rendu compte. Mais cela ne nous fait absolument pas peur, bien au contraire ! C'est cette vie de parents qui nous fait envie !
La discussion se poursuit sur le terrain financier. Car il s'agit de regarder les choses en face. Avoir recours à une GPA aux États-Unis, c'est très très cher. Et ne croyez pas que la femme qui porte votre enfant va faire fortune, contrairement aux idées reçues ! La somme qu'elle va toucher représente essentiellement une compensation pour les frais occasionnés à la famille pendant la grossesse (achat de vêtements, garde d'enfants, rendez-vous médicaux, arrêts de travail)... Ce qui coûte cher en Amérique, ce sont les frais médicaux, nous n'en avons aucunement conscience dans notre confort de petits Français où la santé est gratuite ou presque. Sans compter les avocats et les assurances, j'aurai l'occasion d'y revenir dans les prochains chapitres. Mais quoi qu'il en soit, le coût sera important. Il va falloir mettre de côté.

Je prends Jarry puis son compagnon dans mes bras pour le remercier. Ils me font promettre que nous les tiendrons au courant de l'avancée de nos démarches. Ghislain s'assure qu'ils s'engagent de leur côté à rentrer en contact avec Bernadette de notre part pour jouer les entremetteurs.

Un dernier coup d'œil aux bébés dont on entend la paisible respiration ensommeillée dans la chambre, éclairée d'une petite veilleuse en forme de grenouille, et nous prenons congé. Les deux papas ont certainement hâte de souffler ! Fatiguant, la vie de parents, nous l'avons compris.

En remontant dans la voiture, je prends la main de Ghislain. Pas besoin de parler, un coup d'œil entendu suffit. Nous savons que nous allons aller au bout de l'histoire.

« On est allé chez Jarry voir ses bébés, hier. Tellement beaux. Ça fait envie ! »

Je viens de retrouver ce texto, envoyé le lendemain à ma meilleure amie Sandra, la future marraine de Valentin.

Par la fenêtre, la neige tombe sans discontinuer depuis l'aube sous un soleil d'hiver glacial. Vu d'ici, le jardin de notre maison de la vallée de Chevreuse prend des allures savoyardes d'une folle poésie.

Un chocolat chaud me revigore. La nuit a été agitée ! J'ai eu bien de la peine à fermer l'œil, nous imaginant virevolter en virtuoses entre les couches, les biberons, les nounours et les câlins.

Désormais, le rêve devient possible. On le touche du doigt ! Nous aussi, nous allons devenir papas. Nous aussi, bientôt, nous aurons notre bébé du bout du monde.

Mais d'abord, il faut parvenir à rentrer en contact avec la mystérieuse Bernadette. Nous l'ignorons alors, mais ça ne sera pas une mince affaire...

Looking for Bernadette

Paris, 5 mars 2017

« Ils pensent que je suis seul ! Ils veulent que je sois seul ! Est-ce que nous sommes seuls ? »

Comme un seul homme, le chœur de la place du Trocadéro scande un gigantesque « NOOON ». La mèche au vent et sous un ciel orageux, avec la tour Eiffel en fond de plan, François Fillon arrache toute l'énergie qu'il lui reste dans les tripes pour cet étrange rassemblement que certains imaginaient comme un baroud d'honneur pour tirer sa révérence... mais qui se termine finalement en hold-up pour se cramponner à sa candidature.

Visiblement peu rompu aux mathématiques, son fidèle lieutenant Bruno Retailleau compte 200 000 personnes. Les experts sont plus mesurés : 30 000 tout au plus. Et c'est déjà pas mal ! Dans les rues adjacentes, les immenses bus venus de toute la France affrétés par La Manif pour tous, dont on connaît la capacité de mobilisation sans faille. Dans la foule, jamais je crois on n'a vu autant de serre-tête et de mocassins au mètre carré.

Avec Ghislain, comme hypnotisés devant LCI, nous regardons ces images et ce discours qui semblent tout droit sortis d'un épisode de *La Quatrième Dimension.*

Après la multiplication des casseroles qui ont fusé de toutes parts pour torpiller la candidature de François Fillon, j'avoue que l'angoisse que nous avions quelques mois auparavant a fondu comme neige au soleil. L'arrivée au pouvoir de Fillon, devenue plus qu'improbable comme tous les sondages en attestent, sonnerait comme une sorte de déclaration de guerre aux familles homoparentales. Et plus sa campagne s'est radicalisée, plus il s'est cornerisé autour de ses soutiens de Sens commun, les seuls qui l'ont porté à bout de bras, jusqu'à ce fameux dimanche glacial de mars. Je crois qu'après l'affaire de l'emploi fictif de Penelope, puis de ses enfants rémunérés une fortune comme stagiaires, les costumes de luxe offert par le crapuleux Bourgi ont été le coup de grâce.

– Non mais jamais les Français ne voteront pour lui, ce n'est pas possible !

J'acquiesce aux pronostics de Ghislain. Je ne vois pas comment les électeurs pourraient à présent lui faire confiance. Lui dont l'image publique était sans doute celle de l'homme le plus probe qui soit... on le découvre châtelain âpre au gain, intéressé, truqueur... Et même si rien d'illégal n'est finalement prouvé, la justice passera en son temps, la faute morale est bien là aux yeux de l'opinion publique.

Alors, je vous avoue qu'on respire avec Ghislain ! Nous nous sommes décidés à lancer en urgence les démarches pour une GPA éthique aux États-Unis car nous avions peur que cela devienne quasi impossible. Mais depuis notre leçon de choses par Jarry un mois plus tôt, nous n'avons pas vraiment avancé. Nous réfléchissons encore. Nous nous renseignons chez d'autres amis. En bons journalistes, nous recoupons les sources.

La campagne torpillée de Fillon nous donne un ballon d'oxygène ! Son élection peu probable nous laisse un peu de marge non seulement pour nous renseigner... mais aussi pour économiser.

Car en cette aube de printemps 2017, au-delà de notre futur foyer, Ghislain n'a qu'une seule obsession : organiser un mariage exceptionnel ! Assurément, il pourrait devenir wedding planner. Il fouille les moindres sites, il compare, il appelle, nous passons nos week-ends à chiner dans des petites boutiques ou des antiques brocantes des éléments de décoration. Difficile, en plus du boulot qui me prend énormément de temps, de pouvoir mobiliser toute notre attention partout en même temps !

Alors finalement, soyons terriblement classiques, d'aucuns diront vieille France : d'abord le mariage, ensuite le bébé ! On aura le droit à la robe blanche, du coup !

24 avril 2017, 19 h 45 je reçois des textos de mes camarades de LCI. Avec Ghislain, nous respirons enfin.

C'est mort pour Fillon... Il ne dépassera pas les 20 %. Loin derrière Emmanuel Macron et Marine Le Pen, il est définitivement éliminé de la course ! Et probablement de la vie politique française.

Vous me reprocherez peut-être de m'engager politiquement en écrivant ces mots. Mais tentez de vous mettre un peu à ma place : vous avez un rêve, qui vous semble inaccessible depuis votre plus tendre enfance, vous réalisez qu'autour de vous une poignée de couples ont réussi, sont allés au-delà de ce qui semblait impossible. Et alors que vous êtes à deux doigts de ce bonheur indescriptible, un aspirant président scrogneugneu aux gros sourcils allié aux plus archaïques et rétrogrades de l'échiquier politique français se dresse face à vous et vous dit clairement qu'il fera tout pour vous mettre des bâtons dans les roues. Oui, cela semble peut-être égoïste, mais nous avons pensé à nous, à notre famille d'abord.

Emmanuel Macron à l'époque n'est pas avare de belles promesses pour draguer tous les électorats possibles. Les joies du « en même temps » ! Voici ce qu'il déclarait à quelques jours du premier tour au magazine gay *Têtu* : « Il faut permettre la reconnaissance des enfants nés par GPA à l'étranger. On ne peut pas les laisser sans existence juridique. Ces enfants participent d'un projet d'amour. Il faut arrêter l'hypocrisie et je porterai ce projet. »

À l'heure où j'écris ces lignes, nous n'avons aucune nouvelle, et la tentative de certains députés progressistes de la majorité pour faciliter la reconnaissance de ces enfants, fantômes de la République, a été étouffée dans l'œuf. Que voulez-vous ? Les promesses n'engagent que ceux qui y croient, comme on dit !

En ce printemps 2017, une bonne nouvelle arrive ! Coup de fil de mes amis d'Endemol : confirmation de la signature d'une onzième saison pour « Secret Story » ! Une saison rallongée de surcroît, puisqu'elle durera quatorze semaines ! Cela signifie pour moi trois mois de plaisir car j'adore bosser sur ce programme, mais aussi trois mois de boulot fort bien rémunérés !

En 2015, je suis devenu l'animateur de cette fameuse émission culte. Cette télé-réalité, je l'ai tant regardée ! Tant adorée ! Et c'est une vraie fierté pour moi d'avoir été choisi pour la présenter. Entendre « La Voix » qui résonne. Voir ce plateau à l'étrange décor tout en longueur, à mi-chemin entre un vaisseau spatial et un catwalk de la Fashion Week. Les fumigènes lors des primes, le public de fans hurlant, les candidats tous plus extravagants les uns que les autres. Un prime de « Secret », c'est un peu le grand 8 à la Foire du Trône ! Ça clignote, ça fait du bruit, ça tourne dans tous les sens, on a parfois la tête en bas. Être le Monsieur Loyal d'un si beau cirque télévisuel, en direct de surcroît (si rare en télé), c'est un tel pied, si vous saviez !

Et en effet, il ne faut pas se cacher derrière son petit doigt : oui, c'est rémunérateur ! Je sais que certains, dans le métier, n'ont pas nécessairement compris mon choix d'accepter ce joli cadeau. Empoisonné pour certains, qui associent la télé-réalité au Grand Satan. Mais j'ai toujours aimé le mélange des genres, et me balader librement entre l'information et le divertissement.

Au-delà du plaisir indescriptible que j'ai à présenter ce pur divertissement, si bien huilé, avec une équipe que j'adore, cela m'a permis de mettre de l'argent de côté. Et cette somme, je sais qu'elle nous sera utile.

Du coup, cette troisième saison tombe à point nommé ! Entre le mariage et notre projet de bébé, cela va contribuer à nous aider à réaliser notre rêve. Quelque part, je remercie ici La Voix et la Maison des Secrets ! Merci à Émilie, Julien, Mélanie, Thomas, Barbara, Fanny, Noré, Kamila, Tanya ou encore Darko... Vous avez toutes et tous contribué à permettre à Valentin de venir au monde.

Mais méfiez-vous des apparences ! L'argent ne fait pas tout dans l'incroyable aventure dans laquelle nous avons décidé de nous lancer.

Au-delà de tous les prénoms que je viens de citer (auxquels on pourrait accoler mes sempiternels « tapez 1 »... « tapez 2 »...), le plus important désormais c'est celui-ci : BERNADETTE !

Cette fameuse Bernadette dont Jarry nous a fait l'éloge ! Cela fait plusieurs semaines maintenant que nous avons rencontré les bébés de Jarry et qu'il nous a promis de nous mettre en contact avec elle. Et puis, chacun de nous pris par son emploi du temps, il ne m'a pas donné de nouvelles et je n'ai pas insisté non plus pour en avoir...

Maintenant que l'horizon s'éclaircit et que Ghislain a bien avancé sur le mariage, alors que l'été arrive, je me dis qu'il est temps de relancer les choses ! Petit texto...

« Mon Jarry, tu nous avais parlé de Bernadette, la coordinatrice française de l'agence. Peux-tu me passer ses coordonnées ? »

Quelques minutes plus tard, Jarry m'envoie son adresse mail.

Plus d'excuses à présent ! Je vais envoyer un message.

Quelques secondes plus tard, nouveau texto de Jarry :

« Attends un peu avant d'envoyer un message. Je dois lui parler de toi, d'abord. Et ensuite elle va se renseigner sur vous... »

Mais qu'est-ce que ça veut dire, « se renseigner » ? C'est Bernadette ou l'inspecteur Columbo ? Je finis par appeler Jarry de vive voix pour mieux comprendre.

« Rappelle-toi, je vous avais parlé d'une enquête. C'est ça. Elle va se renseigner, commencer à checker votre profil, vos réseaux sociaux... »

J'avoue que, sur le coup, les bras m'en tombent. Elle va vérifier quoi ? Elle va me googleliser ? J'ignore si l'animateur de télé-réalité que je suis fera un bon parent à ses yeux... Elle va peut-être aussi tomber sur des photos de nous avec Ghislain faisant la fête sur une plage de Saint-Tropez. Des papas fêtards, c'est acceptable ? Une foule de questions m'assaillent alors. Ai-je des « dossiers » qui traînent et qui pourraient ressurgir ? Des images qui pourraient nous porter préjudice ? Mais que cherche-t-elle, au fond ? Décidément... je ne l'ai toujours pas rencontrée, mais cette Bernadette me semble de plus en plus mystérieuse.

Nous attendrons donc avec Ghislain.

Oh, pas longtemps. Dix jours plus tard, au mois de juillet, Jarry nous dit que Bernadette est mal à l'aise avec notre profil. Non pas pour des raisons dérisoires de photos de beuveries sur Facebook comme je le craignais. Ces images importent peu pour Bernadette... Le problème, c'est que nous sommes journalistes. Visiblement, leur agence a déjà été trompée par des faux parents, en réalité des reporters infiltrés qui tentaient de remonter les filières de GPA à l'étranger. Ils veulent à tout prix éviter ce genre de déconvenue. Et puis, la Gestation Pour Autrui semblant de plus en plus accessible pour beaucoup de couples, il y a désormais des listes d'attente ! Trop de demandes ! Alors, privilégier un couple plutôt qu'un autre... des journalistes de surcroît. Ça coince un peu pour lady Bernadette !

Mais comment la convaincre de notre bonne foi ? Nous ne l'avons même pas rencontrée, elle n'a pas même entendu le son de notre voix. Il va falloir que Jarry plaide notre cause et l'assure de l'honnêteté de notre démarche. Coriace Bernie !

Les vacances arrivent. Enfin... pas pour moi, j'ai accepté la proposition de RTL d'animer les petits matins, prise d'antenne à 4 h 30. En principe, en été, on est beau, bronzé et le regard reposé. Moi, c'est le contraire ! Les yeux marqués de deux gigantesques valises brunes. Mais quel plaisir de se retrouver au micro de la première radio de France pour le deuxième été consécutif. Aider les lève-tôt à commencer leur journée dans la bonne humeur. Un talk-show à mi-chemin entre info et divertissement, c'est pile-poil ce que j'aime faire. Et, là encore, un job qui me permet de mettre de l'argent de côté pour concrétiser tous nos beaux projets. Un vrai petit écureuil ! Appelez-moi « La Caisse d'épargne » !

Aux États-Unis, contrairement à ce qu'on croit, tout fonctionne au ralenti durant l'été. C'est les vacances pour tout le monde ! Y compris les agences de Surrogacy (le terme américain pour désigner la Gestation Pour Autrui). Du coup, Bernadette semble difficile à joindre. Il va falloir attendre octobre pour avoir des nouvelles !

Alléluia ! Jarry revient vers nous : c'est bon, enfin Bernadette accepte d'entrer en contact avec nous. Je me dis que tout ça va être long... et semé d'embûches ! Imaginez : nous n'avons même pas commencé et c'est déjà un parcours du combattant.

C'est peut-être aussi comme ça que se fait la sélection : seuls les plus motivés, les plus batailleurs arrivent jusqu'au bout de l'aventure. Que toutes les mauvaises langues et autres mythos du Web qui déversent leur lamentable fiel à longueur de journée ferment leurs maudits clapets : non, on ne commande pas un bébé d'un clic sur le Net comme on achèterait un DVD sur Amazon. Ne croyez pas ces manipulateurs qui veulent salir nos familles ! Ils ne savent RIEN du parcours redoutable qu'on entame alors et que je vais vous raconter.

En pleine saison de « Secret Story », je jongle aussi avec d'autres tournages pour TF1 et la radio avec RTL.

Ghislain de son côté vient d'arriver dans l'équipe de la Quotidienne de France 5. Nous voilà débordés, lui comme moi.

Alors nous décidons d'un commun accord d'envoyer ce fameux premier mail à Bernadette une fois que nous aurons vraiment le temps de faire les choses correctement et de nous concentrer à 100 % sur notre futur bébé.

C'est le premier jour de nos vacances, le mercredi 20 décembre 2017 à 15 h 38, que nous rédigeons notre mail à l'intention de l'énigmatique Bernadette, en pesant chacun de nos mots au trébuchet.

Bonsoir Bernadette,

Je me permets de vous contacter de la part de Jarry (heureux parents de jumeaux) qui vous a déjà parlé de moi il y a quelques semaines.

Je m'appelle Christophe Beaugrand, je vais me marier avec mon compagnon en juillet prochain. Nous avons depuis longtemps un profond désir d'enfant.

Jarry m'a chaleureusement conseillé de faire appel à vous pour réaliser ce projet parental.

Nous nous sentons prêts. Pourriez-vous me recontacter afin que vous m'expliquiez les démarches à suivre ? Merci d'avance.

La réponse de Bernadette ne s'est pas fait attendre...

Joyeux Noël !

Paris, 21 décembre 2017

Un peu plus de vingt-quatre heures à peine ! Nous avons déjà une réponse. Alors que l'on approche tout doucement du réveillon et que nous avons décidé de le passer en mêlant nos deux familles : ma maman et les parents de Ghislain, notre aventure GPA prend un coup d'accélérateur !

Bonjour Christophe,
Merci pour votre email ; je serais très heureuse de vous parler sur Skype dès que vous êtes disponible ; veuillez me donner vos disponibilités sachant que nous sommes en Californie et que nous avons 9 heures en moins avec la France. Pendant cet entretien, nous parlerons de tous les aspects d'une GPA aux US.
Dans l'attente de faire votre connaissance, je vous souhaite une excellente soirée.

L'œil rivé sur l'écran bleuté de mon ordinateur, nous avons des frissons avec Ghislain. Nous répondons *illico* que nous sommes prêts à organiser ce rendez-vous Skype dès que possible, nous demandons à Bernadette ses disponibilités entre Noël et le Nouvel An.

Encore un peu de suspens ! Le temps de faire les bagages, de prendre gamelle, croquettes et harnais de mademoiselle Colby notre labrador, et accessoirement ma mère, avec la place qui lui reste sur le siège arrière, nous partons direction Chonas-l'Amballan. Petite bourgade près de Vienne à quelques encablures de Lyon, au cœur des vignes de Côte-Rôtie, ces jolies collines où Ghislain a grandi.

Foie gras, cotillons, délicieux gratin dauphinois, la spécialité des parents de Ghislain, bûche, bonnes bouteilles. Beau réveillon traditionnel en famille. Corinne et Pascal sont heureux de voir toute la famille réunie, d'autant que Ghislain est fils unique, les grandes tablées sont rares par ici : ma mère, bavarde comme une pie, s'est fait une copine, tata Suzette, avec qui elle partage l'amour de Johnny et du rosé !

Avec Ghislain, nous nous mordons l'intérieur des joues, mais nous préférons nous interdire d'évoquer notre projet de paternité. Il est trop tôt ! On s'évite des fausses joies, si jamais nous ne parvenons pas au bout de cette aventure qu'on sait semée d'embûches. Et aussi épargnons-leur un stress inutile, nos mamans respectives ont la fâcheuse tendance à ne toujours voir le verre qu'à moitié vide ! Pour l'instant, cette histoire n'est que la nôtre, ou presque. Ghislain en a glissé quelques mots à son meilleur ami Pierrick, qui s'apprête à devenir papa avec sa compagne

Clémence. Moi, je me suis confié à Sandra et Laurent. Ils nous soutiennent tous et c'est le principal.

La famille, ça viendra un peu plus tard. Mais nous savons que leur bonheur sera intense.

Ce 24 décembre, passé minuit, tous les cadeaux, paquets miroitants et bolduc scintillant sont installés au pied du sapin. Nous sommes tous trop grands pour croire encore au Père Noël, nous n'attendrons donc pas le lendemain matin pour ouvrir les cadeaux. Quand un petit sera là, assurément nous respecterons la tradition et nous ouvrirons tout ça ensemble au matin, l'œil encore ensommeillé. Nous avons tous en tête ces photos d'enfance si touchantes – et gênantes aussi parfois – de nos bouilles cernées, les cheveux en bataille, engoncés dans nos pyjamas en velours, nous lamenter devant la voiture télécommandée tant désirée que cet étourdi de Papa Noël a apportée sans penser aux précieuses piles !

On ne perd rien pour attendre, ça va venir. Un jour, nous aussi, nous prendrons à notre tour ces photos cultes d'une petite fille ou d'un petit garçon émerveillé au pied du sapin.

Le lendemain, après une bonne nuit de sommeil alourdie par les victuailles, et alors que nous sortons de table, après un déjeuner de Noël pantagruélique, un petit bip sur mon portable signale qu'un nouveau mail vient d'arriver. Je prends Ghislain par le bras et lui glisse à l'oreille.

– Regarde ! Je pense que c'est notre cadeau de Noël !

Je tends le portable à Ghislain qui découvre le message de Bernadette. Envoyé donc le jour de Noël ! Lundi 25 décembre 2017, à 15 h 11. Incroyable !

Christophe et Ghislain,

Merci pour votre réponse, je viens aussi de répondre à votre invitation sur Skype. Je peux vous parler mercredi (après-demain 27 décembre) à 20 heures heure française si vous voulez. Merci de bien vouloir confirmer que cela vous convient.

Très belle soirée à tous les deux.

Qui a dit que le Père Noël n'existait pas ?

Tout excités par la date désormais connue... celle de notre première entrevue avec la fameuse Bernadette, qui nous fait tourner en bourriques depuis plusieurs mois, nous avons décidé de mettre toutes les chances de notre côté !

De retour à Paris après ce Noël vraiment pas comme les autres où nous nous sommes beaucoup amusés en famille, nous voilà dans notre appartement parisien, ce fameux mercredi 27 décembre. Nous avons soigneusement étudié notre look : il faut avoir l'air sérieux, j'ai mis une jolie chemise, Ghislain également. Il s'est enfermé au moins une heure dans la salle de bains pour se coiffer et tenter de dompter sa tignasse souvent échevelée. Je peux vous l'avouer maintenant, pour être sûr d'avoir bonne mine, on a mis un peu de poudre terracotta, histoire de ne pas briller.

Ah si Bernadette savait ! J'ai utilisé une lampe que j'ai posée en équilibre sur un coin de la cheminée pour faire office de projecteur, nous avons installé de la jolie déco dans le fond, derrière, une petite guirlande lumineuse. Il faut qu'elle ait une vision idyllique de nous ! Qu'elle se dise aussitôt connectée que notre enfant serait si heureux dans une telle famille ! Même Colby va participer au Skype. Un labrador en plus, si ça ce n'est pas le foyer parfait, franchement ! Ne vous moquez pas ! Nous avons à cœur de montrer le meilleur de nous-mêmes : mais avec le recul, je veux bien admettre que tout cela était bien dérisoire.

Légèrement endimanchés, à l'heure pile, nous sommes prêts ! J'ai empilé une dizaine de livres et de bandes dessinées sur la table du salon pour y poser l'ordinateur afin que nous soyons tous les deux bien en face de la caméra.

La sonnerie Skype retentit : Bernadette est connectée... nous aussi ! Nos cœurs battent de plus en plus vite.

Son visage apparaît. Deux petits yeux pétillants, les cheveux mi-longs, un chandail sur les épaules, un beau sourire franc. Et surtout, ça nous frappe immédiatement, un air si familier. Elle nous fait immédiatement penser à quelqu'un. Nous nous regardons avec Ghislain et en un clin d'œil nous nous comprenons sans prononcer le moindre mot ! Bernadette, c'est Céline Dion ! Avec peut-être quelques années supplémentaires. D'emblée, cela nous détend. C'est un signe que notre future coordinatrice soit le sosie de l'une des chanteuses les plus gay-friendly du monde !

Et Bernadette nous met en confiance, on commence à deviser, joyeusement, naturellement. De nos vies, de nos envies. De son travail. De sa vie aux États-Unis, elle qui a quitté la France il y a une vingtaine d'années. Les minutes passent et nous avons l'impression de nous connaître depuis longtemps déjà. Elle comprend notre envie. Je pense surtout qu'elle a saisi immédiatement qu'il ne s'agissait pas d'un caprice ou d'une lubie mais bel et bien d'un projet de famille. Nous lui disons que nous allons nous marier dans quelques mois. Un bon point, assurément ! Ça aide visiblement pour des questions administratives aux États-Unis, cela simplifie les choses.

Elle nous explique les étapes : sélectionner une donneuse d'ovocytes, le don de sperme, choisir une mère porteuse, créer les embryons... tout semble clair avec elle. Bernadette nous explique aussi qu'il faudra passer par des assurances, un cabinet d'avocats pour nous défendre, établir un contrat avec la mère porteuse. Mais tout se fera en temps et en heure, au fur et à mesure, et qu'elle sera là pour nous expliquer et nous accompagner. Je parle bien anglais, c'est un plus. Car nous devons nous préparer à multiplier les Skype et les entretiens.

— Je vais me renseigner mais je pense que, dans votre cas, nous allons nous adresser au professeur Wilcox.

Son nom sonne comme dans une série américaine ! Directeur d'une clinique spécialisée en fertilité à Pasadena, dans la banlieue chic de Los Angeles. Un ponte, paraît-il, dans sa discipline.

En attendant, à Paris, une étape indispensable nous attend : le spermogramme ! J'avoue n'y avoir jamais pensé. Mais avant d'entamer toutes ces démarches, il s'agit de vérifier que nous ne sommes pas stériles ! En effet, c'est la base.

Et puis, Bernadette nous envoie un lien internet : la banque de données des donneuses d'ovocytes.

– Regardez les profils qui vous intéressent, il y a un moteur de recherche...

Nous avons donc du pain sur la planche !

Bernadette convient de nous envoyer par mail la « Cost Sheet », un document résumant tous les coûts afférant à une Gestation Pour Autrui. Les choses sont présentées très clairement, et le formulaire vous explique les sommes à régler au fur et à mesure, une fois que vous signez le contrat, une fois que vous créez les embryons, une fois que la mère porteuse a été inséminée, une fois qu'il a été établi que le cœur du bébé bat... Pour chaque étape, la fourchette de prix est clairement donnée. Et elle est vertigineuse !

Comptez, au total, entre 120 000 et 160 000 dollars. Nous savions que le coût était important, mais c'est désormais écrit noir sur blanc, et détaillé.

Nous nous disons au revoir chaleureusement et convenons de nous recontacter très vite.

L'heure est à présent de nous inscrire sur le site, pour avoir accès aux profils des mères porteuses (les « *surrogates* » comme le dit le terme américain spécifique désignant ces femmes) et ceux des donneuses d'ovocytes (les « *eggs donors* »).

Le nom de l'agence avec laquelle nous nous apprêtons à commencer cette aventure ne s'invente pas ! À l'américaine, cela sonne comme la production d'un film hollywoodien : « Extraordinary Conceptions » !

Tout un programme, et nous ne sommes pas au bout de nos surprises...

Good Doctor

Paris, 15 janvier 2018

Le casque enfoncé sur les oreilles, je suis installé à mon bureau de la rédaction de 50 minutes Inside. Sur l'écran tourne un clip pénible que je regarde sans grande conviction : on y voit s'agiter une chanteuse absurde à la tenue bariolée que je dois interviewer le lendemain et qui sera probablement oubliée dans la minute. L'attachée de presse m'a pourtant vendu la « sensation pop du moment ». J'avoue ne pas être très concentré : j'ai la tête ailleurs !

Depuis le jour de Noël, nous n'avons plus aucunes nouvelles d'Extraordinary Conceptions.

Bien sûr, cela ne fait que trois semaines, et puis il y a eu les vacances de Noël, le nouvel an.

Mais tout de même... nous commençons à nous impatienter !

11 h 37 : alors que mon ventre gargouille, je vois un message apparaître sur mon écran. « Vous avez un nouveau message ! »

Enfin ! Des nouvelles. Un message signé de Mario Caballero. On croirait le nom d'un toréador moustachu dans une arène sévillane ou d'un mariachi mexicain officiant dans un restaurant de tacos. Mais non, c'est le patron de l'agence, qui prend lui-même sa plume, et en français s'il vous plaît !

Christophe et Ghislain,

Je vous remercie de me faire confiance en faisant appel à mes connaissances pour vous adresser à un docteur. Je ne recommande que les docteurs vers qui je m'orienterais personnellement. Si j'étais plus jeune et voulais avoir des enfants via une procédure de Gestation Pour Autrui, je me dirigerais vers lui immédiatement.

Docteur John Wilcox est reconnu pour ses taux de succès meilleurs que d'autres spécialistes. Docteur John Wilcox est réputé pour son dévouement quant au suivi de ses patients et l'attention qu'il porte à leurs besoins.

On croirait un argumentaire d'agent immobilier sur un prospectus qu'on reçoit dans sa boîte aux lettres ! Visiblement, ce docteur Wilcox, qui a franchement un nom de personnage des *Feux de l'Amour*, a toutes les qualités pour mener à bien notre projet.

Dans le message, il est mentionné les fameux « taux de succès ». Ces taux de réussite sur lesquels les cliniques et les médecins peuvent communiquer aux États-Unis, en débinant leurs concurrents ! Nous continuerons de l'apprendre (parfois aux dépens de notre porte-monnaie), la santé, c'est vraiment du business, aux États-Unis.

Force est de constater, lorsqu'on se balade sur les sites, que la clinique de fertilité en question arrive en effet en tête des plus fiables de Californie. Pas des moins chères, ça aussi c'est un fait !

Dans le mail, il nous est conseillé de prendre contact avec une certaine Griselda pour fixer un rendez-vous Skype avec le docteur Wilcox. Décidément, toutes les personnes que l'on nous présente portent des noms de personnages de soap !

Cette Griselda étant visiblement très occupée, il nous faut attendre quinze jours supplémentaires pour avoir un retour de sa part... et le rendez-vous avec le docteur Wilcox (pour le coup overbooké entre ses opérations, ses rendez-vous, et ses probables séances de golf et de bronzage pour se détendre) est fixé au 23 février.

Nous devons nous faire une raison ! Tout cela prend du temps, la principale qualité lorsque l'on se lance dans des démarches de Gestation Pour Autrui, c'est s'armer de patience.

– Tu vas en parler à ta mère ?

Ghislain m'interroge en plein milieu du dîner. Le temps d'avaler ma bouchée et de réfléchir un court instant, je lui lance un :

– Non ! Ça va pas la tête ? Tu connais ma mère ! Elle est toujours tellement inquiète, tellement stressée...

elle n'en dormira pas pendant des mois et elle va nous soûler tous les jours, dis-je en riant. Et toi ?

Ghislain à son tour, un petit sourire en coin...

– Joker ! La mienne non plus. Elle ne va pas comprendre, c'est trop tôt. Et puis elle va penser d'abord à tout ce qui pourrait mal se passer.

Même nos amis, nous les préservons un peu de la tempête qui couve sous nos crânes. Ce sont des démarches tellement particulières, qui vous remuent à un tel point qu'il est difficile de les partager. Nous vivons nos angoisses en solo. Au fond, je pense qu'il faut l'avoir vécu pour vraiment comprendre ce parcours. Voilà pourquoi nous essayons de vous l'expliquer, avec nos mots.

Le fameux 23 février finit par arriver. Nous savons que ce rendez-vous avec le docteur John Wilcox s'annonce primordial : le véritable premier pas de cette aventure. Petit détail : l'horaire proposé ! 14 heures, heure de Los Angeles. Si vous êtes bons en mathématiques et en décalage horaire, cela signifie 23 heures, heure de Paris. Autant vous dire qu'il ne sera pas aisé d'avoir les yeux en face des trous !

Tous les matins, je travaille sur LCI dans la Matinale pour un billet d'humeur sur l'actualité, mon réveil sonne à 5 h 30 du matin. Donc habituellement la veille au soir, passé 23 heures, je suis en pyjama et souvent même dans les bras de Morphée. Là, nous devons être à la hauteur : chemise bien repassée, coiffure stylée.

Ghislain n'est pas forcément très à l'aise en anglais, c'est moi qui vais parler. Et qui vais jouer, de temps en temps, le rôle du traducteur.

Entre deux bâillements, l'heure tourne avec la télé en fond. 22 h 58, nous sommes fin prêts, installés avec notre éclairage de quasi-pros pour nous présenter sous nos meilleurs atours ! Nous attendons la sonnerie reconnaissable entre mille de l'application Skype... qui reste toujours associée pour moi à une légère accélération du rythme cardiaque !

Le visage du docteur John Wilcox apparaît alors sur l'écran de notre ordinateur. Et là, on croirait entendre au loin ce générique... « Amour... gloire et beauté... des mots qui font rêver... »

Le beau toubib n'a donc pas que le nom qui rappelle un héros de feuilleton à l'eau de rose. Il en a aussi le physique parfait ! La mèche impeccablement peignée, le sourire étincelant, la peau lisse et bronzée, et les tempes légèrement grisonnantes qui nous laissent deviner qu'il a certainement plus d'heures au compteur que son physique avantageux ne semble le laisser présager. Le regard braqué sur la webcam et le râtelier en bandoulière, il est confortablement installé dans un épais fauteuil en cuir et, d'une voix grave et assurée, nous accueille d'un tonitruant :

– *Hello Christophe and Ghislain ! Please to meet you !*

Nous lui répondons avec le même entrain – nous essayons, du moins – malgré l'heure avancée, le stress et la timidité qui nous empêchent d'être totalement à l'aise. En quelques secondes nous réalisons que notre accent *typically frenchy*, au lieu de nous desservir, semble toujours charmer nos interlocuteurs, même si nous cherchons nos mots bien souvent.

Le docteur Wilcox, qui a l'habitude de présenter sa méthode à des patients dont l'anglais n'est pas nécessairement la langue maternelle, est très indulgent, parle distinctement, et avec un débit qui nous aide à mieux comprendre.

Après une introduction claire et concise où il vante les qualités de sa clinique de fécondation in vitro qui a comblé de bonheur des milliers de familles du monde entier depuis une trentaine d'années (tout de même, on comprend mieux les tempes grisonnantes et la peau tirée !), nous échangeons sur la technique, les délais, les méthodes utilisées. Puis, le docteur Wilcox nous passe à la question.

Depuis quand avons-nous ce projet ?

Désirons-nous un ou deux enfants ? Et si oui, des jumeaux croisés ? La technique qui permet d'implanter dans la même mère porteuse un œuf fécondé avec le sperme de l'un des conjoints et un autre avec celui de l'autre, et venant de la même donneuse d'ovocytes...

Voulons-nous choisir le sexe de notre enfant ?

Aïe Aïe Aïe... Ça existe tout ça ? Un champ des possibles infini et un peu surréaliste s'ouvre devant nous. Et, reconnaissons-le, ça ressemble un peu à de la science-fiction.

– Nous voulons un seul enfant... enfin, pour commencer. Après... fille ou garçon... nous ne nous sentons pas prêts à choisir.

À vrai dire, même si nous n'osons pas le formuler, nous ne savions même pas qu'on allait nous proposer cela et nous n'y avions jamais réfléchi. Réussir à avoir un enfant me semble tellement miraculeux qu'en choisir le sexe m'apparaîtrait même malvenu.

Devant notre gêne face à certaines questions et notamment l'éventuel choix du sexe de notre futur bébé, le docteur John Wilcox nous fixe avec l'œil qui frise et part dans un grand éclat de rire qui nous laisse entrevoir ses prémolaires étincelantes.

– Ah c'est amusant ! Les Français, vous êtes tous pareils ! Vous êtes extrêmement gênés quand on vous pose cette question, vous dites toujours que vous ne voulez pas choisir. Et à chaque fois, vous choisissez quand même au final ! Ah ah ah !

Nous nous regardons avec Ghislain, médusés. Ce qui est sûr, c'est que les Américains ont une approche radicalement différente de tout ceci. Peut-être plus consumériste, mais après tout, c'est ça aussi l'Amérique !

– C'était un plaisir d'échanger avec vous. Vous pouvez me faire confiance, je suis intraitable sur les examens tant concernant votre donneuse d'ovocytes que pour la mère porteuse que vous choisirez. Nous mettons tout en œuvre pour que le transfert d'embryons fonctionne du premier coup. Je vous laisse avec mon assistante Gladdys pour caler nos prochains rendez-vous.

Et le docteur Wilcox, taquin, se pique de nous saluer en français, quel bon commercial !

– Au 'evoir !

Le type est assurément sympathique et diablement à l'américaine. Il semble maîtriser parfaitement ses dossiers et il inspire confiance.

La douce Gladdys prend le relais pour nous informer des conditions financières, des documents à remplir... mais d'abord... une étape indispensable ! Le docteur Wilcox a omis de nous préciser ce détail.

– Avez-vous fait votre spermogramme ?

– Heu... non...

– C'est la première chose à faire ! Il faut être sûr que vous n'avez pas de problème de stérilité.

Et si nous ne pouvions pas avoir d'enfant ? Le spermogramme sera donc la prochaine étape à franchir. Et croyez-moi... sans doute la plus surréaliste !

À la force du poignet

Paris, 24 février 2018

– Alors les garçons… vous voulez que je vous prescrive un spermogramme, c'est bien ça ?

Nous avons bien choisi notre médecin traitant ! Un petit cabinet coquet en plein cœur du Marais, rue des Archives, à deux pas du BHV et juste au-dessus des Marronniers, cette terrasse toujours bondée généralement de beaux garçons barbus et moulés dans des tee-shirts objectivement trop serrés pour leurs jolis pectoraux. Pour les amateurs, de beaux bears bedonnants bières à la main squattent le trottoir d'en face, au Cox. Dans cette ambiance exagérément virile, Mylène, notre docteure, s'est fait une spécialité de soigner les garçons qui aiment les garçons. Les trois quarts de sa patientèle sans doute. Nous l'avons connue de nuit. Loin de son cabinet ou de tout ce qui ressemble de près ou de loin à un établissement de soin !

Car Mylène est un peu le Dr Jekyll et Mr Hyde de la médecine ! Docteur le jour et icône disco la nuit.

Elle organise des soirées à base de musique kitsch, de Britney Spears, de Madonna ou autres morceaux de Kylie déchaînés. Une sorte de Régine des temps modernes, en plus jeune et plus sexy ! Une nouvelle reine de la nuit, qui soigne les corps avec son stéthoscope la journée et les âmes avec son stroboscope quand le soleil se couche.

Bref... les qualités idéales pour devenir notre médecin ! Surtout, chez Mylène, on ne se sent jamais jugé.

Alors il était aisé de venir la voir pour lui confier notre projet secret. Comme à son habitude, suçotant son stylo et pianotant sur son ordinateur, elle nous écoute avec indolence.

– Oui, c'est la première étape pour tout enclencher ! On nous a conseillé cette agence... et puis on a discuté avec le docteur... c'était un peu surréaliste... et voilà, on nous a parlé de ce spermogramme et... heu...

Mylène m'interrompt en coupant court à mes hésitations.

– Et ça vous fait un peu peur ? Vous vous demandez si vous êtes stérile... ?

Ghislain enchaîne.

– Ben oui... En fait on ne s'était jamais posé la question. C'était comme une évidence. Sauf que maintenant... on se pose beaucoup de questions... Moi je fume, je sais que ce n'est pas bon pour les spermatozoïdes...

– Et moi je suis vieux !

Mylène se marre en levant les yeux au ciel.

– C'est ça ! Un vieillard, ahah... tu veux que je te rappelle à quel âge Yves Montand est devenu papa ? 67 ans !

Ouais OK, j'avoue, j'ai de la marge. Ceci dit, si ça a marché avec Yves Montand à cet âge-là, ça devrait fonctionner pour moi qui n'ai que 41 ans. Quant à Ghislain, n'en parlons pas... 29 ans !

Mylène joint les mains sur son bureau et se rapproche de nous sur le ton de la confidence.

– Par contre les garçons, j'ai une mauvaise nouvelle pour vous...

Ghislain et moi nous lançons un regard inquiet. Aïe... encore une embûche ? Mylène poursuit, visiblement ravie de son petit effet.

– Avant un spermogramme, vous allez devoir observer une période d'abstinence de six à huit jours !

Nous rions ensemble, soulagés de constater que ce n'était qu'une blague. Il n'empêche, connaissant Ghislain, ce petit défi ne sera peut-être pas si facile que ça à relever. Surtout s'il doit en plus éviter de fumer durant cette période.

Nous ressortons du cabinet de Mylène, ordonnance en poche. Elle nous a conseillé un laboratoire d'analyses dans le 9e arrondissement, suffisamment grand pour passer inaperçu.

Plus que quelques chastes jours à patienter ! Avant le grand moment de tout donner... !

2 mars 2018

Ça fait six jours. Rendez-vous est pris... avant de partir au boulot. Chacun juchés sur nos scooters respectifs, nous nous garons sur un bout de trottoir à deux pas de la gare d'Austerlitz. Il est environ 8 heures. La file d'attente pour les prises de sang ou autres analyses d'urine déborde jusque devant la boulangerie toute proche. Nous nous frayons un chemin parmi la foule pour atteindre l'un des guichets d'accueil. La laborantine blasée dans sa blouse blanche ajuste ses lunettes pour déchiffrer notre ordonnance. Elle pianote sur son ordinateur et nous indique le bureau auquel nous devons nous adresser pour l'examen, deuxième porte à gauche dans le couloir.

Ouf, me dis-je, comme promis ça a été discret. Sauf...

« Hey, Sophie ! hurle la laborantine, s'adressant à sa collègue à travers la salle d'attente. Les deux jeunes garçons, là, c'est pour le spermogramme !!! »

Comment un aussi petit corps a-t-il pu émettre une phrase à un tel niveau sonore ? Mon visage s'empourpre tandis qu'une mamie qui patiente sur une chaise en plastique esquisse un sourire narquois. Pour la discrétion, on repassera ! La dame se dit peut-être que le présentateur du Loto a des petits soucis avec ses boules.

La fameuse Sophie nous accueille, nous explique comment les choses vont se passer. Nous disposons chacune d'une petite fiole, avec collée dessus une étiquette indiquant nos noms et notre numéro de sécurité sociale. Charge à nous d'aller les remplir, de refermer les flacons avec le petit couvercle et de les déposer ensuite dans son bureau, et d'ici demain les résultats arriveront directement dans nos boîtes mail respectives !

Reste la partie la plus délicate de cet « examen ». Ghislain se glisse dans une petite pièce et moi dans une seconde, à l'autre bout du laboratoire. On se croirait dans une cabine de vestiaire de piscine. Exigu et glauque à souhait ! Une petite chaise, un lavabo. Un distributeur de papier essuie-tout. Plus romantique, tu meurs !

Et sur une minuscule table basse plastifiée, un magazine de charme est posé là, opportunément. Ils ont pensé à tout ! Enfin... presque... Je crains que les jeunes femmes au décolleté plongeant en couverture de cette publication ne nous aident guère à parvenir à nos fins. Il s'agit du magazine *Chobix* dont, je l'avoue, j'ignorais totalement l'existence. Avais-je vraiment loupé quelque chose ? On me propose un article sur l'élection de « Miss Perverse »... Un roman-photo sur la malchanceuse Lina Luxa dont la voiture est tombée en panne sur un chemin de terre, heureusement dépannée par un mécano visiblement très serviable. Plus un dossier sur les MILF. La croupe... heu pardon, la coupe est pleine ! Je referme le magazine et vais plutôt tenter de faire appel à mon imagination, ça sera probablement plus efficace.

Difficile lorsqu'on entend à travers les murs épais comme du papier à cigarette les conversations des patients dans la salle d'attente attenante.

Quelques minutes plus tard, après avoir réussi à viser juste dans le petit flacon prévu à cet effet, je sors de ma cabine en priant pour ne croiser aucun chasseur d'autographes ou de selfies. Compte tenu du contexte, j'aurais été gêné de poser avec mon plus beau sourire en tentant de dissimuler dans mon dos la petite fiole contenant le précieux liquide.

Je retrouve Ghislain, lui aussi satisfait du devoir accompli. Il n'a pas eu la chance d'avoir un *Chobix* dans sa cabine mais il s'est acquitté de sa tâche sans grande difficulté.

Reste maintenant à patienter vingt-quatre heures... avant de savoir si, l'un comme l'autre, nous sommes aptes à faire des enfants !

Vous savez ce que c'est qu'avoir le sommeil agité ? Eh bien là, c'est le cas. On tourne, on vire. On rêve ou on cauchemarde, sans vraiment se souvenir de ce qui cloche. Et l'on se réveille le lendemain sérieusement épuisés. Et puis cette angoisse... cette question qui taraude... Et si ? Et si nos petits spermatozoïdes n'étaient pas suffisamment conquérants pour que notre rêve devienne réalité ? Moi qui n'avais jamais connu cette peur-là, voilà que l'attente des résultats de nos examens se transforme en torture psychologique !

Le tic-tac de l'horloge... et DING ! : « Vous avez reçu un nouveau message. »

Comme convenu, moins de vingt-quatre heures plus tard, le résultat du spermogramme est là ! Il s'agit de se connecter au site sécurisé du laboratoire, entrer un numéro d'identifiant, puis un code secret. Et là, le document apparaît !

Mon Dieu ! Que de chiffres, que d'informations... le taux de viscosité, la concentration de spermatozoïdes, leur nombre total, leur vitalité, leur mobilité...

Tous ces pourcentages... on a vraiment l'impression d'avoir des problèmes quand on se penche dans ce maelström d'informations toutes plus énigmatiques les unes que les autres.

Je découvre alors dans mon analyse une quantité inquiétante de spermatozoïdes multicéphales ou portant des doubles flagelles... je ne savais pas que ça existait !

Et au final ce chiffre qui me glace : « forme typique 5 % » !!! Mon Dieu, mais c'est ridiculement faible !

En quelques clics, j'ai accès aux résultats de Ghislain. Lui aussi a un sacré paquet de spermatozoïdes tordus, étranges, dégénérés... ce serait donc le lot de tous ces messieurs en ce début de XXIe siècle ?

Mais lui affiche un taux beaucoup plus élevé : « 12 % ». *Well done* !

Je décroche alors mon téléphone pour appeler Mylène.

– Allô... ? Tu as reçu les résultats, c'est ça ? Alors d'abord : n'aie pas peur !

Dans un éclat de rire elle me rassure en me disant que nos résultats sont tout à fait normaux. Et que ceux de Ghislain sont même particulièrement performants ! Aucune inquiétude à avoir donc. Nous avons notre sésame pour passer à l'étape suivante.

Celle du choix de la donneuse d'ovocytes. Celle qui va donner la moitié de son capital génétique ! Évidemment, nous en sommes conscients, c'est un choix crucial. Mais comment se fait la sélection ?

Je n'allais pas tarder à avoir la réponse... et quelle surprise !

« Je vous trouve très belle »

Paris, 8 mars 2018

« Nous sommes aujourd'hui le 8 mars 2018, je vous le rappelle messieurs, c'est la journée internationale des femmes… »

La radio, le matin, c'est toujours une mine d'informations… et parfois de clins d'œil ironiques du destin ! C'est en cette journée de la femme que nous allons commencer notre sélection !

Avouons-le tout de go, les femmes, ça n'a jamais été notre principale préoccupation avec Ghislain. Bien sûr, comme tout bon homo qui se respecte (de notre génération, entendons-nous bien), nous avons testé, histoire de nous conformer aux normes sociales. Et pour être certains, peut-être, que ce n'était définitivement pas notre truc. Moi, l'été de mes 17 ans avec ma copine Karine. Un coït furtif sur la pelouse du jardin parental. Test absolument pas concluant. Je me rappelle que, dans la foulée, nous avions regardé une VHS des *Mystérieuses Cités d'or*. C'est pour vous dire le succès de mes performances !

Ghislain, de son côté, n'était jamais allé beaucoup plus loin. Justine, jolie brune du lycée qu'il aimait follement, mais chastement !

Nous ignorions alors que, quelques années plus tard, nous allions nous passionner pour la gent féminine, histoire d'offrir à notre futur bambin le patrimoine génétique idéal pour être beau, grand et fort.

Après quelques échanges avec sainte Bernadette, notre ange gardien outre-Atlantique, là-bas sous le soleil de San Diego, elle nous envoie un lien internet vers la base de données des « *eggs donors* ». Les donneuses d'ovocytes.

Nous nous connectons sur ce lien, remplissons notre profil en quelques clics. Et nous voici sur une page, semblable à un site de rencontre, faisant clignoter de rouge une bannière vantant les dernières inscriptions arrivées, assortie d'une magnifique photo d'un petit bébé et d'une modèle sublime et souriante : « NEW DONORS AVAILABLE ! »... des nouvelles donneuses !

Il suffit d'appuyer sur le bouton « SEARCH »... et voilà qu'apparaît sous nos yeux une myriade de visages et d'informations. Elles sont des centaines. Brunes, blondes, rousses, noires, blanches, latinos... Cette multitude de sourires éclatants donne le tournis. Au bas de l'écran s'affiche le nombre de profils disponibles : 3 405 exactement ! Franchement, on pourrait s'y perdre ! Nous y passons d'ailleurs des heures !

– Tu penses la même chose que moi ? me lance Ghislain.

– Oui... c'est vraiment comme une appli de rencontres !

Une sorte de Meetic des ovocytes ! Et voyez-vous, comme dans un site de rencontres, il y a l'embarras du choix ! Tout type de physique, de style, de look. Nous qui n'imaginions trouver que des reines de beauté des universités américaines en mode pom-pom girl fiancée du beau capitaine de l'équipe de base-ball, on en est souvent loin ! Il s'agit d'avoir le feeling. Et pour elles aussi d'ailleurs, car, finalement, ce sont ces femmes qui ont le dernier mot !

Ce qui nous frappe ensuite, c'est l'incroyable jeunesse de toutes ces femmes. Une petite vingtaine. Quelques « vieilles » se cachent au détour d'une page : 29 ans, grand maximum. Bernadette nous appendra alors qu'il faut impérativement des femmes extrêmement fertiles et que cela va avec la jeunesse. La plupart de nos amies trentenaires qui galèrent à tomber enceintes peuvent en attester. À partir d'un certain âge, tout cela devient beaucoup plus aléatoire. Et comme le bon docteur Wilcox nous l'a dit lors de notre entretien : il s'agit de maximiser la réussite ! Pour cela, rien n'est laissé au hasard et la jeunesse des donneuses est un impératif incontournable.

– Tu as remarqué ? Le nombre de nanas qui se sont fait gonfler les lèvres ?

J'avoue qu'en tant que présentateur de « Secret Story », je repère assez facilement le silicone et le botox. Et un certain nombre de ces donzelles n'en sont pas exemptes.

Je suppose que c'est lié aux diktats de beauté américains, mais force est de constater que certaines de ces jeunes femmes possèdent des faux cils que ne renierait pas Ru Paul, et des bouches ourlées savamment mises en valeur par un gloss tapageur. Quand on n'aperçoit pas sur certaines photos leurs ongles ultra-manucurés.

« Pour Jessica, tapez 2 !!! »

Lorsque l'on clique sur un profil, on découvre alors plus de photos : bébé, petite fille, jeune ado... Et des informations complémentaires. La taille, le poids, les origines, leur état, si elles fument... Puis dans « Personal informations », on apprend si elles ont des tatouages, si elles sont gauchères, si elles ont des ancêtres cheerokees (ce n'est pas une blague !). Enfin viennent les informations concernant leur niveau d'étude, leurs matières préférées à l'école. Puis dans l'onglet « Traits & characteristics », si elles aiment l'art, le dessin, la peinture... leur chanson, leur livre, leur film préférés. Leur plat favori ! Et en bonus, quelques questions totalement surréalistes : « Est-ce que vous croyez aux miracles ? » « Est-ce que vous croyez à l'astrologie ? » « Ce qui vous est arrivé de plus drôle dans la vie ? »...

Puis viennent des informations particulièrement importantes cette fois : peuvent-elles compter sur le soutien de leur entourage dans leur démarche ? Et puis « Acceptez-vous de lancer un projet avec un couple gay ? »...

Et là, c'est la douche froide pour nous ! Certaines jeunes femmes que nous avions repérées refusent de vivre cette expérience avec des homos... et certaines déclinent aussi s'il s'agit de couples français ! Elles ne veulent se lancer dans cette aventure qu'avec des Américains.

S'ensuivent quelques informations médicales, qui intéresseront surtout la clinique de fertilité du docteur Wilcox.

Nous passons au moins dix minutes sur chaque profil. S'il y en a plus de 3 000 à passer en revue, on y sera encore dans six mois ! Vu la ribambelle de profils qui s'affichent, il s'agirait de cibler un peu plus notre recherche, au risque d'y passer des jours et des nuits, à s'en arracher les cheveux.

Alors nous affinons un peu notre recherche. Vient alors la thématique « Anonymous » ou « Known Cycle »... ?

Voulons-nous une donneuse anonyme, comme le préfèrent visiblement la majorité des couples... ou plutôt garder le contact, en savoir plus et échanger avec elle.

Ça me semble évident ! Pour que notre enfant puisse connaître ses origines et ses racines, je tiens absolument à pouvoir garder le contact. Ghislain est plus mesuré :

– Si on a un coup de cœur pour un profil, même si elle veut rester anonyme, on peut voir quand même ?

– Écoute... moi ça me gêne. Et puis il y a tellement de profils ! Essayons avec ce critère, ça va limiter !

Je ne croyais pas si bien dire ! Les offres diminuent comme peau de chagrin : les trois quarts des femmes préfèrent rester dans l'anonymat : parmi elles, beaucoup d'étudiantes qui ont recours au don d'ovocytes pour financer une partie de leur cursus. De 5 000 à 7 000 dollars, ce n'est pas rien.

Restent celles qui acceptent de garder le contact. Et du coup, forcément, des jeunes femmes qui veulent dialoguer avec les futurs parents et garder une trace ne sont intéressées que par les dollars sonnants et trébuchants qui vont avec.

Avec Ghislain, nous décidons de nous partager la tâche et de chacun chercher des profils qui nous parlent. Pour sélectionner la perle rare, je me laisse guider par un feeling. Un sourire. Un œil qui pétille. Un visage dont je me dis « Elle, je sens qu'on pourrait passer des heures à bavarder en riant, comme des vieilles copines ! ». Et surtout, du naturel, de la spontanéité ! Pas question de mettre le grappin sur des sosies de mes anciennes candidates de télé-réalité, aussi jolies soient-elles. Je préfère de vrais petits défauts que de fausses vilaines qualités !

En quelques jours, nous identifions cinq profils. Pas de prénoms, juste des numéros. Drôle d'impression d'une démarche déshumanisée qui me dérange un peu. Nous envoyons donc les références des profils à Bernadette.

— Bien reçu, je me mets en relation avec le service des donneuses et je reviens vers vous !

En attendant, nous repassons en revue les photos : celle-ci, l'œil pétillant, une photo en tenue d'étudiante fraîchement diplômée, typiquement américaine. Telle autre, photo d'enfance d'une adorable fillette en tutu. Ou encore le sourire magnifique d'une troisième, une fleur rose accrochée dans les cheveux. J'ai deux favorites. Les deux seules qui acceptent de garder le contact.

Des amis nous ont mis en garde : ne pas trop faire la fine bouche ! Il y a tellement de demandes... Sans compter qu'il faudra ensuite vérifier si médicalement nous sommes compatibles.

Le lendemain, la réponse de Bernadette arrive ! Nous allons devoir faire une croix sur plusieurs candidates : certaines ont déjà conclu avec une autre famille. D'autres ne donnent plus signe de vie et ont probablement changé d'avis. Cette autre jeune femme qui m'avait tapé dans l'œil ne veut traiter qu'avec des Américains.

Mais nous sommes chanceux ! Un profil colle ! La jeune fille à la fleur. Joli visage rond, yeux noirs perçants, et surtout un sourire d'une fraîcheur... Nous recevons alors d'autres photos : on la voit bébé, en tenue de sport, là où elle travaille. Je relis les réponses aux questions plus personnelles : elle dit être soutenue par sa maman dans sa démarche, elle n'a aucun problème avec les couples homoparentaux, elle raconte qu'elle aime rire. Ses photos attestent bien de cette éclatante joie de vivre. Elle précise qu'elle aimerait rentrer en contact avec nous.

Ghislain et moi décidons donc de rédiger quelques mots.

Bonjour !

Nous avons vu votre profil sur le site. Nous sommes un couple de garçons, ensemble depuis sept ans. Nous nous marions cet été. Nous avons toujours eu envie de devenir papas, voilà pourquoi nous nous sommes lancés dans cette aventure. Votre profil nous a particulièrement intéressés parce que vous êtes d'accord pour échanger. C'est important pour nous et pour notre futur bébé que ce soit une expérience humaine. On aime votre sourire. Et on vous trouve très belle !

Quelques jours plus tard, elle nous répond. Ces échanges que j'attendais tant remettent de la vie dans un processus un peu trop administratif et désincarné pour moi. Nous avons la chance que ses écrits ressemblent à ce que nous avions supposé en nous plongeant dans son profil : joie de vivre et spontanéité !

Hello boys ! (Bonjour les garçons)

Je suis très heureuse de vous lire. Merci pour votre gentil message. Votre histoire me touche beaucoup ! Et c'est amusant, je me marie aussi cet été ! Je serais vraiment très heureuse de rendre ça possible pour vous les garçons. On se reparle très vite. Je m'appelle Bruna, je suis d'origine brésilienne.

Ce sera donc Bruna. Notre jolie brunette. Je crois que cette fois-ci, c'est vraiment parti !

Welcome to California !

Los Angeles, 15 avril 2018

L'aéroport de Los Angeles, pour celui qui n'y a jamais mis les pieds, c'est une ruche assez hallucinante. Un gigantesque hub où l'on croise la terre entière, du baba cool à peau de mouton en sandales Birkenstock à l'hôtesse BCBG perchée sur des stilettos en passant par le businessman overbooké, à la recherche d'une correspondance entre deux vols.

Ici, on se sent tout petit. *A fortiori* dans l'interminable file d'attente des contrôles. Et ces sempiternelles questions de la police aux frontières : avons-nous l'intention de commettre un attentat ? Avons-nous été mêlés à l'Allemagne nazie ? Faisons-nous du trafic d'armes ? La naïveté des Américains me surprendra toujours : vous connaissez quelqu'un qui a déjà répondu oui ?

Lorsque l'on quitte ce gigantesque hall en grelottant sous une clim' poussée à fond, on est frappés par cette odeur d'asphalte chauffé par le soleil et de pot d'échappement vrombissant de 4×4 bourrés de testostérone.

On ôte alors nos blousons et l'on dégaine les lunettes de soleil en admirant le bleu si profond du ciel californien. Le panneau RENTAL CAR nous guide jusqu'aux loueurs de voitures où j'ai choisi un modèle typiquement ricain : une Camaro cabriolet. On va s'offrir un road-trip sous les palmiers en écoutant de la country !

D'abord, direction Santa Monica ! Cette ville côtière aux boutiques branchées et aux terrasses arborées. Son pier et sa fête foraine, sa plage aux petites cabanes de maîtres nageurs. Nous avons jeté notre dévolu sur un adorable petit Airbnb, un appartement en rez-de-chaussée agrémenté d'une minuscule terrasse en bois et d'un petit jacuzzi. Appartement est un bien grand mot... disons plutôt petit placard. Mais le charme fou de l'ensemble fait passer la pilule. De toute façon, nous allons surtout être en vadrouille durant les cinq jours de notre court voyage.

Le rendez-vous est pris pour le 17 avril à la clinique du docteur Wilcox de Pasadena. En attendant, nous profitons du séjour pour nous balader. Flâner sur Hollywood Boulevard. Faire une petite randonnée dans le Lake Hollywood Park, pour nous immortaliser au pied des fameuses lettres du Hollywood Signs, comme tout bon touriste qui se respecte. Certes, c'est kitsch ! Mais profitons de notre american trip ! Déambuler dans toutes ces rues labyrinthiques et sinueuses qui serpentent entre les grands arbres et qui prodiguent une ombre bienvenue. Beverly Hills, Beachwood, Mullholland Drive... tous ces noms qui font rêver et ces paysages dont on a été abreuvés depuis notre plus tendre enfance à la télévision ou au cinéma. Parfois, j'aurais envie de descendre de la voiture et d'improviser un petit pas de danse ! Mais nous ne sommes pas dans *Lalaland* et je ne suis définitivement pas Ryan Gossling ! Néanmoins, quel plaisir d'observer sur la pointe des pieds les jardins de rêve de ces villas de luxe qui surplombent les collines d'Hollywood... !

Et puis du côté de West Hollywood, on s'extasie devant ce gigantesque Rainbow Flag, on déguste quelques tapas sur la terrasse de l'institution The Abbey, établissement gay culte au décor de petite chapelle qui réunit les fidèles de la confrérie des joyeux homos. Ici dans une ambiance bon enfant, on croise aussi bien des familles, des groupes de potes que des fags hags en goguette, énamourées devant les gogoboys en minishorts gonflés aux hormones paradant le biceps en bandoulière.

Trêve de plaisanteries, c'en est fini du tourisme ! Les choses sérieuses reprennent : le 17 avril arrive, nous prenons notre décapotable direction le Fertility Center de Pasadena. Le rendez-vous est fixé à 14 heures. Nous avons pile poil le temps d'avaler un bon burger dégoulinant de cheddar fondu. Nous jetons notre dévolu sur un *diner* en bord de route qui semble afficher complet. Comme toujours ici, les portions sont gigantesques. La barquette de frites imbibée de gras serait vendue pour quatre en France ! Nous ne finissons évidemment pas le repas.

Le long des artères de Pasadena, les palmiers le disputent aux cyprès. Dans cette ville résolument chic de la banlieue de Los Angeles, on trouve essentiellement de petites maisons élégantes. Et quelques boutiques de déco et des magasins bio, c'est la mode ici.

Nous arrivons devant le 55 S Lake Avenue. Petit parking souterrain. Un panneau indique les bureaux de

« Wilcox Fertility ». Suite 900. Et c'est vrai qu'en arrivant on se croirait dans un hôtel de luxe ! Un carrelage de marbre rose. Une tapisserie couleur pastel. Des fleurs ici et là. De larges canapés ivoire. Une atmosphère tellement élégante et éthérée. Loin de l'ambiance froide d'une clinique. Même à l'accueil, on croirait arriver au lobby d'un 4 étoiles.

– *Mister Beaugrand and mister Gerin ? Yes... Could you please wait a few moment ?*

Nous attendons donc, dans ces gigantesques sofas d'où l'on a l'impression qu'on ne pourra jamais s'en extirper tant ils sont confortables ! En face de nous, un couple d'Asiatiques. Un homme et une femme. Bernadette m'avait confié qu'une riche clientèle chinoise se presse désormais aux États-Unis pour avoir accès à la Gestation Pour Autrui. Souvent des femmes qui n'ont pas de problème de stérilité. Mais elles ne veulent pas « abîmer » leur corps avec une grossesse. Terrible.

Une petite femme souriante prénommée Gladdys vient nous chercher et nous conduit dans un bureau étroit aux étagères remplies de dossiers. Parlant lentement et distinctement – elle a visiblement l'habitude de s'adresser à des non-anglophones –, Gladdys nous explique ce qui va se passer. Puis nous informe que le profil de Bruna est désormais entre leurs mains et qu'elle est attendue ici pour passer une batterie d'examens d'ici quelques jours afin de vérifier que tout coïncide. Nous allons donner notre sperme aujourd'hui, toutes nos informations génétiques seront notées, traitées, analysées...

– Je vais vous présenter le docteur Wilcox, il va passer nous voir...

Pendant ce temps, nous finissons de parapher et signer des centaines de pages de documents. Mon Dieu ! Nous qui croyions que la France détenait le record de paperasserie, nous découvrons ébahis que les Américains nous surpassent en la matière !

La porte s'ouvre soudain et apparaît le docteur Wilcox, grand, fin, dans un costume sur mesure de la plus belle étoffe. D'une poignée de main forte qui nous écrabouille les doigts assortie d'un grand sourire, il tonne d'une voix forte :

– *Please to meet you, guys !*

En quelques mots, il nous assure que Gladdys sera notre ange gardien et à notre écoute. Avant de tirer sa révérence, il tente une plaisanterie qu'on ne comprend pas bien mais je pense que c'est une référence à ce que nous allons faire dans les minutes qui viennent pour le don de sperme. Il repart dans un grand fou rire et referme la porte. Son passage nous a fait l'effet d'un mini-cyclone ! « Le docteur est très occupé », nous glisse Gladdys, pour expliquer sans doute la rapidité de son petit numéro.

Gladdys nous emmène ensuite dans un petit couloir, qui ressemble toujours à un corridor du Bristol. Une femme blonde en blouse nous donne alors deux petits flacons pour récolter notre précieuse sève. Nous connaissons déjà la chanson, nous nous souvenons du spermogramme parisien quelques semaines auparavant.

Sauf que là, changement d'ambiance radical, les cabines sont beaucoup moins spartiates !

La petite pièce est capitonnée, un large fauteuil club en cuir pour s'asseoir confortablement. Une boîte en ronce de noyer en guise de distributeur de mouchoirs. Ici une étagère avec toutes les revues possibles et imaginables pour satisfaire aux préférences de chacun. Et là, un téléviseur écran plat avec une télécommande pour mettre en ligne une multitude de vidéos, histoire de motiver les érections des futurs papas.

Mine de rien, nous savons que cette « branlette » sera capitale pour la suite de notre vie ! J'en ris. Ça met une de ces pressions ! On va essayer de faire les choses bien, quand même. Ghislain est dans une autre cabine au bout du couloir. Mais va-t-il subir la même mésaventure que moi ? Impossible de lire ce qu'il y a sur l'écran. Des idéogrammes chinois, du mandarin je présume. Sans doute pour le monsieur que nous avons croisé dans la salle d'attente. J'essaye en tripotant cette télécommande de retourner au menu de base. Mais c'est à s'arracher les cheveux : je n'y comprends rien ! Apparaît alors sur l'écran une jeune femme asiatique minaudeuse vêtue d'un uniforme d'étudiante, une boule dans la bouche.

— Eh bien ! Voilà donc ce qui a motivé ce monsieur pour devenir père de famille !

Je n'arrive plus à m'arrêter de rire. Après quelques minutes de concentration et aidé par un magazine opportunément posé là présentant de jeunes gaillards moustachus plus en adéquation avec mes penchants, je m'acquitte de ma tâche et sors ensuite de la pièce, ma petite fiole à la main. Je retrouve Ghislain devant le comptoir où il vient de donner sa précieuse semence. Nous voilà donc tous les deux étiquetés !

Le cœur plus léger, nous récupérons notre bolide... direction la plage de Malibu ! Moi qui me souvenais avec émotion de Mitch Buchannon et de C.J. Parker courant au ralenti, leurs bouées rouges à la main... je me retrouve fort déçu devant cette bande de sable riquiqui. C'était donc ça ? Pas la peine d'en faire une alerte ! Mais les petites maisons de bois donnant sur la plage sont absolument charmantes.

Le road-trip n'est pas terminé. Nous allons rentabiliser au maximum ces cinq jours de l'autre côté de l'Atlantique. Un petit déjeuner fait de pancakes et de sirop d'érable dans l'estomac, nous partons pour San Diego, à environ deux heures de route de Santa Monica. Plus précisément la petite ville de Carlsbad, siège d'Extraordinary Conceptions.

Nous ne nous attendions pas à cela ! Nous voici en plein cœur d'une zone industrielle. Une multitude de petits bâtiments de trois ou quatre étages, encerclés de gigantesques parkings et de quelques espaces verts. Des boîtes d'informatique, des start-up, des agences de marketing... Étrange de voir ici les bureaux d'une agence de Gestation Pour Autrui ! Et pourtant, au premier étage, nous voici devant la bonne porte. Nous demandons Bernadette à l'accueil.

Quelques minutes d'attente et la voilà qui surgit, grande liane souriante et chaleureuse qui prend un réel plaisir à nous accueillir en français, s'il vous plaît !

– Ah ! Je suis très heureuse de vous rencontrer !!! Venez, je vous fais visiter les lieux ! Je vais vous présenter Mario aussi, il est dans son bureau.

Le fameux Mario Caballero, patron de l'agence. Grand brun souriant et jovial dans une chemise rayée parfaitement coupée. Joli bureau décoré d'une foule de photos de sa femme Stephanie et de leurs enfants. Sans compter tous les autres.

– J'ai une gigantesque famille ! Tous ces enfants qui sont nés grâce à nous !

Mario qui nous confie ensuite qu'il adore la France, le vin, l'esprit français. Il nous propose d'ailleurs d'ouvrir une bouteille, pour fêter ça ! Il n'est pourtant que 11 h 30, à peine.

– C'est l'heure de l'apéro, lance Bernadette. *Apero Time*, Mario !

Quelques coupes distribuées et le « pop » du bouchon de champagne qui saute ! Un bruit pas si commun aux States où le champagne n'est vraisemblablement réservé qu'à de rarissimes grandes occasions. En l'occurrence, c'en est une !

Bernadette, avide de bavarder avec nous en français, jubile d'utiliser des expressions *typically french*.
– J'adore les expressions françaises ! On ne raconte pas de salade ici ! Ah ah ah ! On ne vous a pas posé un lapin ce matin, ah ah !

Avec Ghislain, on tente à notre tour d'en trouver...

– On espère que vous n'allez pas nous rouler dans la farine !

– Ah oui !!! J'adore celle-ci !... la France me manque souvent. La langue... les restaurants... J'ai encore de la famille à Paris, j'y retourne tous les ans.

Quel bonheur d'échanger avec quelqu'un qui nous comprend. Qui mesure à quel point les différences culturelles rendent les démarches assez énigmatiques pour nous : la santé qui est un commerce ici. Les assurances qui fonctionnent tellement différemment. Et cette société ultra-judiciarisée où il est indispensable d'avoir un avocat pour tout et n'importe quoi.

Nous savons que nous pourrons compter sur Bernadette comme guide dans ce monde semé d'embûches pour nous autres petits Français, un peu décalés dans notre société ouatée d'un État aux petits soins.

Bernadette nous emmène ensuite voir Paula. Petit bout de bonne femme blonde et énergique. Elle s'occupe des profils de donneuses d'ovocytes.

– Je suis ravie de vous rencontrer ! J'ai justement eu Bruna au téléphone hier. Vous avez de la chance, cette jeune femme est formidable ! On a rarement des profils aussi chaleureux et motivés ! Elle habite à Portland, dans l'Oregon. On espère que ses analyses seront bonnes !

Voilà une information qui nous met du baume au cœur ! Mine de rien, toutes ces démarches s'accompagnent toujours d'une nuée d'angoisses, de questions, de bouleversements...

Bernadette nous prend ensuite par la main pour nous présenter au service juridique : ils sont nombreux, une petite ruche où le téléphone sonne en permanence ! Alex Lanchares s'occupera de notre cas et nous expliquera ce qui va se passer, les discussions avec les avocats, la mise au point des contrats pour Bruna et ensuite pour la femme qui portera notre bébé. Encore tellement d'étapes à franchir !

– Allez, on se fait la bise ! J'espère vous revoir vite !!!

– Bernadette nous prend dans les bras en nous faisant promettre de saluer Jarry de sa part. Elle avait suivi de près la naissance de ses jumeaux et l'avait rejoint dans la clinique où ils sont nés.

Quelle femme épatante ! Nous sommes chanceux de pouvoir compter sur elle.

De retour dans la voiture, nous ouvrons le toit, chaussons nos lunettes de soleil. On va visiter San Diego à présent ! Musique à fond, la radio crache un Katy Perry festif tout à fait de circonstance.

Nous sommes ici tout proches de la frontière mexicaine. Le soleil qui darde ses rayons en est la preuve. Une ville d'histoire aux bâtiments anciens, si rares aux États-Unis. Un port immense. Et quelques terrasses qui nous rappellent des paysages plus européens. Nous balader dans ces rues écrasées de chaleur est un réel plaisir. Nous rejoignons un grand bar gay aux larges ouvertures. En cette fin d'après-midi d'avril, il commence à y avoir du monde. Ghislain commande une bière, et moi un cocktail trop sucré pour être honnête.

Ça rigole, ça se mate gentiment. L'ambiance est surtout à la fête en mode after work. Quelques Adonis slaloment entre les tables, mais ici on trouve surtout des « boys next door ». Tous les âges se côtoient dans un joyeux brouhaha disco.

Soudain, un monsieur assez âgé aux tempes noircies par une coloration peu discrète nous aborde :

– *Are you italian ?*

– *No ! French !*

– OOOOH, la France !!!! Je t'aime... !

Avec un bel accent, l'étrange petit bonhomme aux cheveux noir corbeau nous raconte qu'il est chef d'orchestre et qu'il vit à San Diego depuis des années. Qu'il a voyagé dans le monde entier avec ses musiciens, y compris à Paris. Il est drôle, tendre et moqueur. Près de lui, un couple de quinquas plutôt costauds le met gentiment en boîte en ironisant sur son âge !

– Mais je suis toujours jeune, vous le voyez ! Pas un seul cheveu blanc !

Et le petit groupe nous demande ce que nous faisons ici. Dans un anglais un peu approximatif, nous expliquons que nous sommes venus jusqu'ici pour fonder une famille, avoir recours à la Gestation Pour Autrui.

Ils semblent tous tomber des nues :

– Mais... je ne comprends pas, je croyais que la France c'était le pays de la liberté ? Vous n'avez pas le droit de faire ça chez vous ??? Comment ça se fait... ?

Nous tentons, tant bien que mal, de lui expliquer que les choses sont un peu plus compliquées chez nous. Que certains parlent de marchandisation du corps de la femme... Visiblement incompréhensible pour des Américains qui mettent la liberté au-dessus de tout : qu'est-ce qui pourrait empêcher une femme qui le choisit librement de disposer de son corps pour porter le bébé d'une famille qui ne le peut pas ?

– Finalement... la liberté... elle est un peu à géométrie variable chez vous, on dirait..., rétorque le chef d'orchestre avant de nous saluer d'un élégant signe de la main. Il a réglé nos consommations sans rien dire à personne, nous ne nous en rendrons compte qu'en quittant le bar, un peu plus tard. Adorable attention.

Sur le chemin du retour, à bord de notre décapotable, musique à fond, nous savourons la liberté américaine. Demain nous rentrons au pays. Celui de notre devise : liberté, égalité, fraternité... Ce pays que nous aimons tant, qui nous a tellement donné. Mais qui nous pousse à aller ailleurs chercher ce que nous désirons au plus profond de nous : devenir des parents, fonder notre famille. Avoir cette liberté-là, de devenir papas.

Et si le chef d'orchestre avait raison ?

Le temps des analyses

Paris, 8 mai 2018

– Et allez ! Une nouvelle facture à suivre !

Je viens tout juste d'ouvrir mes mails et l'on me réclame un virement de 875 dollars pour prendre en charge le voyage aller/retour de Bruna à la clinique HRC de Pasadena. C'est un rendez-vous très important ! Son tout premier « screening appointment ».

Notre – peut-être – future donneuse d'ovocytes décollera donc de Portland... direction LAX... (1 500 kilomètres tout de même !) pour rencontrer les équipes du docteur Wilcox. La date est fixée à la mi-mai. Il s'agit donc de ne pas perdre de temps pour transférer les fonds.

Pour ne rien vous cacher, nous ignorons exactement quels examens elle devra subir, à quel type de tests elle sera soumise. Seule certitude, Wilcox a été clair : il sera INTRAITABLE ! Au moindre doute, à la moindre suspicion de non-compatibilité avec nous, au moindre risque que le cocktail ne fonctionne pas, nous devrons nous tourner vers un autre profil.

Depuis que nous sommes revenus en France, nous nous projetons de plus en plus. Nous commençons à échanger avec Bruna par mail. Nous apprenons qu'elle est amoureuse des chiens, elle en possède deux, American Staffordshire. Ces molosses gris à la mâchoire imposante et aux yeux clairs ont tendance à faire frémir, mais sur les vidéos qu'elle nous envoie, on voit bien que ce sont d'adorables Bisounours. Nous décidons de nous suivre mutuellement sur Instagram. Je découvre alors que Bruna est une serial-instagrameuse ! *Via* ses stories, nous connaissons tout de sa vie ! Sa maison… sa voiture (jolie coïncidence, exactement la même que la nôtre !)… sa maman… son fiancé… ses amis !

Et forcément, en suivant mon compte, elle découvre aussi qu'ici, je suis connu.

– *Oh my god ! I love* « Ninja Warrior » !!!

Je sens dans nos échanges une certaine fierté d'aider le présentateur français de son émission favorite et son mari à devenir parents. Ces échanges nous semblent tellement surréalistes ! Nous sommes rentrés dans une incroyable intimité sans même nous être jamais rencontrés.

Mais Bruna sera-t-elle la bonne ? C'est le docteur Wilcox qui nous le dira… et ce point d'interrogation qui dure depuis plus d'un mois déjà nous angoisse beaucoup.

De son côté, en plus de son travail de journaliste sur France 5, Ghislain se démène comme un beau diable pour organiser le mariage ! C'est notre autre grand projet qui arrive à grands pas, pour fin juillet. Aussi maniaque que perfectionniste, il a refusé de déléguer la préparation à un wedding planner. Il veut TOUT gérer lui-même !

Nous venons de choisir ensemble le menu en allant goûter les plats chez le traiteur, du côté d'Avignon.

Pour le reste, Ghislain a une idée très précise de la déco ! Il passe ses week-ends dans les magasins ou les brocantes pour dénicher le petit détail choc qui fera la différence. Ça le passionne... et en même temps, ça l'occupe ! De mon côté, je passe des heures sur la playlist, quel enchaînement fonctionnerait ? Quelles musiques proposer à l'apéro ? Quelles chansons choisir pour l'arrivée de nos mamans ? L'un comme l'autre, nous faisons en sorte d'avoir un planning chargé pour nous éviter de penser... et de stresser !

Bernadette nous a prévenus : aux États-Unis, il ne faut pas être pressé ! Les analyses prennent du temps ! Et lorsque je lui demande si l'on peut avancer sur le profil de la mère porteuse, elle douche mon empressement !

– Tant qu'on n'a pas encore le feu vert médical côté donneuse, c'est un peu tôt pour sélectionner la mère porteuse ! Je reviens vers vous dès que j'ai des nouvelles fraîches, ce week-end est férié ici, Memorial Day.

Nous sommes le 25 mai. Il va donc ENCORE falloir prendre mon mal en patience ! Et je vais être bien occupé, je décolle justement pour tourner une émission de télé-réalité en République dominicaine !

« La Bataille des couples »... tout un programme ! Une sorte de cross-over entre « Koh Lanta » et « La Villa des cœurs brisés ». Le concept est plutôt sympa, les équipes éditoriales et techniques formidables. Le lieu de tournage tropical absolument idyllique. Mais ça va être long ! Nous allons y passer sept interminables semaines. J'emporte dans mes bagages Norah, ma fidèle maquilleuse qui me suit et camoufle mes petits défauts depuis plus de quinze ans ! Et sur place, j'ai le plaisir de retrouver un certain nombre de journalistes et de cadreurs ou preneurs de son croisés sur divers programmes, que je découvre alors en maillots de bain et en tongs. Y a pire comme conditions de travail !

Samedi 2 juin, Las Terrenas

Il fait 32 degrés. J'ai les pieds dans le sable. Je viens d'expliquer une épreuve à ma brochette de candidats qui s'élancent sur un parcours du combattant à travers la mangrove. Avec mon chronomètre en main, je mets de l'ambiance sur l'épreuve !

– Vivian, Beverly !!! Dépêchez-vous, vous êtes en retard !

Parfois certains me demandent comment j'ai pu me passionner pour ces émissions, mais que voulez-vous ? Ça m'amuse ! J'aime le divertissement et j'ai une affection réelle pour ces jeunes gens qu'on fait volontiers passer pour des décérébrés. S'il est évident qu'ils ne décrocheraient assurément pas le prix Nobel de littérature, ils méritent mieux que les quolibets faciles venant de gens qui ne possèdent généralement pas tellement plus de culture ou de jugeote, mais qui sont certainement jaloux de gagner beaucoup moins d'argent.

Alors que l'épreuve se termine, Norah s'approche pour me faire un petit raccord.

– C'est incroyable ! Comment tu fais ? Tu ne transpires jamais ! Ça me fait penser à Kevin, tu sais, quand on est partis ensemble en vacances à Cadaqués, ah, j'adore Cadaqués... je t'en ai déjà parlé... Tu sais, il me manque Kevin...

J'ai mis une pièce et la machine à paroles s'est mise en branle. Je crois n'avoir jamais rencontré quelqu'un d'aussi bavard. Norah a la langue si bien pendue qu'elle doit traîner dans le sable ! Mais j'ai l'impression qu'elle fait partie de la famille. Si bienveillante, un peu comme un ange gardien.

Soudain, elle s'arrête dans son discours emberlificoté.

– Au fait ! Ton téléphone a vibré pendant l'épreuve, tiens...

Norah fouille dans sa petite trousse et me tend mon téléphone.

J'ai visiblement reçu plusieurs mails. Un peu fébrile, je me connecte, ce qui n'est pas toujours une chose aisée sous le ciel radieux de la République dominicaine.

Un mail officiel signé de Gladdys, l'assistante du docteur Wilcox.

Félicitations ! Nous avons le plaisir de vous annoncer que toutes les analyses confirment que la donneuse #117224 est compatible.

Suivi de tout un tas de pièces jointes indiquant – en anglais – les caractéristiques génétiques et médicales de Bruna. Je regarde vers le ciel et, en mon for intérieur, je me surprends à penser :

« Merci papa ! Tu es avec nous, visiblement... »

J'appelle immédiatement Ghislain. À 6 000 kilomètres de là, voilà que je tombe sur lui en pleine séance de courses dans un magasin de décoration ! Tellement heureux de cette nouvelle, nous avons les larmes aux yeux.

– Ce sera donc Bruna ! Elle est tellement belle !

Ghislain en profite alors pour partager avec moi une autre joie : celle d'avoir débusqué de magnifiques lanternes pour le mariage. Incorrigible !

Après avoir raccroché, mon portable continue de chauffer ! De nouveaux messages se bousculent sur ma boîte : l'expéditeur ? Le fameux Alex, du service juridique d'Extraordinary Conceptions. Car une fois la partie médicale réglée, commence alors une nouvelle épreuve ! Le contrat ! Les avocats vont alors entrer en scène : l'un pour défendre les intérêts de Bruna, l'autre pour les nôtres. Et j'avoue que je ne m'étais pas préparé à crouler sous autant de documents et de pages et de fichiers... Bigre, ils ne perdent pas de temps !

Une fois rentré dans notre hôtel, grâce à une connexion plus décente, je me plonge plus avant dans les formules juridiques américaines. Au final, plutôt accessibles, une fois branché mon logiciel de traduction pour me donner un coup de pouce. Plus clair en tout cas que le jargon parfois incompréhensible du droit français. Il y est notamment beaucoup question d'éventuels litiges au sujet de droits parentaux que pourrait réclamer la donneuse d'ovocytes à la naissance de l'enfant. Plusieurs alinéas concernent les frais engagés pour la rédaction du contrat. Il y a tant de pages que je m'y perds !

Je comprends alors que tout ceci va durer plus longtemps que prévu et que je vais devoir tout gérer depuis les tropiques. Prochaine étape, essentielle : contacter ma banque car les demandes de virement s'accumulent.

Les grandes manœuvres sont sur le point de commencer !

Ils se marièrent...

Las Terrenas, 15 juin 2018

« Merci à vous... à très bientôt... »

Je raccroche en bâillant. Pas évident d'avoir les yeux en face des trous quand votre banquier vous colle un rendez-vous à 9 heures... soit 4 heures du matin, heure locale ici de l'autre côté de l'Atlantique !

Il me faut transférer des fonds rapidement. J'ai dû lui expliquer notre projet de fonder une famille (m'improvisant au passage pédagogue en termes de Gestation Pour Autrui, un thème qu'il ne maîtrisait visiblement que très partiellement), en lui faisant promettre la plus grande discrétion.

Transférer autant d'argent en plusieurs fois sur un mystérieux compte séquestre aux États-Unis, ça ne peut évidemment pas se faire sans donner un minimum d'explications à votre agence bancaire.

30 000 dollars d'urgence, pour lancer la procédure ! Tout s'accélère à présent que nos profils sont validés.

Les prochaines étapes sont clairement établies : une fois que les contrats seront signés, et que les fonds seront débloqués, Bruna devra suivre un traitement de stimulation ovarienne, puis le docteur Wilcox procédera à la récolte des ovocytes et enfin à la création des embryons in vitro. La réussite de l'opération dépendra alors du nombre d'ovocytes qui seront recueillis... et qui, du coup, pourront être fécondés.

Toujours à distance, je me dois de gérer toute cette paperasse tandis que Ghislain à Paris continue de peaufiner le mariage.

Ah, et j'avais oublié de vous le préciser... en même temps, nous achetons une maison ! Toujours à distance ! Nous avons pu faire la visite avant mon départ pour la République dominicaine. Projet de parents, là encore. S'installer plus près du boulot, pour pouvoir gérer plus facilement notre future vie de famille, la crèche et *tutti quanti*. OK, j'avoue, nous n'avons clairement pas choisi la simplicité ! Tout gérer de front, c'est parfois épuisant... Un excès de fatigue et de stress qui me vaut un coup de gueule mémorable sur le tournage de « La Bataille des couples ». Alors que Jazz et Vivian se hurlent dessus pour une histoire futile de bracelets et de nombre de followers, et semblent prêts à en venir aux mains, à bout de nerfs, je me mets à gueuler à mon tour, fulminant comme un taureau dans l'arène :

« Si vous saviez à quel point vous êtes PATHÉTIQUES ! J'ai mieux à faire que gérer l'ego d'une brochette de débiles sur une plage ! Je prépare mon mariage, je m'occupe de ma famille ! Et je vois des sales gosses pourris gâtés se comporter comme des animaux. J'ai honte !!! Si ça recommence je vous préviens, je prends le premier avion et je me casse ! »

Pour la première fois, les candidats se taisent, interdits. Les techniciens, comme figés un instant, me glissent des « T'as raison, fallait leur dire ! Ils sont insupportables ».

L'adorable Amélie, attentionnée productrice de l'émission, me prend par la main et me dit que ça va aller... Et part tancer les responsables de la dispute à son tour.

En tout cas, il y aura un avant et un après. Je n'assisterai plus jamais à de tels clashs. Dans la foulée, les candidats redeviennent d'adorables et doux agneaux, et ils me demandent même gentiment et un brin penauds comment je vais quand les tournages débutent le matin. Un peu comme des gamins pris la main dans le pot de confiture qui vous font un grand sourire et des yeux de chiens battus, d'un air de dire « Tu m'en veux pas ? On est toujours copains ? ». Ce sont des gens bien au fond, je le sais.

Fin juin, nous tournons les ultimes séquences du jeu. Jesta et Benoît, ex-héros de Koh Lanta 3, remportent haut la main le jeu. Il est temps pour moi de rentrer à la maison et retrouver Ghislain qui n'a pas chômé de son côté. Le mariage civil est prévu pour le 25 juillet à la mairie du 8e arrondissement de Paris et la cérémonie laïque trois jours plus tard près d'Avignon.

Dès le lendemain de mon retour, le visage empourpré de bronzage, j'ai rendez-vous avec Ghislain pour les ultimes essayages de nos costumes de mariage. Il reste trois grosses semaines pour tout finaliser. Le temps semble s'accélérer à l'approche de l'été.

Et pendant ce temps, sous le soleil de Pasadena, Gladdys avance aussi de son côté : Bruna commencera son traitement début juillet. Objectif, récolter les embryons avant le 27 ! La deadline a été fixée avant le départ en vacances du fringant docteur Wilcox.

Nous avons parlé à pas mal de couples de papas passés par la GPA depuis les premiers contacts pris. Tous nous ont raconté l'angoisse de ce moment où l'on vous annonce combien d'ovocytes ont bien été fécondés. Une dizaine, si vous avez de la veine. Commence alors le terrible décompte : chaque jour, vous apprenez combien d'embryons ont « tenu » en culture in vitro. Combien en restera-t-il ? Suffisamment ? Sont-ils tous viables ? Si cela fonctionne du premier coup... ça n'est pas toujours le cas en dépit des innombrables précautions prises par les médecins. Parfois la nature a l'audace de reprendre ses droits... !

Pasadena, 24 juillet 2018

Gladdys arbore toujours son éternel sourire, derrière ses petites lunettes ses yeux se plissent d'aise lorsqu'elle annonce à Bruna la bonne nouvelle.

– Tout s'est parfaitement bien passé ! C'est même assez exceptionnel. Je vais tout de suite envoyer un mail aux garçons.

Derrière son petit bureau, Gladdys pianote gaiement sur son ordinateur, tant elle est satisfaite d'être un oiseau de si bel augure. De son côté, Bruna respire ! Elle qui dialogue avec nous depuis des semaines, elle aurait été si désemparée de nous décevoir.

À Paris, les préparatifs vont bon train. Nous allons passer une dernière nuit de célibataires dans notre appartement parisien ! Demain, à la même heure, nous serons mariés.

Je me connecte alors machinalement à ma boîte mail car nous attendons des nouvelles du Fertility Center d'une minute à l'autre. TING ! Vous avez un nouveau message !

Chers Christophe et Ghislain, sur les 23 ovocytes que nous avons collectés, 21 embryons ont pu être créés. Ils vont maintenant être placés dans un incubateur pour commencer à les faire grandir. Le prochain point est fixé pour le jour 5, le 28 juillet. L'infirmière qui sera présente ce week-end, Rachel, nous tiendra informés. N'hésitez pas à me contacter. Je vous souhaite une très belle journée !

Mon Dieu !!! Nous n'en croyons pas nos yeux... ! 21 embryons potentiels ??? Mais on va pouvoir créer une équipe de foot, avec les remplaçants. Et apprendre cette nouvelle la veille de notre mariage, c'est incroyable.

Dans le ciel de Paris, un beau soleil mange les lourds nuages qui menaçaient encore. Comme dans nos cœurs, tout s'éclaircit.

Le lendemain, après une courte nuit où nos rêves sont peuplés de bébés et de pièces montées, nous avons rendez-vous dans cette sublime mairie du 8e arrondissement. Une cinquantaine d'amis, de proches et nos familles sont réunis. La véritable union, au-delà de cette signature administrative du jour, aura lieu entre les oliviers du domaine de Blanche Fleur, samedi, près d'Avignon.

Nous n'avons encore croisé personne, nous sommes arrivés séparément des convives : tout le monde est installé sous les dorures de la salle des mariages, au premier étage, et piaffe d'impatience en attendant les héros du jour.

Nous patientons au pied de l'escalier monumental. Ghislain rajuste ma cravate. Nous attendons le top départ. Il sera musical. Nous avons choisi « Your Song », la chanson d'Elton John, version *Moulin Rouge*, avec la voix d'Ewan McGregor. À chaque couplet, nous montons plusieurs marches, puis au moment du refrain, pile au chœur d'opéra, nous faisons notre entrée dans la salle. Ghislain a les larmes aux yeux. Mon cœur n'a jamais battu si vite. Nous apercevons les visages de ceux que nous aimons, nous entendons leurs applaudissements. Mon Dieu, quelle émotion... ! Ici le visage de ma mère, là le regard de Corinne, la maman de Ghislain. Nos témoins. Laurent, Sandra... Sophie... Pierrick que je n'avais jamais vu aussi endimanché. Au loin, le rire guttural de Christine Bravo rompt le silence après la fin de la chanson.

Puis commence le discours surréaliste de Jeanne de Hauteserre, la maire du 8e arrondissement de Paris.

Tellement drôle, tellement décalée. Quelques jours auparavant, nous nous sommes rencontrés dans son immense bureau où trône une photo d'elle auprès de Jacques Chirac. Elle nous a demandé de venir nous confesser.

« Donnez-moi quelques souvenirs... votre rencontre ? Des choses importantes de votre vie. J'ai besoin de vous cerner... »

Elle a pris quelques notes, consciencieusement, Mais jamais je n'aurais imaginé qu'elle aurait pu pondre un tel discours, à la fois hilarant et bouleversant. Si juste. Nous signons alors les registres.

Et madame la maire nous tend alors le livret de famille, dans une pochette de velours bleu roi. Sur la page de gauche, on voit écrit « Époux ou père : Ghislain, Pascal GERIN. » Sur celle de droite « Époux ou père : Christophe, Jean BEAUGRAND. » Et sur toutes les pages suivantes, on peut lire : premier enfant... deuxième enfant... troisième enfant... Sur ce document, cela va jusqu'à huit ! Voilà qui me semble un objectif un peu ambitieux ! Un sera déjà très bien. Un miracle même pour moi qui repense en cet instant au gamin de 10 ans qui se découvrait homo, redoutant de ne jamais avoir la vie de famille dont il rêvait tant. Il n'en croirait probablement pas ses yeux, ce petit bonhomme que cette question a tant torturé.

Jamais je n'aurais cru que c'est ce livret de famille qui me bouleverserait le plus : tenir entre nos mains ce document officiel est la preuve éclatante que la société, au-delà de nous tolérer, nous accepte. Mieux encore, nous accueille en son giron. La République nous prend

En haut: Avec mon père, sur notre bateau devant l'île aux Oiseaux sur le bassin d'Arcachon (1985).

En bas: 25 juillet 2018, nous nous marions civilement avec Ghislain à la mairie du 8e arrondissement de Paris.

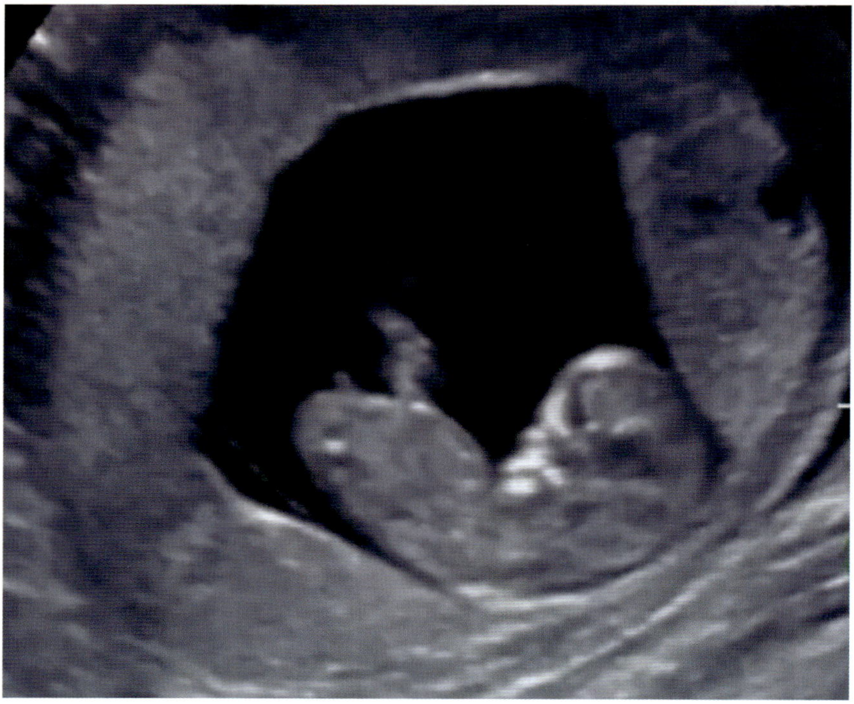

En haut : 28 juillet 2018, mariage civil en Provence avec nos amis et nos familles.

En bas : Première échographie de Whitney, en juin 2019. Nous découvrons Valentin pour la première fois.

Une des nombreuses photos que Whitney nous a envoyées au fur et à mesure que son ventre s'arrondissait…

Whitney, Ghislain et moi, dans le désert du Nevada, la veille de la naissance de Valentin.

9 novembre 2019, quelques heures après la naissance de Valentin à la maternité.

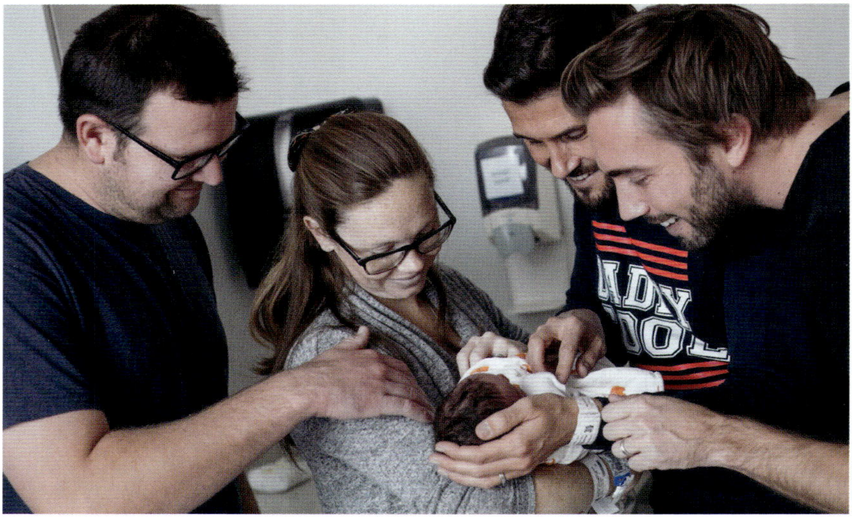

En haut : Whitney et Jacob faisant connaissance avec Valentin.

En bas : 10 novembre 2019. Nous sommes papas depuis vingt-quatre heures à peine…

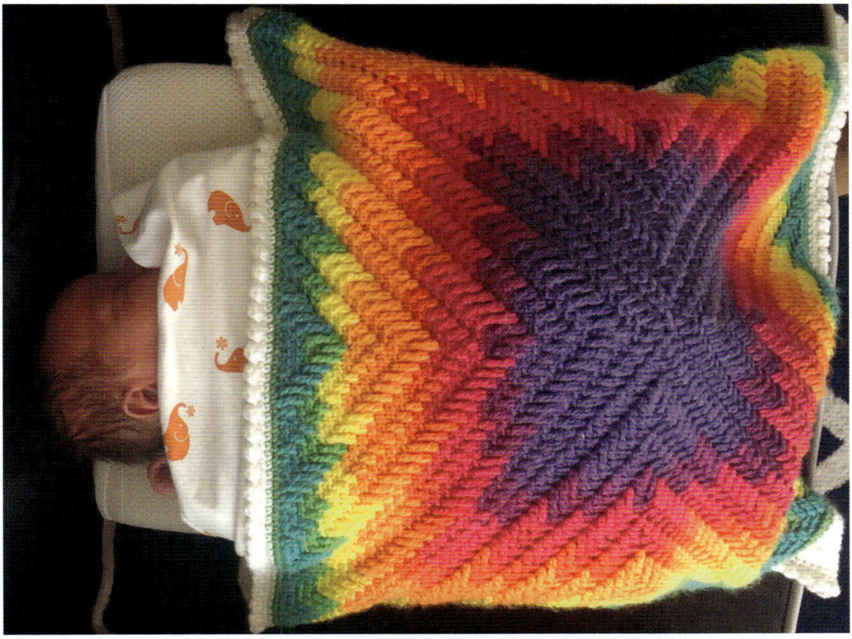

En haut: La mystérieuse *rainbow blanket* (« couverture arc-en-ciel ») de la maternité.

En bas: Nous sommes les *special guests* de Thanksgiving à Boulder City, Nevada, chez Whitney et Jacob.

Santa Monica Beach, décembre 2019. Première journée à la plage pour Valentin !

Madame fait connaissance avec Valentin et monte déjà la garde auprès du berceau de son petit frère.

Janvier 2020, balade en famille au parc de Saint-Cloud.

Août 2020, premières vraies vacances pour Valentin, au Pyla-sur-Mer, sur les traces de mes racines.

Décembre 2020, premier Noël pour Valentin, déguisé en petit lutin du Père Noël.

Dans l'herbe du jardin à la maison, printemps 2021.

Juin 2021, sur la plage de Cannes à l'occasion du tournage de *Ninja Warrior*.

Quand Valentin découvre son papa à la télé (juillet 2021).

Une famille unie… comme les doigts de la main !

Toutes les photos proviennent de la collection personnelle de l'auteur.

dans ses bras et nous dit que nous sommes ses enfants à part entière, elle nous protège, notre famille et nous. Au même titre que tous les autres Français, nous faisons désormais partie de ce grand roman national dont nous avons bien l'intention d'écrire de nouvelles, et si j'osais, peut-être de plus belles pages.

Après une pluie de confettis clandestins préparés en douce par nos témoins, et malgré le regard désapprobateur de l'employé de la mairie qui grommelle en imaginant toutes les peines qu'il aura à balayer ces petits débris de joie entre les pavés de la cour, nous partons boire une coupe pour fêter ça sur la terrasse d'un hôtel de la rue Cognacq-Jay. La vie sait réserver de surprenantes coïncidences : le bâtiment d'en face, ce sont les anciens locaux de l'ORTF. Sur le toit trônent encore de gigantesques antennes de télévision. Et au dernier étage de l'immeuble voisin, un sublime duplex.

– C'est l'appartement de Michel Drucker ! claironne fièrement l'un des serveurs.

Moi pour qui la télé est une si grande partie de ma vie, je me dis que les bonnes fées de l'audiovisuel se sont penchées sur notre union.

Dans trois jours, ça sera la grande fête, la vraie ! La cérémonie laïque à laquelle nous travaillons depuis des semaines, voire des mois.

Toute la famille sera là, les cousins les cousines, les oncles et les tantes, les amis... de tous les genres, de tous les sexes. Un joyeux mélange de deux mondes qui se percutent, de deux familles qui s'unissent. Quel fou rire de voir ce bourru de Pascal, le papa de Ghislain, partager son pastis avec notre ami Christophe, dit « LA » Monnier, multipliant les blagues homo salaces. Comme quoi, la carpe et le lapin peuvent se retrouver autour d'une bonne bouteille !

Laurent, mon meilleur ami, a troqué son rôle de témoin pour celui de cérémoniant. Il fait partie, avec Sandra et les proches de Ghislain, Pierrick et Sophie ses meilleurs amis, des rares privilégiés à connaître les dernières informations concernant notre petite famille.

Les pauvres ont dû subir nos énervements respectifs dès le samedi matin. On a – paraît-il – passé notre temps à se houspiller. Pour tout vous dire, on n'a pas eu l'impression de s'engueuler plus que d'habitude avec Ghislain. J'imagine que ça fait aussi partie de la complicité.

Nous retrouvons un peu de sérénité le temps de nous préparer grâce à Norah, ma fidèle maquilleuse, toujours là quand il faut, et Mario, mon coiffeur depuis vingt ans et mes débuts à LCI. Mario qui parfait aussi le brushing de ma mère, la coiffure de Corinne, ma future belle-mère. Et qui métamorphose tata Suzette, la tante de Ghislain, en créature tout droit sortie d'un épisode de *Santa Barbara* !

Alternant blagues graveleuses qui détendent l'atmosphère, témoignages émouvants et quelques performances vocales, Laurent gère la cérémonie comme un parfait chef d'orchestre. Nous avons tout prévu pour que personne ne s'ennuie, que rien ne soit trop long. Sans doute nos vieilles habitudes de télé, il faut capter l'attention du public, que jamais il ne s'ennuie ! L'empêcher de zapper, en quelque sorte.

J'ai mis un point d'honneur à choisir une bande-son pour coller à tous les moments importants. Notre arrivée, chacun au bras de notre maman respective, sous « Le premier jour du reste de ta vie » d'Étienne Daho. Tout est réglé au millimètre et se passe merveilleusement bien. Jusqu'au moment du lâcher de ballons. Laisser les ballons gonflés à l'hélium en plein soleil depuis le matin, ce n'était pas une bonne idée. Ils pendouillent un peu lamentablement, on zappe donc cette séquence, et, avec la souplesse d'un vieux matou rusé, l'ami Lolo retombe admirablement bien sur ses pattes d'une jolie pirouette vocale.

Vient le moment d'échanger les anneaux... puis nos vœux... En larmes tous les deux. Devant tous nos amis, notre famille. Un bonheur aussi intense que la chaleur de plomb qui nous écrase en ce samedi après-midi provençal.

Et si c'était le moment ? Pour tout vous avouer, on avait tellement tout préparé que nous avons tous deux complètement oublié d'écrire un discours. La spontanéité, au fond, c'est sans doute la meilleure alliée dans ce genre de situation. Je me hasarde alors à cette petite phrase sibylline.

— Vous connaissez l'expression... « Ils se marièrent et eurent beaucoup d'enfants... » Beaucoup, nous n'en demandons pas tant ! Un ce serait déjà formidable. En tout cas, c'est la prochaine étape...

Nous tombons dans les bras l'un de l'autre, Ghislain et moi. Nous sommes si heureux en cet instant.

J'entends quelques murmures dans l'assemblée : « Tu as compris ce que j'ai compris ? » glisse un cousin à une amie. Nous n'en dirons pas plus, nous avons simplement semé la petite graine, et nous avions tellement envie de partager ce bonheur-là aussi, même par une simple allusion. Ils ont compris que c'était possible.

Tandis que la musique monte au ciel, couvrant le bruit des cigales, et qu'une clameur accompagnée d'applaudissements nous souhaite tout le bonheur du monde, nous nous apprêtons à faire la fête toute la nuit.

Nous avons même pris le temps d'apprendre une chorégraphie que nous exécutons tant bien que mal sur la chanson de notre rencontre, le tube de Lykke Li « I Follow Rivers ». Carton plein dans l'assistance, dont l'indulgence est proportionnelle au nombre de verres déjà avalés.

Le jour a fini par se coucher, la pièce montée est déjà bien entamée, tout comme les irréductibles danseurs qui font honneur à la playlist que nous avions concoctée. Certains ont fini dans la piscine, d'autres sont confortablement installés dans les canapés en cuir que Ghislain a fait livrer, pour la déco. Il fait encore si doux à cette heure avancée de la nuit qu'on en profite pour refaire le monde. Ma mère danse un slow avec Thierry, l'agent de sécurité qui nous a accompagnés avec son fils Teddy. Certains couples se font et se défont. On raconte même que des amants passagers ont conclu clandestinement dans les vignes du domaine, à la faveur de la pénombre. Tout le monde rêve que tout est possible cette nuit-là.

Un mail arrive alors sur mon portable. Il est signé de Gladdys.

Chers Christophe et Ghislain, voici le bilan au jour 5. Tout se passe bien, nous n'avons perdu aucun des 21 embryons. Nous nous tenons au courant dans les jours à venir.

Nous avons définitivement une bonne étoile et elle brille tout particulièrement en cette nuit du 28 juillet.

Mais gardons la tête froide ! Car il convient maintenant de trouver la perle rare : la bonne fée qui acceptera de porter notre bébé. Nous ignorons alors que le chemin de croix ne fait que commencer... Cette quête va durer beaucoup plus longtemps que nous ne l'imaginions...

Le casse-tête

Ramatuelle, 2 août 2018

– Pardon, on doit faire notre Skype, on revient tout de suite !

Ghislain et moi quittons précipitamment l'apéro autour de la piscine, et cette vue sur mer à couper le souffle, à l'ombre d'un immense pin. Nos amis Anne et Didier chez qui nous nous sommes réfugiés après le mariage ont le chic pour réunir les amis les plus joyeux. Dans cette petite maison pour quatre dans laquelle nous nous entassons à dix, on passe toujours des vacances de rêve, entre rosé glaçons, grandes tablées improvisées, petits ploufs dans la piscine et balade sur les plages de fête au sound-system assourdissant. Des vacances en liberté totale comme on en rêve.

Avec Ghislain, on se dit que nous y passons probablement notre dernier été sans enfants, d'insouciance et de fête. L'année prochaine à la même date, nous serons peut-être papas ?

Un petit tour dans la chambre pour enfiler une chemise soigneusement repassée, un bref passage dans la salle de bains pour nous recoiffer, histoire de nous donner une allure présentable pour notre « casting ». Car c'est bien de cela qu'il s'agit !

Contrairement aux mensonges que certains s'ingénient à propager sur les réseaux sociaux, lorsque l'on a recours à la Gestation Pour Autrui, on ne choisit pas une femme qui serait à notre merci. Il se trouve qu'il y a beaucoup plus de couples en demande que de mères porteuses. Il faut donc passer à la question, avec plusieurs profils de « surrogates » disponibles qui nous sont proposés par l'agence. Évidemment, il faut que le feeling passe bien des deux côtés. Mais, au final, c'est bien la femme qui a le dernier mot et qui choisit le couple, hétéro ou homo, avec lequel elle va mener à bien cette aventure extraordinaire.

Nous nous réfugions à l'arrière de la maison, loin de la musique et des rires de nos amis qui s'ébattent joyeusement autour du bassin. J'ai bien rechargé la batterie de mon ordinateur, il ne s'agirait pas de tomber en rade en plein milieu de notre conversation ! Je l'installe sur un rebord de fenêtre, coincé par un morceau de bois pour s'assurer qu'il ne tombe pas. Nous prenons deux chaises de jardin en fer forgé, je mets en route la webcam pour vérifier que tout fonctionne et que le cadre est correct. Derrière nous, en fond de plan, les magnifiques lauriers-roses en fleurs du jardin d'Anne et Didier, et la lumière rasante de la fin de journée, je nous trouve particulièrement mis en valeur avec ces couleurs de soleil couchant.

Forcément, alors que Bernadette se connecte pour nous mettre en relation avec ces jeunes femmes, nous avons un peu le trac. Elle a pris soin de caler plusieurs entretiens d'affilée pour nous faciliter les choses, notamment avec le décalage horaire.

Nous sommes censés débuter avec Desirae, de Californie. Premier profil et première déception !

– Désolé les garçons. Après avoir pris contact avec Desirae, elle nous a annoncé qu'elle ne souhaitait pas être rapprochée d'un couple gay.

Vlan ! Une petite claque pour commencer !!!

Mais plusieurs autres femmes n'ont pas ce type de blocage. Au contraire, nous confie Bernadette : souvent les femmes qui se proposent de porter un enfant pour une famille sont plus à l'aise avec deux garçons, car elles redoutent l'éventuelle jalousie de la mère d'intention, frustrée de ne pas pouvoir porter son propre enfant.

Nous commençons donc nos entretiens par Vanessa, qui vient de Californie.

Frappés immédiatement par son sourire et son aisance à la caméra, nous tombons sous son charme. Elle semble très sympathique, nous discutons alors de manière assez naturelle : nos attentes, nos parcours, ce que l'on fait dans la vie.

La conversation ne s'éternise pas, Vanessa a un rendez-vous chez le médecin pour sa petite fille de 8 ans.

Étrange ambiance à dire vrai, nous avons l'impression de devoir nous « vendre » comme le couple idéal avec qui faire une GPA !

Bernadette, qui écoute les échanges à distance derrière son ordinateur dans son bureau de San Diego, nous donne quelques tuyaux avant que nous enchaînions avec le profil suivant.

– Attention, ne donnez pas trop d'informations sur vous… Vous ne savez pas encore si vous allez aller plus loin, donc inutile de donner trop de détails.

Amberlynne se connecte. Elle vient du Maryland, un petit État du nord-est des États-Unis, à la législation particulièrement favorable à la Gestation Pour Autrui. Cela fait aussi partie des critères ! Certains États rendant la GPA impossible à un couple étranger ou homosexuel, par exemple.

Là, pour le coup, le contact ne passe pas du tout. Impossible de vous dire pourquoi, mais le feeling n'y est pas, autant pour elle que pour nous, dirait-on… Pas une seconde nous ne nous imaginons aller plus loin avec elle. Le dialogue tourne court assez vite.

– Ne vous formalisez pas, ce n'est pas grave ! nous rassure Bernadette. C'est justement pour cela que sont faits ces entretiens !

Nous faisons une petite pause avec Ghislain pour nous désaltérer avant d'enchaîner le troisième rendez-vous. Pas évident, nous répétons les mêmes questions, les mêmes phrases, les mêmes réponses. Délicat aussi de rebondir avec astuce en anglais, surtout pour Ghislain. Nous sommes conscients que ce sont des moments primordiaux, la femme qui fera ce geste incroyable de nous accompagner dans notre projet parental restera à tout jamais liée à notre famille. Alors il est clairement difficile de se projeter en quelques minutes d'échanges internet.

Voici la troisième, Mashonna, qui nous vient de l'Oregon. Tiens donc, tout comme Bruna, notre donneuse d'ovocytes, la coïncidence est amusante. Peut-être un signe du destin ?

– Hey !

Le visage de Mashonna apparaît sur l'écran : un grand sourire orne son visage rond, et ses yeux malicieux nous scrutent à travers l'écran. Qu'elle semble sympathique !

Elle nous raconte qu'elle vit avec son petit garçon, qu'on voit passer en trombe derrière elle à plusieurs reprises. Vif le gosse, dirait-on ! Mashonna nous confie qu'après quelques mois de séparation, elle revit justement avec son petit ami. Elle est bavarde et semble très curieuse d'en savoir plus sur nous. L'échange est fluide, pour moi le feeling passe ! Elle est drôle et spontanée. Mais a-t-elle ressenti la même chose ?

Nous la saluons en nous promettant de nous donner des nouvelles rapidement.

Bernadette à son tour clôt la conversation en nous expliquant qu'elle reviendra vers nous dès que ces dames auront donné leur sentiment sur nos échanges : avons-nous été assez persuasifs ? Leur a-t-on donné envie de poursuivre cette aventure incroyable avec nous ? Il y a indéniablement une part de séduction dans ce que l'on vient de vivre. Une sorte de speed-dating de la Gestation Pour Autrui.

Il s'agit donc, une nouvelle fois, de nous armer de patience !

Nous coupons l'ordinateur, pause pour ce soir ! On va s'amuser et tenter de penser à autre chose.

Ramatuelle, 3 août 2018

Après une nuit de fête bien arrosée, notre réveil tardif s'accompagne de gentilles caresses à ma vieille Colby. La demoiselle labrador chocolat qui vit à mes côtés depuis quinze ans. Huit passés avec Ghislain. Nous l'aimons tant... mais force est de constater qu'elle est de plus en plus fragile. Quinze ans pour un labrador, cela fait d'elle une centenaire ! Si douce, si aimante. Une mamie sourdingue qui nous accompagne paisiblement, mais qui se traîne de plus en plus, la paralysie l'empêchant de se dandiner avec l'entrain que je lui ai tant connu.

Un bol de Nesquik sur la table de la terrasse, alors que Didier se plonge dans la presse du jour, qu'Anne chantonne joyeusement, que Jean râle qu'on se moque trop de lui tandis que Christophe houspille toute la maisonnée pour un bon mot et que Ghislain, comme d'habitude, s'offre encore quelques minutes supplémentaires de grasse matinée, je me connecte sur ma boîte mail. Un message est déjà arrivé. Je n'aurais jamais cru que nous aurions une réponse si rapide ! Bonne... ou mauvaise nouvelle ?

Après notre Skype avec Vanessa, elle m'a rappelée pour me dire à quel point elle vous avait appréciés et j'ai évoqué avec elle la partie assurance qui risque d'être coûteuse. Puis elle m'a renvoyé un email demandant une compensation financière plus importante que prévu et qu'elle discutait avec un autre couple. Elle semble vouloir faire jouer la concurrence. Bon, ce genre de chose arrive, continuons donc notre recherche.

Je repense alors à la mise en garde de Bernadette ! « N'en dites pas trop sur vous, cela pourrait poser problème. » Je comprends alors. J'ai dit à Vanessa que j'étais animateur télé ! Elle s'est peut-être dit que j'étais richissime et aurait voulu profiter de la situation ? Voilà aussi pourquoi il ne faut pas trop en dire. Mais quelle déception... nous l'avions trouvée chouette, cette Vanessa.

Ne nous reste plus alors que le profil de Mashonna, avec son petit garçon. Croisons les doigts ! Et attendons encore un peu.

Le temps d'engloutir une glace sur le port de Saint-Tropez et d'une joyeuse petite balade, voilà qu'un autre mail déboule déjà !

Il est signé de Maria, la coordinatrice des profils de mères porteuses. Elle nous annonce triomphalement que Mashonna a envie de continuer avec nous ! Message accompagné de nouveaux documents à remplir pour avancer, notamment l'entretien avec une psychologue spécialisée, en anglais s'il vous plaît, pour s'assurer que tout le monde est bien sur la même longueur d'onde et que le projet part sur de bons rails !

Rendez-vous est pris pour la mi-août. Je ne vous cache pas que les vacances qui suivent notre mariage ressemblent davantage à un parcours du combattant qu'à une lune de miel sous les tropiques.

D'autant que quelques jours plus tard, rien ne va plus pour Colby. Elle ne mange plus et va se terrer sous les arbres. Comme si elle voulait se réfugier quelque part. Loin de la vie, sans doute. Vous connaissez l'expression ? Les éléphants se cachent pour mourir. Peut-être Colby a-t-elle tenu trop longtemps pour moi, pour nous. Elle n'a pas voulu nous faire ça en plein milieu du mariage. Elle a je crois tout fait pour être à nos côtés, ne pas nous déranger, et remplir son rôle de fidèle compagnon.

Il est temps de lui rendre la pareille et de faire en sorte de lui dire au revoir avec tout l'amour et le respect que nous lui portons.

Jamais, je pense, un retour de vacances n'aura été aussi lugubre. À l'arrière de la voiture, sa respiration se fait plus rauque. Nous nous disons qu'elle ne supportera peut-être pas le voyage. Mais du sud de la France jusqu'à la maison il y a des heures de route. Nous nous arrêtons de temps en temps pour tenter de la faire boire. Lors d'une pause, j'appelle la clinique vétérinaire qui s'occupe d'elle depuis que je l'ai ramenée, minuscule, d'un élevage de Chartres où je l'ai choisie parmi trois adorables chiots.

– Bonjour, c'est monsieur Beaugrand... je vous appelle pour Colby... je crois que... (ma voix s'étrangle dans un sanglot)... Il faut faire quelque chose.

Il y a de la place pour la fin de l'après-midi, vers 18 h 30. En principe nous serons arrivés. Alors je dis oui pour ce créneau.

Comment réussir à prendre cette décision ? Ouvrir son agenda et mettre une croix sur une date, un horaire. Un rendez-vous pour se dire au revoir. Mais il le faut, je lui dois ça, elle qui a toujours été là.

Nous arrivons à la maison une heure avant le fatidique rendez-vous. Alors que nous l'aidons à cheminer dans le jardin, j'ai l'impression d'apercevoir dans son œil une vigueur, une pulsion de vie qui renaît. Je me prends à y croire sans doute.

Colby a toujours été une incorrigible goinfre ! Elle mérite un dernier repas. Mais pas des croquettes, quelque chose de mieux ! Pas le temps d'aller faire des courses. Je fouille dans le congélateur et j'en sors du boudin. J'en souris aujourd'hui...

Je vais donc faire cuire du boudin noir à 17 heures en plein milieu du mois d'août pour tenter de donner un dernier repas succulent à mon chien ? Certains diraient que je perds la tête.

Tout ça pour vous dire qu'elle s'en est léché les babines, avant que nous partions tous les trois à la clinique. Le cœur lourd et désespéré.

Rapide discussion avec le vétérinaire qui nous confirme que c'est la fin et qu'il est préférable d'abréger ses souffrances car elle n'aurait que quelques semaines à vivre et dans des conditions déplorables. Il faut alors dire oui. Et dire adieu. Tranquillement allongée sur la table d'examen, Colby nous regarde avec sa douceur habituelle. Elle ne comprend pas ce qui se passe, évidemment. Elle a toujours compté sur nous pour des caresses, de la joie et des friandises, mais elle ignore que ce câlin qui commence sera le dernier. Il sera long. Interminable. On essaye d'étirer les minutes pour en profiter quelques instants encore.

Et puis la seringue se prépare. C'est rapide, le geste est précis. Et le produit puissant et efficace. En quelques secondes. Ses doux yeux se ferment. C'est fini. Le combat ne pouvait pas être gagné.

Le vétérinaire quitte la pièce et nous laisse là, à quatre : Ghislain, Colby, moi... et ce gigantesque chagrin qui nous terrasse. Je crois que nous n'avons jamais autant pleuré. Dernières caresses pour un corps désormais inerte. J'aurais rêvé que notre enfant connaisse ce si gentil chien qui faisait plus office d'ange gardien pour moi que de molosse pour éloigner les rôdeurs.

Quel étrange été. Celui de rêves qui se réalisent et d'autres qui se brisent. Celui de l'avenir qui nous tend les bras et celui du passé qui nous envoie ses piques de regrets et de nostalgie. Le bonheur enfui, celui qui reste à venir. Ça doit être ça qu'on appelle la vie.

Orsay, 14 août 2018

La maison est bien vide. Chaque craquement, chaque bruit me donne l'impression que Colby va débarquer derrière une porte.

Depuis deux jours, je surfe sur différents sites d'élevage pour trouver un nouveau chien qui nous accompagnera dans notre nouvelle vie. Nous allons bientôt déménager, nous allons devenir papas. C'est un nouveau cycle qui va débuter. Celui du reste de notre vie, comme l'a chanté Étienne Daho au mariage.

Voilà que je tombe sur un élevage de bergers australiens en Seine-et-Marne. Quelles adorables boules de poils ! Deux petites femelles seraient encore disponibles. Et si on y allait ? Aussitôt dit, aussitôt fait. Dans cette petite ferme de Champcenest, perdue au bord d'une route départementale qui mène vers Provins, les chiens sont heureux ! Un élevage à taille humaine. Et comme pour surveiller ces toutous qui jappent joyeusement à l'arrivée du moindre visiteur, un vieux chat pelé aux immenses sourcils broussailleux monte la garde.

Le jeune employé de l'élevage convient de nous apporter les deux petites chiennes. Et là, vous savez ce que c'est qu'un coup de cœur ! L'une des deux nous saute dessus pour attirer notre attention. Adorable et si vive ! Après moult caresses, nous convenons de réfléchir un peu. Il ne faudra pas vingt-quatre heures avant que nous prenions notre décision.

Mais comment l'appeler ? Alors que nous sortons de l'élevage avec celle qui s'appelle encore Ouna sur son carnet de santé (c'est l'année des « O »), on égrène des prénoms tous plus ridicules les uns que les autres.

La radio passe alors une chanson de Madonna.

– Oh ! Et Madonna ? Ça fait pétasse non ?

Ghislain me répond en se marrant.

– Non... si peu !!!

– Et pourquoi pas... Madame ?

Et voilà ! Le hasard a fait les choses, tout ça grâce à la radio. Ce sera donc Madame. Elle a beaucoup de choses à apprendre avec nous. Et jeune Madame, tu vas voir, il y aura bientôt une petite nouvelle ou un petit nouveau dans la meute !

Nous ne sommes que joie sur cette fin du mois d'août. Tout se passe bien, Madame commence doucement à nous obéir. Nous échangeons régulièrement avec Mashonna, avec qui nous avons de plus en plus d'atomes crochus. Elle va devenir plus qu'une amie de la famille, une cousine d'Amérique en quelque sorte !

Et c'est alors que le 29 août, alors que je suis en train de promener Madame pour lui apprendre à marcher en laisse, je reçois ce message lapidaire signé de Maria, la coordinatrice des mères porteuses :

Christophe and Ghislain,
J'ai le regret de vous informer que compte tenu d'informations que nous ne connaissions pas et du retour de l'analyse du thérapeute qui a discuté avec Mashonna, nous devons mettre fin à la procédure. Il est important que nous garantissions aux parents d'intention une mère porteuse qui bénéficie d'un environnement sain et stable. Nous ne pouvons donc pas continuer avec Mashonna. Soyez assurés que nous n'avons pas pris cette décision à la légère. Nous travaillons pour vous présenter de nouveaux profils le plus vite possible.

Quoi ? Mais que se passe-t-il ? Nous qui avions commencé à nous projeter... quelle claque !

Et surtout quel ascenseur émotionnel. Décidément, cet étrange été continue de jouer avec nos nerfs. J'apprendrai un peu plus tard en discutant avec Bernadette que Mashonna avait menti sur son profil, et qu'elle avait été victime de plusieurs agressions sexuelles dans sa jeunesse. Un profil trop fragile pour être certain qu'elle vivrait cette expérience sereinement.

Même s'il est évidemment rassurant de constater que tout est fait pour que les choses se passent bien, c'est une immense déception.

D'autant, nous confie Bernadette, qu'il y a eu énormément de demandes ces derniers temps... Gênée, Bernadette me confie :

– Je regrette sincèrement que vous ayez perdu du temps sur ce profil. Ne vous en faites pas trop, nous finirons par trouver mais il va falloir attendre encore un peu, rares sont les profils idéaux. Laissons Maria chercher.

C'est un véritable casse-tête ! Nous entamons donc notre rentrée avec un gigantesque point d'interrogation qui pèse sur nos épaules : et si nous ne trouvions aucune femme pour nous aider à fonder notre famille ? Et si ce rêve que nous touchons du doigt était finalement impossible ?

Tel un ange venu du ciel

Paris, 5 septembre 2018

– Rassure-toi, tout va bien se passer. Tu as une bonne étoile. Des âmes là-haut qui veillent sur toi...

J'aime entendre la douce voix de mon ami Fabrice, avec son léger cheveu sur la langue et son accent de Provence qui fleure bon les cigales. Fabrice est voyant ! Un vrai, hein ! Il en vit, et plutôt bien, même. Je l'ai rencontré *via* Facebook et il est devenu un confident. Il me conseille et me rassure de temps en temps. Une sorte de Jiminy Cricket qui aurait une boule de cristal. Oh, je n'ai jamais vraiment constaté de prédictions frappantes... Mais dans les moments d'angoisse, j'aime à croire qu'il a raison. Que mon père, ma grand-mère (Colby peut-être ?) nous envoient des ondes positives, où qu'ils demeurent.

Mais je reste un incorrigible cartésien, alors dès que le spleen me quitte, j'abandonne ces pensées magiques et je me colle un coup de pied au derrière pour faire en sorte que mes vœux les plus chers se réalisent. Je me remets au travail d'arrache-pied plutôt que de prier de gentils spectres pour qu'ils œuvrent dans l'ombre pour nous. Mais qui sait ? Ça ne peut pas faire de mal.

Il m'avait dit que nous aurions la maison. C'était très mal parti mais nous avons pu acheter cette demeure pour y construire notre nouvelle famille.

Il m'avait dit que nous arriverions à nos fins pour le bébé... là, force est de constater que cela prend du retard. Mais on s'accroche à ce qu'on peut pour y croire.

Depuis quelques jours, nous sommes de retour au boulot ! De mon côté, je reviens à mes premières amours journalistiques sur LCI pour des chroniques matinales chez ma camarade Pascale de La Tour du Pin. Ça sonne tous les jours à 6 heures moins le quart ! Quant à Ghislain, il travaille toujours sur l'émission « La Quotidienne ».

Mais, pour tout vous avouer, nous avons la tête ailleurs. Nous pensons à nos nombreux petits embryons qui attendent une mère porteuse pour leur donner vie. Ce qui s'est passé à la fin de l'été nous a beaucoup angoissés.

– Tu sais, je ne la sentais pas, cette Mashonna... il vaut mieux attendre et prendre le temps. Être sûrs de tomber sur la bonne personne.

Ghislain est philosophe. Sans doute aussi parce qu'il est encore jeune, il a l'impression d'avoir le temps. Moi j'ai dépassé la quarantaine, et l'impatience me gagne. Et sans aucune nouvelle d'Extraordinary Conceptions je me languis. Ils vont bien finir par trouver un profil qui pourrait coller !

Et, au fond, je sais bien que Ghislain a raison. Il me faut tempérer mes ardeurs !

Nous avons eu une petite discussion avec Bernadette : elle nous conseille vivement de faire passer un PGS à nos embryons. « Preimplantation Genetic Screening » : un test génétique qui nous permettrait de savoir s'il y a un problème avec certains d'entre eux. Le genre d'analyses impossible et formellement interdite en France.

Beaucoup de questions nous assaillent alors avec Ghislain.

« Est-ce que c'est de l'eugénisme ? Avons-nous le droit de tout savoir ? Dans la nature, nous n'aurions pas la possibilité de faire ce type de test ? Et si l'on apprend en cours de grossesse qu'il y a une malformation génétique avec un risque de fausse couche, on s'en voudra de ne pas l'avoir fait. »

Que d'interrogations presque philosophiques parfois qui se mettent à tourner dans nos crânes. D'un côté, un vieux fond de culpabilité judéo-chrétienne nous freine. Et de l'autre, autant avoir le maximum d'atouts dans notre manche pour que tout se passe bien, non ?

Bernadette, avec un ultime argument, a l'art de nous convaincre.

– Vous savez, lorsque l'on crée des embryons in vitro, on a souvent des cas de malformations génétiques.

Car dans la nature, ils n'auraient pas forcément tenu. Mais là, comme on les a cultivés artificiellement, ils existent.

Vu sous cet angle, s'il y a davantage de risques pour un de nos bébés et qu'on peut s'éviter cette situation, pourquoi ne pas le faire ? Un peu culpabilisés malgré tout, nous donnons notre go à la clinique du docteur Wilcox.

Ah, j'oubliais... ! Tout ceci reste malgré tout du commerce. Prix de ce test : 5 000 dollars. Une nouvelle ligne budgétaire s'ajoute. On nous avait prévenus que les coûts s'envolent souvent, entre le prix affiché au départ et les sommes qu'il s'agit de verser à l'arrivée.

En attendant des nouvelles de ce test, et d'éventuels nouveaux profils de mères porteuses, la vie reprend son cours, doucement.

Madame apprend la propreté à une vitesse ahurissante ! C'est assurément une petite chienne très intelligente mais au dynamisme absolument épuisant. Et parallèlement, nous préparons notre déménagement. Il aura lieu au mois d'octobre. Finie, ma jolie maison d'Orsay, perdue dans les bois. Au revoir l'appartement parisien avec vue sur la tour Eiffel que nous louions. Nous nous installons désormais dans une vieille maison du XIXe siècle, à deux pas du parc de Saint-Cloud et à quelques minutes en scooter de TF1. Ça va nous changer la vie ! Adieu les bouchons interminables, ouf !

Boucler les cartons nous occupe en cette période si perturbante d'attente !

Paris, 15 septembre 2018

Bonjour Christophe & Ghislain ! J'espère que vous allez bien. Veuillez trouver ci-joint le rapport du PGS de vos embryons. Si vous avez la moindre question, n'hésitez pas à me contacter.

Nouveau mail de Gladdys arrivé pendant la nuit. Nous ouvrons la pièce jointe avec Ghislain. Au final, nous disposons de 19 embryons viables, un nombre assez exceptionnel, nous assure-t-on !

Parmi eux, nous découvrons que trois sont porteurs d'une anomalie génétique.

Il reste donc 16 bébés potentiels ! Et, c'est l'autre information de ce test, à laquelle nous ne nous attendions pas, nous connaissons désormais leur sexe. Neuf petites filles et sept petits garçons.

Nouveau dilemme en perspective ! Comme nous l'avait indiqué le docteur Wilcox lors de notre premier entretien, nous allons avoir la possibilité de choisir le sexe de notre futur enfant. Mais rien ne nous y oblige. Le ferons-nous ? Voilà qui nous offre de nouvelles nuits de débats et de questionnements à venir !

Quoi qu'il en soit, nous n'en sommes pas encore là... car hélas, les jours passent et aucun profil de mère porteuse ne pointe le bout de son nez pour l'instant.

Orsay, 28 septembre 2018

Madame jappe joyeusement dans le salon désormais au trois quarts vide. Un gigantesque amoncellement de cartons occupe la pièce.

La vie a repris son cours. La prochaine étape, c'est donc le déménagement. Nous avons de la chance il est prévu la semaine prochaine et le soleil sera de la partie. Ça va faciliter le travail des gars ! Il y a tant de meubles et de cartons à transbahuter à travers le jardin qu'il eût été moins aisé pour eux de patauger dans la bouillasse.

Avec Ghislain, nous avons presque oublié que nos seize embryons attendent sagement la perle rare pour faire de nous des papas à part entière.

Mais comme pour l'amour, c'est au moment où l'on n'y pense plus que l'âme sœur tape au carreau.

Nouveau mail de Maria, la coordinatrice des mères porteuses :

Bonjour Christophe et Ghislain,

Nous sommes heureux de vous partager le profil 133320 : elle s'appelle Whitney, elle vient du Nevada. Elle a 3 enfants (3 accouchements par voie basse). Elle souhaite garder un contact proche.

Alléluia ! Et si c'était la bonne ! Évidemment, vu le prénom, nous songeons immédiatement à Whitney Houston. Mais en cliquant sur le lien de son profil, sur la base de données, nous constatons qu'on en est loin ! Une grande jeune femme rousse aux yeux verts, souriante et joyeuse. Les photos de sa petite famille, avec son mari Jacob et ses trois filles, sont absolument adorables.

Nous demandons derechef à Maria de caler un Skype avec elle pour que nous puissions faire connaissance.

Ni une ni deux, Whitney nous donne une réponse. Nous aussi, nous avons rempli un profil qu'elle a pu consulter, et visiblement, nous lui avons plu de prime abord, Maria nous le confirme :

> *Elle a aimé votre profil. Elle voudrait rentrer en contact avec vous et, le cas échéant, caler un autre call plus tard avec son mari Jacob. Il est actuellement en déplacement en Caroline du Nord pour secourir les victimes de l'ouragan Florence.*

Eh bien ! Notre future héroïne serait-elle déjà mariée à un héros ? Nous ne croyons pas si bien dire, car nous sommes sur le point de rencontrer sans doute les personnes les plus bienveillantes et gentilles que nous n'ayons jamais croisées dans notre existence.

C'est donc le lendemain que nous allons faire connaissance avec Whitney. Ainsi que nous le faisons toujours pour nos entretiens, nous nous endimanchons comme il faut pour nous montrer sous nos plus beaux atours.

Nous mettons l'ordinateur en équilibre sur la table selon notre habitude, sur une pile de livres pour être à la bonne hauteur. Le salon quasiment vide résonne un peu, et l'on voit passer Madame très affairée à dépiauter le petit nounours vert dégotté à Animalis. Il ne fera pas long feu, celui-ci ! Il est 19 heures à Paris, 10 heures du matin à Las Vegas.

La connexion fonctionne. Nous voyons apparaître le visage de Whitney et surtout son magnifique sourire. Sa voix douce nous enveloppe immédiatement.

– *Hey Guys…* (Salut les gars)

Un peu intimidés, elle autant que nous, nous balbutions parfois nos questions. Vous savez ce que c'est qu'un coup de foudre ? C'est ce que nous avons la sensation de vivre avec Whitney. Avec elle, tout semble fluide. Apaisé et apaisant. On parle de tout et de rien, de bébé mais pas seulement. Whitney nous raconte qu'elle a trois enfants, trois petites filles. Un mari, Jacob, qu'elle a rencontré au lycée. Il est ambulancier et infirmier. Whitney, après avoir travaillé dans un jardin d'enfants, a préféré arrêter à la naissance de la petite dernière, Avery, pour se consacrer à sa famille. Ils vivent tous ensemble dans une jolie maison en bois, au fond d'une impasse, dans la petite cité de Boulder City, en périphérie de Las Vegas, en plein désert. Ville célèbre car elle est – dit-on – la seule du Nevada à ne posséder aucun casino ! Nous nous racontons mutuellement nos vies en quelques mots, en se jurant de se reconnecter dès le retour de Jacob au bercail après sa mission, pour le connaître également.

Whitney nous explique que nous sommes le troisième couple avec qui elle discute, alors on croise les doigts pour que l'excellent feeling que nous avons eu soit partagé.

Nous écrivons illico notre enthousiasme dans un petit mail pour l'agence, qui nous répond aussitôt. Whitney avait fait de même de son côté !

Nous n'avons pas encore nos coordonnées directes, Maria fait donc office de pigeon voyageur pour les messages que nous nous échangeons.

– Je suis très excitée à l'idée de me lancer dans ce projet avec vous, les garçons ! J'ai beaucoup de chance d'avoir eu l'opportunité de vous rencontrer. J'espère pouvoir organiser rapidement un nouveau rendez-vous avec Jacob.

C'est Whitney qui a ouvert le bal ! J'ai l'impression que nous sommes devenus des collégiens énamourés qui s'enverraient des petits mots doux.

Chère Whitney, nous sommes très honorés et émus que vous nous fassiez confiance. Votre message nous a touchés. Je pense que nous nous apprêtons à vivre quelque chose d'humain, de fort et de très émotionnel. En attendant de pouvoir caler le rendez-vous avec votre mari, nous croisons les doigts pour que tout soit validé au point de vue médical et psychologique, pour commencer le processus.

Kisses from Paris

Ghislain et moi tentons de tempérer notre enthousiasme : gardons la tête froide ! On ne sait jamais ce qui peut arriver. On n'est pas à l'abri d'une mauvaise nouvelle. Commence alors – encore – une interminable attente, afin de savoir si, oui ou non, le profil de Whitney est bel et bien validé.

Une dizaine de jours jusqu'à recevoir ce message (presque) libérateur de la part du bureau de Maria.

Whitney a bien passé son évaluation psychologique, tout va bien. Nous attendons encore quelques éléments de son dossier médical pour le transmettre à l'équipe du docteur Wilcox. S'il est OK, nous pourrons lui envoyer Whitney pour les tests.

Eh oui, car même si tout est bien parti, il s'agit ensuite, pour notre future mère porteuse, de passer une batterie de tests et d'analyses afin de s'assurer que tout est compatible et limiter au maximum les risques de rejet de l'embryon. Croyez-moi, pour venir à bout de cet épique voyage, il faut avoir les nerfs solides et une infinie patience.

Le vol pour le Fertility Center de Pasadena est fixé pour le 22 octobre. On nous demande alors si nous sommes OK pour régler les frais de déplacement de Jacob en sus, il est d'usage en effet que la mère porteuse puisse venir accompagnée. Nous acceptons, évidemment.

Plusieurs semaines de patience encore. L'occasion pour l'agence de nous envoyer de nouveaux contrats qu'il va falloir traduire et éplucher. Et de nouveaux documents afin de débloquer les fonds. Au total, Whitney touchera 40 000 dollars. En compensation de la grossesse, mais aussi pour prendre en charge diverses dépenses :

achats de vêtements, gardes d'enfants, aides ménagères éventuelles.

En attendant la fin octobre, nous prenons le temps d'organiser ce fameux Skype avec Jacob et Whitney : clairement, nous avons rencontré nos deux anges gardiens. Avec Whitney, il partage la douceur, la bienveillance. Un regard franc d'une incroyable bonté dans le corps massif d'un colosse typiquement américain.

En échangeant avec eux, nous demandons à Whitney ses motivations. Ça ne peut pas être que l'argent – 40 000 dollars, c'est une somme, certes, mais ça ne changera pas leur vie. Rappelons que dans le cadre d'une GPA éthique, les mères porteuses sont sélectionnées sur leur niveau de revenus, afin que l'argent justement ne soit pas le moteur de ce projet chez elles.

En l'occurrence, Whitney et Jacob ont tous les deux de bons revenus, sont propriétaires d'une belle maison, possèdent deux voitures. Nous dévorons alors les paroles de Whitney.

— Je me sens tellement privilégiée d'avoir pu fonder une famille, de connaître ce bonheur d'avoir donné la vie. J'ai toujours eu envie de partager, d'aider mon prochain. Il n'y a rien de plus beau qu'accompagner un couple dans la plus belle aventure de leur vie : celle de devenir parents.

Nous avons les larmes aux yeux d'entendre de la bouche de Whitney cet incroyable discours de générosité et de don de soi. Le cœur empli de joie et d'enthousiasme, nous coupons la connexion en nous disant que nous avons une chance exceptionnelle de commencer ce parcours avec un couple aussi précieux et bon.

Et si mon ami Fabrice le Médium avait raison ? Si Whitney était venue du ciel ? Envoyée par nos anges gardiens ?

Un rêve pour nous... qui va rapidement se transformer en cauchemar administratif ! Car aussi angélique soit Whitney, les diaboliques CONTRATS sont sur la table !

Le diable est dans les détails

Las Vegas, 22 octobre 2018

– Viens ! On va leur envoyer un selfie !

Whitney et Jacob trottinent main dans la main dans les couloirs de l'aéroport McCarran de Las Vegas. Petite pause le temps d'immortaliser l'instant, ils s'apprêtent à monter dans le vol Delta qui les emporte à Los Angeles, direction le Fertility Center du docteur Wilcox. Une quarantaine de minutes à peine dans les airs, les deux villes sont proches.

Avant le décollage, Jacob m'envoie la photo souvenir sur la conversation WhatsApp que nous avons créée.

Nous sommes anxieux et impatients... autant que Whitney et Jacob !

– Tu te sens vraiment prête ? lui demande Jacob, qui la soutient depuis le début dans sa démarche.

– Oh oui ! Je n'ai jamais été aussi sûre de moi...

Pendant ce temps, à Paris, sous la pluie de l'automne, le quotidien s'écoule lentement. De nouvelles factures arrivent dans ma boîte mail. Il faut de nouveau faire appel à ma banque pour débloquer des fonds et abonder le compte séquestre dans lequel il faudra piocher.

Il y a plusieurs versements à faire, entre 20 000 et 30 000 dollars, tout au long du processus. D'abord quand la mère porteuse est sélectionnée, ensuite quand les premiers examens sont validés, puis au moment du transfert d'embryon.

La somme suivante ne sera débitée qu'une fois le battement de cœur du bébé repéré à l'échographie. Tout est minutieusement organisé, les Américains ont plus de vingt ans de recul sur ces procédures. Mais pour nous Français, c'est toujours un peu surprenant que l'on soit face à des interlocuteurs qui vous parlent finance et commerce quand vous leur parlez de projet parental et d'amour. Mais « *business is business* » en Amérique ! Et la procréation médicalement assistée en est un.

Ce qui nous importe le plus, avec Ghislain, c'est que nous avons fait le choix d'une GPA éthique dans un pays où cela est sérieusement encadré et surtout dans le respect total de la femme qui, à aucun moment, n'est obligée de quoi que ce soit.

Depuis que nous avons rencontré Whitney et que nous avons eu l'occasion d'échanger avec elle, nous avons compris que l'Amérique, c'est aussi une culture du don, de la générosité et de la bienveillance. Pas seulement le roi dollar ! Je sais que porter un enfant pour une famille qui n'en a pas la possibilité, c'est un des plus beaux cadeaux que Whitney pourra faire à quelqu'un sur cette planète.

Quelques heures plus tard, nous recevons une nouvelle photo de Jacob et Whitney en compagnie de Gladdys, la fidèle assistante du docteur Wilcox. Ils pensent à nous. Je sais que Whitney va subir une batterie de tests et d'examens, prise de sang et autres contrôles divers et variés pour s'assurer que tout va bien se passer. Les premiers éléments de son dossier médical étaient déjà très rassurants On nous dit que ce n'est qu'une formalité ! Il n'empêche, ces heures sont longues !

Il faudra d'ailleurs attendre plus d'une semaine pour avoir tous les résultats et surtout le verdict du docteur Wilcox... qui tombera en même temps que les feuilles des tilleuls du jardin, le 13 novembre. Je vous rassure, la bonne nouvelle qui arrive dissipe la grisaille automnale qui nous plombe dans la capitale ! Tout est OK. Whitney sera donc la bonne ! OUF !

Ce soir-là, on débouche le champagne. On annonce la bonne nouvelle à nos amis. Nos mamans, pas encore, nous préférons les épargner d'éventuelles mésaventures ou déceptions. Bien sûr, on n'est pas encore au bout de l'histoire, mais petit à petit, les pièces du puzzle s'imbriquent.

Boulder City, 14 novembre 2018

Il est environ 9 heures du matin quand le calme de la petite maison de bois des Moyer est rompu par les chants et les cris d'Avery. La fillette de 2 ans et demi déploie une énergie phénoménale pour animer toute sa petite famille. Ses grandes sœurs, Emily et Addison, sont en train de se préparer dans leur chambre. L'une a mis ses boucles d'oreilles à clips. L'autre sa plus jolie robe rose. Le jour est important pour la famille Moyer ! C'est celui des présentations avec le couple de Français ! Maman leur a expliqué qu'elle allait réaliser quelque chose d'exceptionnel dans les mois qui viennent. Aider un couple de garçons du bout du monde à devenir papas !

Ils ont besoin d'une dame qui va pouvoir porter leur bébé, le faire grandir dans son ventre. Addison a 11 ans, Emily 9. Elles comprennent que tout cela n'est pas banal ! Mais les explications de Whitney sont claires et illuminées par la bonté et l'amour que son regard renvoie. En aucun cas ce bébé ne sera leur petite sœur ou leur petit frère, non. C'est un acte de don, de générosité pure.

Addi et Emi sont fières ! Elles se disent que leur maman est vraiment exceptionnelle. Jacob acquiesce. Quant à Avery, elle rigole en jouant avec sa poupée. Trop petite pour comprendre, évidemment, mais elle va participer à la conversation. Elle a bien remarqué que quelque chose de spécial se trame en ce samedi matin, habituellement plus tranquille.

À quelques milliers de kilomètres de là, nous sommes en fin d'après-midi en région parisienne.

Pour Ghislain et moi aussi, la pression monte ! Être présentés aux filles de Whitney et Jacob revêt une importance particulière : avec l'aventure que nous nous apprêtons à vivre pendant plusieurs mois (et sûrement même après, comme nous l'avons tous souhaité), nous allons faire partie de l'intimité de ces petites filles au quotidien. Il s'agit de répondre à leurs questions et de leur faire bonne impression !

Toujours un peu de trac lorsque l'on se connecte. Mais une fois encore, la magie opère. Nous échangeons joyeusement, j'essaye d'articuler dans un anglais à l'accent frenchy qui perturbe probablement un peu ces enfants qui n'ont probablement jamais parlé à un Français de toute leur jeune existence. Avery fait un passage éclair en nous gratifiant d'un « hello » avec la main. Elle s'intéresse avant tout à notre chienne, Madame, qui fait elle aussi un passage devant la webcam sous les hourras d'Avery qui tente ensuite de refermer l'ordinateur pour s'amuser, avant d'aller poursuivre Louie, le chat noir de la famille ! Un vrai petit ouragan cette gamine !

Puis viennent les questions des deux grandes sœurs, plus posées :

– Vous avez plutôt envie d'un petit garçon ou d'une petite fille ?

Nous répondons que nous serons heureux, quel que soit le sexe de ce petit bébé qui naîtra grâce à leur maman. D'autres questions suivent sur notre vie à Paris, les différences avec leur quotidien américain.

Et puis Addison nous touche au cœur avec la dernière question :

– *Why did you choose our mum ?*

Pourquoi avez-vous choisi notre maman ? Difficile de leur expliquer qu'en réalité c'est plutôt elle qui nous a choisis ! Je leur dis ce que je pense profondément : que leur maman est une héroïne et que nous avons été frappés par sa générosité. Et aussi de celle de Jacob, qui l'accompagne toujours avec une infinie bienveillance.

Les mois qui s'annoncent vont être riches en émotions pour ces petites filles, autant que pour nous : voir le ventre de leur maman s'arrondir, jour après jour... Et l'assister tout au long de cette grossesse qui donnera naissance à une nouvelle famille, mais pas la leur.

Tout semble pourtant si simple avec la famille Moyer.

Néanmoins, la société américaine étant on ne peut plus judiciarisée, la partie contractuelle va nous occuper un long moment ! On nous indique alors qu'il serait préférable de couper court aux conversations quotidiennes que nous avons, le temps que toutes les questions d'organisation et juridiques soient réglées. Bon, je ne vous le cache pas, nous n'hésitons pas à nous envoyer quelques messages en douce, de temps en temps, ou une petite photo, pour garder ce joli lien que nous sommes en train de tisser.

Ah, les contrats ! Si vous saviez les nuits qu'ils nous ont fait passer ! Sans doute l'Everest le plus laborieux à franchir dans cette aventure de la Gestation Pour Autrui. Et comme vous le savez, le diable est dans les détails : chaque ligne doit être attentivement lue et relue. Chaque mot doit être pesé, chaque paraphe totalement assumé. L'avocat qui nous est assigné par l'agence nous envoie régulièrement des mails. Nous avons beaucoup de papiers à remplir. Et quelques questionnaires qui nous laissent parfois dubitatifs.

Tout... absolument tout doit être prévu ! Toutes les situations, même les plus improbables. Si nous décédons au cours du processus... si une malformation grave est détectée... si les échographies montrent ce qu'ils appellent des défauts esthétiques, comme un bec-de-lièvre, déciderions-nous de mettre fin à la grossesse ? Souvent je vous avoue que nous sommes stupéfaits d'imaginer que certains parents d'intention soient prêts à mettre fin à une grossesse pour un petit défaut esthétique. Quoi qu'il en soit, tout doit être validé par la mère porteuse. Si, lors de la rédaction des contrats, on constate des points de vue irréconciliables sur certains alinéas, il est possible de tout arrêter. Pour elle, comme pour nous. Et recommencer avec quelqu'un d'autre.

Je lis avec stupeur aussi les devoirs qu'aura Whitney : il y a un certain nombre de choses qu'elle n'aura pas le droit de faire. La liste est précise : boire, fumer, aller en boîte de nuit, faire du vélo, voyager dans les deux derniers mois de la grossesse, manger certains produits contre-indiqués. Absolument tout est stipulé noir sur blanc. Et si jamais par malheur elle perdait le bébé, s'il est prouvé qu'elle a bu de l'alcool, fumé des cigarettes, ou pris l'avion alors que ça ne lui avait pas été autorisé, elle serait susceptible, avec son mari Jacob, de nous devoir de l'argent ! Un contrat, avec des droits, donc. Mais aussi des devoirs !

Nous plonger dans ces interminables documents a l'heur de nous stresser alors que tout semblait pourtant se passer pour le mieux !

Les allers-retours par mail entre nous, notre avocat, et celle qui représente Whitney, me semblent sans fins. Voilà déjà un mois que ça a commencé. Et nous n'avons toujours pas la version définitive.

Et puis il y a Thanksgiving... puis les vacances de Noël. Autant de pauses et de ponts qui vont ralentir considérablement les démarches ! Pour ceux qui nourrissent encore les fantasmes d'une Amérique ultra-efficace, rapide et obsédée par le business, préparez-vous à déchanter ! Les lenteurs administratives américaines n'ont rien à envier aux nôtres. *A fortiori* le week-end et les jours fériés !

Déjà, la fin de l'année arrive. En ce 31 décembre, lorsque nous nous embrassons pour les douze coups de minuit avec Ghislain, nous nous demandons vraiment si bébé pointera le bout de son nez en 2019... honnêtement, rien n'est moins sûr...

La bénédiction de Céline

Sèvres, 23 janvier 2019

– Tout est clair pour vous ? Vous validez cet alinéa ?

Ça doit faire plus d'une heure que je suis connecté avec Henry Wang, l'avocat du cabinet de Stephanie Caballero qui rédige notre contrat. Il est en train de me relire, ligne après ligne – dans la langue de Shakespeare, of course –, l'intégralité du texte. Une quarantaine de pages. Je dois une nouvelle fois tout valider, entre deux bâillements. Il est presque 1 heure du matin, le décalage horaire est rarement en notre faveur dans le cadre d'une GPA sur la côte ouest des États-Unis.

Dans le document, il est stipulé, comme le dit la jurisprudence Buzzanca de 1998, que les parents dits « d'intention » (*intended parents* en version originale) impliqués dans un contrat de Gestation Pour Autrui sont considérés comme les « parents naturels » de l'enfant à naître.

À l'article 4, il est bien précisé que la mère porteuse n'a pas donné ses ovocytes et qu'elle n'aura aucun lien de parentalité avec le futur bébé. Ni Whitney ni Jacob ne pourront réclamer de droit de garde ou de droits parentaux. Le contrat établit aussi nos devoirs en tant que parents : prendre en charge toutes les procédures liées à la reconnaissance de notre future parentalité, aux États-Unis et dans notre pays d'origine. Tout est précisément inscrit, ainsi que les devoirs de Whitney et Jacob pour nous fournir tous les documents administratifs les concernant dont nous aurions besoin.

Et à l'article 5, il est précisé que si jamais nous venions à perdre la vie avant la naissance du bébé, les droits parentaux seraient assurés par nos mères.

Absolument rien n'est laissé au hasard dans cette étape décisive. À l'article 9, il est même spécifié que Whitney doit se nourrir correctement en ingérant suffisamment de protéines, et n'est pas autorisée à pratiquer un sport dit dangereux (cheval, plongée, snowboard, course automobile, patin à roulettes, skate-board, spéléologie, ski nautique, trampoline ou attractions de fête foraine type montagnes russes...). On pourrait presque en rire tant cet inventaire à la Prévert semble absurde.

Mais enfin, tout est OK. Il ne nous reste plus qu'à signer. Attendre la contre-signature de Whitney et Jacob... et ENFIN, nous pourrons passer à l'étape suivante ! Encore un peu de patience... ! Je remercie Henry Wang dans un anglais aussi approximatif que l'est ma capacité de réflexion à cette heure avancée de la nuit et je m'écroule sous la couette. Le réveil m'attend dans quelques heures seulement. Je vais devoir faire bonne figure et, comme tous les matins, sur LCI, amener tout le peps que réclame ma carte blanche quotidienne sur l'actualité. Je pense alors en avoir fini avec la paperasse... Quelle naïveté de ma part !

San Diego, 20 février 2019

Bonjour, ravie de faire votre connaissance ! Je suis Sarah Paige. Extraordinary Conception m'a mandatée pour vous proposer des solutions d'assurance pour votre mère porteuse...

Nouveau mail arrivé dans la nuit. Cela va faire un mois que le contrat est désormais signé avec Whitney et Jacob. Mais reste encore la question de l'assurance ! Bernadette nous avait prévenus, c'est un aspect très important des choses. C'est très rarement l'assurance personnelle de la famille de celle qui va porter votre bébé qui prend en charge ces garanties. Cela peut arriver dans de rares cas, notamment quand la « surrogate » appartient au corps médical. Certains couples, lorsque leurs moyens sont limités, spécifient ne vouloir entrer en contact qu'avec des femmes disposant d'une assurance. Mais on atterrit alors sur des listes d'attente et cela rallonge les démarches.

Je parle de moyens financiers encore une fois, car cette assurance-là, censée couvrir Whitney en cas de problème pendant sa grossesse, dépasse les 20 000 dollars. Avec une partie dite « déductible ». En fait, ce serait l'équivalent du reste à charge, un peu comme une franchise. Sauf qu'aux États-Unis il faut avancer la somme d'emblée et la verser à la signature de votre police d'assurance. Si elle n'est pas utilisée, vous pouvez ensuite la récupérer. En général il faut deux ans ! Les subtilités de l'administration américaine... Alors ne comptez pas trop dessus !

La marge de manœuvre est assez réduite pour les parents d'intention, nous nous soumettons donc aux instructions de mademoiselle Paige qui nous conseille l'assurance Lloyds of London. Chère, certes, mais une des seules qui soit homologuée dans l'État du Nevada pour une Gestation Pour Autrui. Nous ne saurons jamais vraiment si nous aurions pu trouver mieux, entre la barrière de la langue, le gap culturel et la distance, nous ne sommes pas en position de force pour négocier ! *A fortiori* quand on en est au 15e contrat à décortiquer en quelques semaines seulement. Ça finit par taper sur le système, croyez-moi !

Parallèlement à ces énièmes tracasseries administratives, une date a été choisie ! ENFIN ! Entre les disponibilités de Whitney, le traitement qu'elle doit prendre en amont et les disponibilités de la clinique du docteur Wilcox, tout le monde s'est mis d'accord sur le 14 mars pour le transfert d'embryon.

Ce jour nous portera-t-il bonheur ? Je m'amuse à googliser... c'est le jour de la naissance d'Albert Einstein, de la chanteuse Vitaa... et de la mort de Karl Marx et C Jérôme ! Je ne saurais dire ce que peut bien augurer un si grand éclectisme !

Depuis la signature du contrat, nous avons repris nos échanges avec Whitney. On s'envoie des photos de nos vies, de nos maisons, de notre quotidien. Elle se réjouit car dans quatre jours, le 24 février, débute son traitement pour le transfert d'embryon. Un certain nombre de cachets et de piqûres qu'elle s'administre elle-même, notamment des produits antirejets car elle va donc accueillir un petit être qui lui est totalement étranger.

Trois semaines intenses de préparation avant la fameuse date du 14 mars.

Redonnez-nous votre adresse, on a quelque chose d'important à vous envoyer. Il faut impérativement que vous le receviez avant le 14 !

On se demande bien ce que Whitney a derrière la tête...

Vers le 10 mars, je reçois un petit papier DHL dans la boîte aux lettres : évidemment, les livreurs se sont pointés et on les a loupés ! Whitney me bombarde de messages. Elle me répète que nous devons recevoir son colis avant le jour du transfert.

Sauf que nous sommes absents lors du second passage. Je décide donc de prendre ma voiture et de m'aventurer jusqu'aux bureaux de DHL à Gennevilliers pour récupérer le précieux courrier. Une petite enveloppe cartonnée, bien fine. Mais que peut-il donc y avoir à l'intérieur ?

Garé sur le parking de la zone industrielle, j'ouvre le courrier : et voilà que j'y trouve deux bracelets de tissu vert foncé. Et une petite étiquette : « *lucky bangle* ». Ce sont des bracelets porte-bonheur ! À l'aide d'un petit nœud coulant, on peut serrer ou desserrer l'étreinte. Je l'enfile donc et m'empresse de faire un selfie avec et de l'envoyer à Whitney.

Le soir venu, alors que j'ai donné son bracelet à Ghislain à son tour, nous recevons un selfie de la part des Moyer ! Whitney et Jacob arborent les mêmes bracelets de la chance, et la photo est accompagnée de ce petit mot, « *green power* ». À des milliers de kilomètres, deux couples portent les mêmes bracelets, unis dans le même projet.

Nous les garderons tout au long de la grossesse. Superstitieux aussi, nous décidons de ne jamais les ôter, avec Ghislain, qu'il pleuve, qu'il neige ou qu'il vente, nous les gardons, au soleil ou sous la douche. Et dès que le nœud se relâche un peu, nous le resserrons, un peu comme pour aider bébé à tenir. Décidément cette Whitney est vraiment quelqu'un d'épatant !

Le fameux jeudi 14 mars arrive. Jacob, tel un envoyé spécial, nous gratifie d'un reportage sur leur journée passée au HRC de Pasadena. De nouveau la petite photo avec Gladdys. Il filme même l'instant où l'embryon choisi par le docteur Wilcox est transféré ! Fille ou garçon ? Le dilemme était trop délicat à résoudre, nous avons décidé de laisser la médecine désigner l'embryon le plus « fort », celui le plus à même de s'accrocher. Nous verrons ensuite, nous avons déjà une liste de prénoms féminins et masculins dans notre manche.

Il m'est plaisant de croire que la vie vous offre parfois de jolis coups du destin : le lendemain du transfert d'embryon, voilà que je reçois un coup de fil de Valérie Michelin, l'agent française de Céline Dion.

Une conférence de presse s'organise au dernier moment, pour la nouvelle collaboration de Céline avec L'Oréal, parce qu'elle le vaut bien ! Voilà que l'on me propose de venir lundi à Las Vegas pour rencontrer la star : on me réserve même un créneau d'interview en one-to-one comme disent les attachés de presse, dix minutes en face à face avec Céline Dion. Il s'agit de saisir l'opportunité immédiatement, nous avons l'exclusivité française pour 50 minutes Inside.

La décision est prise en quelques heures, le temps de trouver un cameraman, de réserver les vols... l'hôtel est pris en charge par nos camarades de L'Oréal, nous serons logés dans le palace dans lequel Céline organise sa conférence de presse : le très chic Wynn Encore, en français dans le texte.

Lorsque l'A380 décolle de Roissy dimanche, je me dis que la vie est bien faite : dans quelques heures, je serai en train d'interviewer une star au cœur du désert du Nevada au 26e étage d'un hôtel de luxe et à une demi-heure de route de la maison de Whitney. Si mon planning me le permet c'est sûr, je vais aller toquer à la porte ! J'ai tout prévu. Des cadeaux pour les petites, des parfums français pour Whitney et Jacob, une petite peluche de chien qui ressemble trait pour trait (poil pour poil devrais-je dire) à Madame, pour Avery.

L'emploi du temps de ce voyage express est très précis ! Premier jour, dimanche, nous atterrissons à Vegas en début d'après-midi, on s'installe à l'hôtel, et le soir, concert de Céline Dion au Colosseum du Caesar

Palace ! Lundi, nous avons le temps de tourner des plans d'illustration. Et mardi, la conférence de presse et l'interview avec Céline.

Ma fenêtre de tir sera donc lundi ! J'ai fait croire à Whitney et Jacob qu'à mon tour je leur envoyais quelque chose, et je me suis assuré qu'ils seraient à leur domicile lundi pour réceptionner le colis. J'apprends alors que Jacob est en repos et les filles en vacances. Tout le monde sera donc à la maison !

Dans la voiture qui me mène à Boulder City, au fur et à mesure qu'on se rapproche de la maison des Moyer, mon cœur bat de plus en plus vite. Pour Ghislain, je filme une partie du trajet, les paysages qui se font de plus en plus arides au fur et à mesure qu'on s'éloigne du poumon et des buildings de Las Vegas. Autour de cette ville-champignon aux néons criards qui a poussé au cours des années 30 et 40 avec le développement des casinos et des clubs de strip-tease, il n'y a, à vrai dire, pas grand-chose ! Des dunes de sable, quelques rares cactus. Un soleil écrasant et encore, nous ne sommes qu'en mars !

Nous voilà arrivés à Boulder City, cité résidentielle paisible proche du précieux barrage Hoover qui fournit de l'eau à toute la région. On voit des petites maisons coquettes derrière de jolies palissades de bois. Un paysage typiquement américain.

Le chauffeur me dépose dans la rue, devant le domicile de Whitney et Jacob. Me voilà debout dans cette artère calme, devant cette jolie maison au bardage de bois blanc, décorée d'un grand drapeau américain. Il y a un bel arbre qui prodigue une ombre bienvenue devant l'entrée. Mon sac en plastique à la main rempli de cadeaux, je me sens un peu ridicule. Je vais les déranger. Et si je rebroussais chemin ? Le courage me manque soudain.

Ça fait des semaines, des mois presque, que nous conversons avec Whitney et Jacob, mais on ne s'est jamais réellement rencontrés. Et si le feeling n'était finalement pas si présent ? Et si... ?

Allez, je prends mon courage à deux mains et je m'approche pour sonner. Pas de réponse. J'ai un peu du mal à déglutir. Je vais appuyer une deuxième fois... peut-être sont-ils occupés ?

Toujours pas. Mince. Les voitures sont pourtant garées devant la maison. Je fais le tour, près du garage, j'entends des bruits et des rires. En me hissant sur la pointe des pieds, j'aperçois les petites dans le jardin. Près d'elle, je vois Jacob les arroser joyeusement avec le tuyau d'arrosage. Il fait si chaud cet après-midi ! Les petites filles rient et jouent à chat en maillot de bain. De là où je suis, je ne vois pas Whitney.

Ça doit faire dix minutes que je suis devant la maison. Je ne sais plus trop quoi faire, je ne vais quand même pas escalader la clôture ! Avant de rebrousser chemin, je me dis que je vais essayer une dernière fois.

J'entends du bruit derrière la porte, quelqu'un déverrouille. Whitney ouvre et pousse un grand cri !

– Oh !!! Mais... comment ?

Je suis probablement aussi ému et gêné qu'elle. Elle me propose d'entrer et appelle Jacob, encore dans le jardin à l'arrière, avec les filles. Elle s'excuse pour le désordre, Avery court partout en jetant ses jouets à droite à gauche. Tout le monde débarque dans le salon et les rires cessent. La famille est à la fois heureuse de me voir et stupéfaite ! Il faut dire qu'en principe 8 000 kilomètres nous séparent. Ce n'est pas le genre de voyage que tu improvises sur un coup de tête.

Passé l'effet de surprise, je distribue nos cadeaux. Les filles sont aux anges, Avery serre sa petite peluche avec amour. Et l'on commence à échanger. Je leur explique ma venue, sur trois jours seulement. Un peu décalqué par ce jetlag de neuf heures, j'explique à Whitney à quel point ça me touche d'être là quatre jours seulement après le transfert d'embryon. À l'heure qu'il est, on ignore encore si cela a marché ! Il convient d'attendre une quinzaine de jours pour en être certain. Nous tournons une petite vidéo pour Ghislain resté à Paris et nous nous promettons de nous tenir au courant. Je ne les dérange pas trop longtemps, et j'ai tout de même un peu de boulot ! Il me faut retourner à l'hôtel pour préparer l'interview du lendemain.

La voiture arrive devant chez Whitney, quand je leur dis au revoir, ils sont tous sur le perron pour me saluer. Nous nous reverrons très très vite, je le sens, je le sais.

Le lendemain, après une conférence de presse haute en couleur où des journalistes du monde entier, telle une joyeuse tour de Babel, conversent dans toutes les langues : de l'allemand au japonais en passant par l'italien ou l'espagnol... Céline assure un show ahurissant. Du rire, des larmes, des tenues toutes plus « couture » les unes que les autres. On voit la star trotter d'une chambre à une autre où chaque chaîne a installé son spot d'interview. En un clin d'œil elle change de tenue, gratifie les journalistes qu'elle croise d'un clin d'œil complice.

Elle peut ! Elle est arrivée avec deux heures de retard. Il paraît que c'est ainsi que les plus grandes divas bâtissent leur légende ! Mais son incroyable disponibilité compense avantageusement son retard. Suivie de près par son fidèle Pepe Munoz, le danseur dont elle s'est entichée, devenu son conseiller en image, Céline Dion s'installe confortablement pour notre interview. Drôle, chaleureuse, spontanée, elle m'offre l'une des interviews les plus marquantes de ma jeune carrière. On sent qu'elle prend un plaisir fou à nous répondre en français, elle qui ne vit qu'en anglais ici. Nous sommes le seul média francophone ce jour-là, elle en profite ! Quand l'interview s'arrête et que les projecteurs s'éteignent, Céline se fait plus complice et me demande comment ça va.

Tout à ma joie de cet entretien en boîte et de la rencontre de la veille avec Whitney et sa famille, j'ose lui demander une petite vidéo pour Ghislain, en lui disant que nous nous sommes mariés cet été et que nous avons dansé sur ses chansons. Elle s'exécute avec entrain, elle qui sait à quel point elle est une icône gay ! Je lui glisse alors que ce voyage à Las Vegas pour l'interview m'a permis de rencontrer notre mère porteuse, tout juste inséminée, il y a de cela quelques jours. Un immense sourire éclaire alors son visage et dans ses yeux perce la sincérité de son émotion.

– Oh c'est formidable, ça me touche beaucoup ! Il n'y a rien de mieux que de devenir parents ! Je vous souhaite tout le bonheur du monde.

Oui, le bonheur est à portée de main. Nous n'en avons jamais été si proches ! Merci Céline !

Dans le vol retour, alors que je regarde par le hublot les lumières de Las Vegas se faire de plus en plus minuscules à mesure que l'appareil prend de l'altitude, je repense à la bénédiction de Céline.

Pourvu qu'elle nous porte chance. Nous n'allons pas tarder à le savoir...

Baby Warrior

Cannes, 2 avril 2019

« Vous êtes Christian Beaugrand ? Je peux avoir un selfie ??? »

La petite mamie qui me regarde avec insistance sous ses immenses lunettes fumées aux écailles de tortue a beau s'être trompée de prénom, elle est tellement mignonne que je m'exécute avec plaisir. À côté de son teint cramoisi par le soleil, je semble un peu pâlot. C'est qu'elles ont bonne mine, les jolies Cannoises ! Je me balade sur la Croisette pour me rendre sur le plateau de « Ninja Warrior ».

Cette émission de dingue que j'ai la chance de coanimer depuis plusieurs années avec mes amis Denis Brogniart et Iris Mittenaere. Un immense barnum installé juste derrière le Palais des Festivals, sur l'esplanade Pantiero.

Les luxueux yachts amarrés sur le port de plaisance semblent si paisibles à côté de l'agitation qui règne sur le plateau ! Ici des techniciens installent encore une rampe de projecteurs, là les concepteurs du parcours vérifient le réglage des épreuves... Une horde de testeurs torse nu ne va pas tarder à débouler pour se mesurer aux épreuves que nous avons préparées pour cette quatrième saison. J'avoue qu'il est toujours assez plaisant d'admirer leurs performances, mais c'est pour le boulot, bien sûr !

Denis Brogniart est déjà sur la brèche, un petit calepin en main, il prend des notes sur les caractéristiques techniques des obstacles. C'est ainsi que vous le voyez incollable sur la distance entre deux plates-formes sur telle ou telle épreuve redoutable.

Généralement, de mon côté, je potasse surtout les CV des candidats, afin d'apporter la petite touche d'humain et d'humour qui fait si bien fonctionner notre duo.

En ce début du mois d'avril, le soleil est si agréable sur Cannes, je lève les yeux et je vois le fort du Suquet. Quel cadre splendide pour une émission, franchement, ça fait rêver ! Quand je pense qu'en Allemagne ou en Grande-Bretagne l'émission est tournée en indoor, dans de gigantesques hangars qui ressemblent davantage à une plateforme logistique d'Amazon qu'à un lieu de fête ! Ici, à deux pas de la Croisette, ça fleure bon les stars et les paillettes ! Les palmiers sont là, le ciel bleu aussi, la mer au loin, et surtout cette douceur dans l'air qui nous permet de tourner en extérieur jusqu'à une heure avancée de la nuit.

Car, pour tout vous dire, un tournage de « Ninja Warrior », ce n'est pas de tout repos ! Nous débutons vers 20 heures, quand le soleil se couche. Et nous finissons rarement avant 3 heures du matin ! Le tournage de nuit est impératif pour toutes les lumières et les effets pyrotechniques qui ne fonctionneraient pas en plein jour. Dur dur pour les équipes techniques... J'ai aussi une pensée émue pour nos candidats dont certains patientent jusqu'à la nuit avec leurs proches pour parfois chuter au bout de trente secondes. Je suis toujours touché par les enfants qui ont soigneusement peint une banderole pendant plusieurs week-ends pour encourager leur papa, ce héros, et qu'ils n'ont parfois même pas le temps de brandir car papa a déjà fini à la flotte ! Lors de la saison 2, d'ailleurs, je l'ai goûtée, la flotte, l'ami Denis a eu la riche idée de me pousser dans la piscine. Eh bien, je peux en témoigner : elle est glaciale !!!

Mon styliste s'en arrache encore les cheveux, mon costume (de prêt !) n'y a pas survécu, la marque a adoré. Mais le public avait beaucoup ri, c'est le principal, au fond.

Pour la première fois, j'avoue ne pas être très concentré, moi qui suis habituellement un très bon élève, très bon soldat et qui révise soigneusement toutes les fiches avant un enregistrement. Mais j'ai l'esprit qui vagabonde !

Car à quelques milliers de kilomètres de là, dans la petite ville de Boulder City, aux portes de Las Vegas, une jeune femme attend, comme nous, de savoir si elle porte la vie dans son ventre. Nous le savons, les premiers jours après le transfert d'embryon sont critiques. Si nous passons une quinzaine de jours et que les examens confirment un battement de cœur, alors nous pouvons commencer à nous réjouir.

Mais pour l'instant, nous sommes tous en attente. Suspens... insoutenable ! Beaucoup de proches ou de couples avec qui nous avons discuté avant de commencer nos démarches de GPA nous l'ont dit : bien souvent, ça ne fonctionne pas du premier coup. L'embryon ne « tient » pas. La mère porteuse est généralement la première à en souffrir, elle qui veut généralement si bien faire pour le couple qu'elle a décidé d'aider. Je n'ai pas de statistiques. Personne ne nous en a communiqué. Je ne sais même pas si elles existent.

La seule certitude à laquelle nous nous raccrochons avec Ghislain, c'est le taux de réussite du docteur Wilcox. Sa clinique est l'une des plus réputées de Californie ! Et lors de nos rendez-vous, il semblait si sûr de lui ! Gladdys, son assistante, nous avait confié : « Vous savez, nous faisons souvent plus d'analyses, plus de tests que d'autres cliniques. Alors quand le docteur Wilcox valide une donneuse d'ovocytes et une mère porteuse, c'est qu'il est sûr à 1 000 % ! »

Il n'empêche que le risque zéro n'existe pas. La réponse, nous l'aurons demain ! Whitney a rendez-vous avec son médecin pour passer un certain nombre de tests... et pour mettre fin à cet interminable suspens !

Nous sommes convenus qu'elle nous appellerait dès qu'elle saurait. L'horaire approximatif prévu ? Aux alentours de 19 heures, heure française. Et heure cannoise ! À ce moment-là, je serai en loge avec mes fidèles Norah et Mario. Ma maquilleuse et mon coiffeur. Ça me rassure d'être avec eux. Si jamais les choses ne se passent pas bien, je sais qu'ils trouveront les mots pour me remonter le moral. Car, même si c'est une mauvaise nouvelle, il faudra bien que je monte en piste. « *The show must go on* » comme on dit ! Et je devrai sourire à la caméra et m'amuser avec Denis, même si le cœur n'y est pas. Me voilà qui me mets à échafauder les pires scénarios : il ne faudrait pas que je me colle le mauvais œil !

Cannes, 3 avril 2019

– Tu préfères des sushis ou un hamburger ?

L'adorable assistante de production passe de loge en loge pour nous proposer de commander notre repas du soir qu'il convient de prendre tôt (il est 18 h 45) afin d'avoir le temps de manger avant de passer au maquillage. Nous devons être beaux et prêts dans nos habits de lumière pour 20 heures.

Sauf que, ce soir, j'ai une petite boule au ventre qui me dit que je n'ai pas envie d'avaler quoi que ce soit !

– Oh non, c'est gentil, mais je n'ai pas faim ce soir, je me sens un peu barbouillé.

Norah, toujours aussi maternelle, m'interrompt et demande qu'on me commande quand même quelques sushis et brochettes. « Si tu as faim, tu seras ravi de les manger pendant le tournage ! Il faut tenir toute la nuit ! »

Adorable Norah, avec elle, ma mère peut dormir tranquille, je suis entre de bonnes mains. Elle s'occupe de moi avec toute la bienveillance qui est la sienne. Elle sait évidemment ce qui me tord le bide ce soir. Le coup de fil de Whitney !

Voilà justement que mon téléphone vibre : que se passe-t-il encore ? Je le saisis nerveusement. Ça vient de notre conversation WhatsApp avec Jacob, Whitney et Ghislain. Mince ! Mauvaise nouvelle.

Le rendez-vous de Whitney est décalé de deux heures.

– Bordel !!! maugréé-je. Quand elle appellera, nous serons en pleine émission !!!

Mario me rassure, il faudra que je prenne une pause. Il a raison après tout, on n'apprend pas qu'on est papa tous les quatre matins ! Il y a des priorités dans la vie.

Je me dresse d'un bond et vais toquer à la loge d'à côté, qui me répond d'un tonitruant : « ENTREZ ! »

Denis est confortablement installé, un petit verre de bourgogne à la main, et un stabilo boss dans l'autre à réviser encore les fiches avant le tournage. Comme moi, un bon soldat, le général Brogniart !

Avec le sourire franc et massif qui le caractérise, il me demande comment je vais. Je m'étais déjà confié à lui dans l'avion qui nous emmenait de Paris à Cannes il y a quelques jours. Il connaît notre projet, il sait que les choses ont avancé.

Je lui explique en quelques mots que le rendez-vous téléphonique que nous devions avoir tomberait finalement en pleine émission et que je devrais m'éclipser quelques minutes, je voudrais m'assurer que ça ne le gêne pas.

– Tu plaisantes mon Christophe ? Mais évidemment qu'on attendra ! Tu veux un verre pour fêter ça ?

– Alors j'en veux bien un, mais plutôt pour me détendre. Je ne veux rien fêter avant d'en être sûr !

Sans rien avoir avalé de solide jusque-là, la rasade de vin que j'engloutis a le bonheur de me rendre beaucoup plus gai et surtout de dissiper mes angoisses. Quoi qu'il en soit, il va bien falloir commencer l'enregistrement de l'émission avec ma bonne humeur légendaire, en attendant le verdict ! Je retourne donc joyeusement dans ma loge finir de me préparer.

19 h 55. Laura, l'assistante réal, toque à ma porte.

– Ça va ? T'es pas tout nu ?

– Non, désolé, tu viens de rater ça... à cinq minutes près, c'est ballot !

Nous rions tous les deux. On se détend comme on peut à quelques minutes du prime. Il est l'heure de commencer l'émission. Le jour est en train de se coucher. C'est sous cette lumière, entre chien et loup, que nous tournons toujours les plateaux de bonjour de l'émission.

Dernier coup de peigne de Mario et raccord poudre de Norah pour ne pas briller, voilà que nous nous mettons à cheminer vers la tour animateurs.

Nous avons nos petits rituels, Iris, Denis et moi. Nous partons vers le tournage avec notre cohorte de petites mains qui nous accompagnent. Maquilleuses, coiffeur, coiffeuse, styliste, assistants son... j'avoue que, vu de l'extérieur, cet étrange cortège a quelque chose d'un peu ridicule.

Iris vient me parler discrètement : « Alors ? Tu as des nouvelles ? »

Elle est au courant, évidemment, je me suis confié à elle. Ma fidèle Iris que j'aime tant et que je connais depuis l'un de ses premiers tournages dans la peau d'une Miss pour « 50 minutes Inside ». D'ailleurs, elle a beau être devenue la plus belle femme de l'univers, elle est restée d'une simplicité admirable. Et toujours douce et attentionnée. Elle qui était à notre mariage avec Ghislain nous avait un peu donné l'impression d'une bonne fée. Pourvu qu'elle se penche à nouveau sur le berceau. Elle est avec moi, me dit-elle.

Pour le tournage, elle est à l'autre bout du plateau, à plusieurs centaines de mètres, avec les proches des candidats. On n'est pas près de pouvoir à nouveau échanger à l'oreille. Donc son clin d'œil me fait chaud au cœur.

Avec Denis nous montons doucement les marches en ferraille bringuebalante qui nous emmènent en haut de notre promontoire d'où nous animons l'émission. D'ici on a une vue splendide sur cet ahurissant décor qui ressemble à une gigantesque fête foraine pour adultes ! Ça clignote de partout. On entend au loin Rémy, le chauffeur de salle, s'époumoner à coups de musique dance pour motiver le public à applaudir nos concurrents. Tout se met en place avant le coup d'envoi qui nous sera donné à l'oreillette par Tristan le réalisateur et Fred le producteur de l'émission. Le grand manitou de Ninja qui tire toutes les ficelles dans l'ombre du car régie avec sa précieuse productrice Déborah.

Le tournage a démarré depuis une bonne heure. Nous avons déjà enchaîné les prouesses incroyables, les chutes grotesques, les fous rires et autres happenings surprises. Tout se déroule à merveille. Entre chaque passage, je tripote nerveusement mon portable. Mais qu'est-ce qu'elle fait ?

Fred Pedrazza, le chef d'orchestre de l'émission, s'attache à ce que le rythme soit soutenu : d'abord, il ne faut pas ramollir le public, ni démotiver les candidats. Et comme dans toute bonne émission de télé qui se respecte : « *Time is money* ! » Plus on perd du temps, plus on risque de décaler le tournage, avec les heures sup qui collent des sueurs froides à Sonia, la directrice de production.

Après une courte pause technique, alors que Denis et moi sommes toujours perchés sur notre tour animateurs, voilà que Fred souhaite reprendre le cours de l'émission avec le candidat suivant : un colosse barbu aux yeux clairs pour qui, habituellement, j'aurais tout quitté. Mais ce n'est franchement pas le moment ! Nous venons de recevoir un texto de Whitney :

Possible de vous joindre ?

J'envoie rapidement un message à Ghislain, resté à Paris.

Je suis en pause, là, on peut se parler maintenant, oui.

Ce n'est pas tout à fait vrai, car dans mon oreillette, j'entends alors Fred qui hurle : « Mais qu'est-ce que vous foutez ? Le candidat est prêt, là ! »

J'arrache l'oreillette qui continue de grésiller, je pose mon micro et je m'éloigne pour pouvoir parler tranquillement, en faisant signe à Denis que je n'ai pas l'intention de venir tout de suite. J'entends alors Denis parler à la régie dans son micro, d'un ton ferme qui ne souffre aucune discussion.

– Non Fred ! On attend !!! Il se passe quelque chose d'important là. Christophe a besoin d'une pause, cinq minutes !

Qu'elle m'a ému, l'attitude chevaleresque de mon Denis ! Je sais que c'est un type d'une générosité sans failles qui sait surtout que les valeurs qui comptent vraiment sont celles de la famille. La vraie vie, et pas uniquement les jolies paillettes des émissions à succès.

Pendant ce temps, l'appel vidéo entre nous trois commence. Une visioconférence assez surréaliste ! D'un côté, Ghislain dans notre maison en tee-shirt. De l'autre, Whitney et Jacob dans leur jardin à Las Vegas. Et enfin, moi, maquillé comme une voiture volée, sur un plateau clinquant avec de la musique au fond et des projecteurs qui scintillent. Franchement, j'aurais voulu l'inventer, jamais mon imagination ne serait allée jusque-là.

Stressés, nous sommes, Ghislain et moi, suspendus aux lèvres de Whitney. Je crois voir un sourire poindre avant qu'elle n'ouvre la bouche. Jamais sans doute je n'ai été si anxieux.

Les yeux qui pétillent et le sourire franc, Whitney nous annonce, sans perdre davantage de temps :

– *We are pregnant !* (Nous sommes enceints !)

J'ai l'impression que mon cœur va bondir hors de ma poitrine ! Ghislain pousse un cri, on voit Madame derrière lui sauter dessus pour participer à cet enthousiasme collectif dont elle ne comprend pas la raison mais qui la met en joie. Au loin, Denis me fait signe avec la main.

« Alors ? C'est bon ? »

Ah mais quelle émotion incroyable ! Toute cette pression. Tous ces mois d'attente. J'embrasse et je remercie Whitney en lui disant que nous nous parlerons plus longtemps demain. J'ai quand même une émission à enregistrer et j'ai une cinquantaine de techniciens et 400 personnes dans le public qui m'attendent.

De retour à mon poste avec le plus beau sourire que vous ne m'aurez jamais vu arborer, je crois que je ne me suis jamais autant amusé sur un enregistrement jusqu'au bout de la nuit. Comme sur un petit nuage !

Je sais qu'en ce moment même, à quelques milliers de kilomètres, un petit cœur bat dans un minuscule haricot. Notre fille ou notre fils, nous l'aimons déjà tant.

Et malgré la distance, cette grossesse, nous allons la vivre comme si Whitney était près de nous.

Les mots doux

Sèvres, 19 mai 2019

– Une chanson douce que me chantait ma mamaaan....
– Non, arrête, là c'est complètement faux !

Ghislain et moi sommes assis au bord de la table du salon, le portable dans une main, et cela doit faire un bon quart d'heure que nous nous égosillons pour tenter de chanter correctement cette jolie berceuse. Pour réviser nous avons écouté l'originale de Henri Salvador. Mais comme vous pouvez le deviner, nous avons une sérieuse préférence pour la version Céline Dion. Plus difficile à tenir en termes de tonalité !

Nous réécoutons le calamiteux duo que nous venons d'immortaliser sur le dictaphone. Allez, encore une fois ! Nous allons bien réussir à faire une prise correcte !

Je vais envoyer cet enregistrement à Whitney ce soir.

Depuis plusieurs semaines, nous avons trouvé notre rythme de croisière. À mesure que le ventre de Whitney s'arrondit – tout doucement, elle est si mince ! –, nous partageons notre quotidien sur un petit groupe WhatsApp.

La fête de l'école d'Emily, les dernières bêtises d'Avery, les vidéos de chansons d'Addison... Et de notre côté : quelques photos de la maison, de Madame surtout, que les petites adorent. Et nous nous parlons beaucoup de nos vies, de nos projets.

Whitney prend le soin de nous envoyer chaque mois une photo, toujours le même cadre, la même position de profil, sur le mur blanc du fond de son salon, pour que nous voyions « pousser » notre petit bébé. Elle tient un petit carton chaque fois, qui indique la taille approximative du fœtus. De la petite cacahuète, il est passé au citron, et maintenant c'est l'avocat.

Parfois, Whitney nous envoie des vidéos où l'on voit la petite Avery, avec la diction approximative de ses 2 ans et demi, nous expliquer qu'il y a un « *baby* » dans le « *belly* » de sa maman.

Ces petits rituels font désormais partie de notre quotidien. Il n'y a pas un jour je crois sans que nous échangions.

Elle a des rendez-vous médicaux très fréquents, il s'agit d'une grossesse particulièrement surveillée. Whitney nous fait toujours des rapports circonstanciés pour nous tenir au courant. Pour la première échographie, Jacob est là pour filmer. Nous apprenons alors que notre bébé sera un petit garçon !

La photo de cette première écho, immortalisée par Jacob, restera de longs mois en page d'accueil de mon téléphone.

Souvent, lorsque nous bavardons, Whitney, sur le ton de la confidence, nous avoue que dans le groupe de parole où elle est inscrite avec d'autres surrogates, nous apparaissons comme les parents d'intention les plus impliqués et les plus sympathiques, visiblement ! Beaucoup sont méfiants, anxieux, et ont tendance à propager leur angoisse *via* des questions répétées sur le rythme de vie, l'alimentation ou l'état de santé de leur mère porteuse. Pas Whitney !

– Je crois que les autres sont un peu jalouses de moi. Vous êtes si parfaits, les garçons, nous dit-elle en riant.

Étonnamment, avec Ghislain, nous sommes dans une confiance totale. Nous ne nous sommes jamais sentis autant apaisés. Après le tourbillon administratif des débuts et le stress constant des multiples embûches qu'il a fallu affronter, nous sommes désormais passés à une autre étape. Aidés en cela par Whitney qui semble si sereine, cela a grandement contribué à notre lâcher-prise ! Je suis un instinctif et je sens au plus profond de moi que tout va bien se passer.

Il nous arrive néanmoins de nous poser quelques questions, notamment sur l'état d'esprit de Whitney. L'avantage avec elle, c'est qu'on peut dire ce qu'on a sur le cœur. Elle répond toujours avec un naturel désarmant.

– Franchement, ça ne te pose aucun problème de sentir ce bébé grandir en toi en sachant qu'il faudra nous le donner dans quelques mois... ?

– Pas du tout, les garçons. C'est vraiment ce moment que j'attends avec impatience. C'est à cet instant que je serai la plus heureuse, quand je verrai votre bébé dans vos bras ! Ça voudra dire que j'aurai accompli ma mission.

Sa générosité nous stupéfie toujours autant, mais nous sentons qu'il y a chez elle une totale sincérité. C'est sa nature profonde. Je pense que cette jolie mère de famille dans son petit village du fin fond du désert du Nevada a besoin de se sentir vivante. De se sentir vibrer. De savoir qu'elle aura été utile, qu'elle aura accompli quelque chose d'extraordinaire. Un acte qui va donner à sa vie une dimension héroïque !

Nous arrivons à nous mettre d'accord sur une version de cette jolie berceuse, où nous chantons tout doucement. À peu près correctement, c'est pas « The Voice » non plus ! Nous envoyons alors le message à Whitney. Je sais qu'elle s'acquittera de sa tâche consciencieusement et qu'elle fera écouter souvent la chanson au bébé.

Cela nous tient particulièrement à cœur avec Ghislain que notre futur bébé ait déjà entendu nos voix et surtout entendu parler français.

La mémoire intra-utérine, ça vous dit quelque chose ? J'ai beaucoup lu à ce sujet, ça me passionne ! Toutes les informations que le fœtus enregistre, l'environnement dans lequel il évolue, cette empreinte que cela laisse pour son futur. Les voix, la musique, les odeurs, on estime qu'à partir de douze semaines il est capable de ressentir tout cela, alors qu'il baigne paisiblement dans sa vie prénatale. Certains psychologues expliquent même l'importance de parler à son bébé, de tout lui dire. Les neurones ne sont pas encore suffisamment développés pour « penser » et raisonner comme le fera plus tard l'enfant. Mais le « ressenti émotionnel » est bien là. Et les mots peuvent déjà guérir bien des maux.

Pour Ghislain, tout cela est un peu du chinois. Il a du mal à se projeter ainsi. De mon côté, en revanche, dans le doute, ne sachant pas vraiment ce que peut comprendre la petite créature qui s'apprête à bouleverser toute notre vie, j'ai malgré tout pris l'habitude d'enregistrer mon petit journal du futur papa ! Tous les mois, parfois plus souvent, j'envoie à Whitney un petit message, qu'elle fait écouter au bébé.

Elle applique le téléphone contre son ventre et appuie sur « play ».

Alors que j'écris ces lignes, je fouille dans les messages archivés pour exhumer ces beaux souvenirs. Voici le premier mot doux envoyé à notre petit garçon. Nous sommes fin juin 2019.

Coucou mon bébé, c'est Christophe, c'est ton papa.

Avec ton autre papa, Ghislain, on voulait te dire qu'on pensait très fort à toi.

On t'embrasse. On est loin, loin, loin de toi mais on a demandé à une dame très gentille de veiller sur toi. Elle s'appelle Whitney, on l'aime beaucoup.

Elle te fait grandir dans son ventre, mais ce n'est pas ta maman. Elle nous a aidés à devenir parents.

Et donc, papa Ghislain et papa Christophe, nous deux, on va s'occuper de toi. On voulait te dire qu'on t'aimait déjà très très fort. Et on est impatient que tu arrives dans nos vies.

On sera très vite près de toi. Et en attendant, on va t'envoyer des petits messages de temps en temps, que Whitney va te faire écouter.

On t'embrasse fort, on t'aime mon amour, on t'aime mon bébé.

La première écoute, Jacob l'a filmée aussi. Un vrai Spielberg ! On y voit Whitney dans une belle robe bleue, plaquer le téléphone contre son ventre et lancer l'enregistrement. Rien ne semble se passer. Nous ne saurons jamais, au fond, si cela aura servi à quelque chose ou pas. Mais cela me fait du bien de le croire.

Sèvres, 15 juin 2019

Ghislain rentre fièrement du magasin avec deux livres dans la main. Des petits livres musicaux.

– Il est hors de question que notre enfant n'entende que des niaiseries américaines !!

Il s'agit de deux livres de comptines, richement illustrés. Il y a « Petit Escargot »... « Tourne, tourne, petit moulin »... et celle-ci, que je ne connais pas mais qui m'amuse beaucoup, « L'Araignée Gypsie ». L'histoire rigolote d'une petite araignée qui monte à la gouttière et qui se casse la figure. Les chansons sont interprétées par un chœur d'enfants. C'est tellement mignon !

J'écris un petit mot, glisse un petit dessin pour Avery et file à la Poste pour envoyer ça aux USA. Il faudra attendre quelques jours. Peut-être même une bonne dizaine, ce n'est pas la porte à côté.

Les jours passent vite. Avec Ghislain nous savourons cette douce période où notre projet prend enfin corps. Où notre rêve se concrétise sous nos yeux. Je crois que nous n'avons jamais été si complices et si amoureux. Sur la même longueur d'onde !

Nous ne sommes pas encore trois... mais nous nous projetons de plus en plus : à quoi va donc ressembler notre vie avec notre petit garçon ? À quoi va-t-il ressembler ? Sera-t-il timide, joyeux, colérique ou tranquille ?

Nous sommes à la fin du mois de juin lorsque nous recevons la vidéo. Les livres de comptines sont bien arrivés à destination. Et encore une fois, Whitney a pensé à nous et a filmé ces précieux petits bonheurs, souvenirs inoubliables d'instants de vie si importants. Le genre de scènes qu'une famille classique peut vivre, sans se rendre vraiment compte qu'il s'agit là de moments exceptionnels. Mais nous, nous devons les vivre à distance. Frustrant parfois.

Mais cette vidéo est si bouleversante !

Whitney porte une tenue rouge-bordeaux, elle a le livre dans une main, elle appuie sur le petit bouton, et l'on entend alors commencer la jolie comptine qu'elle ne comprend pas.

« L'araignée gypsie...
Monte à la gouttière...
Tiens, voilà la pluie...
Gypsie tombe par terre...
Mais le soleil...
A chassé la pluie... »

C'est là que l'incroyable se produit. Nous voyons distinctement le ventre de Whitney bouger ! Un coup, de pied ou de poing, un mouvement, clairement distinct.

Et la voix de Whitney :

– Il adore cette chanson ! Chaque fois, il bouge quand je lui fais écouter ! C'est assurément sa préférée !

Quelle émotion de voir la vie surgir ainsi ! Pour la première fois, avec Ghislain, ce qui nous apparaissait comme assez abstrait devient terriblement réel ! Dans le ventre de Whitney il y a donc un petit garçon qui semble avoir déjà des goûts bien affirmés et un caractère bien trempé.

Mais ce n'est rien à côté de l'incroyable voyage qui nous attend jusqu'au Nevada... pour l'échographie des cinq mois !

Les snipers du Nevada

Aéroport de Roissy, 22 juillet 2019

– J'ai hâte ! Les messages WhatsApp, ce n'est pas tout !

Ghislain nourrit une petite jalousie depuis quelques semaines. C'est vrai que je possède une légère longueur d'avance ! Moi, il y a un peu plus de quatre mois, j'étais déjà à Las Vegas, confortablement installé dans le canapé des Moyer. Je l'ai déjà vue en vrai, Whitney. Bien sûr, je lui ai tout raconté, dans les moindres détails. J'ai essayé de lui décrire la cour arrière, le petit jardin. L'arbre devant la façade. Le drapeau américain planté près de la porte du garage. Le bateau du voisin, sur une remorque, garé le long de la petite impasse calme de leur maison.

Mais il veut tout voir en vrai, forcément. Quant à Las Vegas... là... il faut le voir pour le croire ! Il faut sentir la chaleur lourde du désert du Nevada. L'odeur de graillon des burgers dégoulinants de fromage sur le strip. La pagaille devant les casinos. Les lumières aveuglantes des panneaux clignotants dans une ville où il ne fait jamais nuit.

Nous avons eu la chance de trouver un vol direct sur une petite compagnie low cost qui vient d'ouvrir un Paris/Vegas. Cela nous évite une correspondance à Los Angeles et trois bonnes heures supplémentaires de voyage. Le voyage dure néanmoins une dizaine d'heures d'où l'on sort un peu vermoulu et le dos en compote. Sans compter les neuf heures de décalage horaire qui décalquent carrément !

Alors, quand avec Ghislain nous débarquons à l'aéroport McCarran, nous n'avons pas vraiment les yeux en face des trous... Surréaliste scène que ces voyageurs qui jouent au bandit-manchot la valise à la main en attendant leur vol. Oui, si vous n'y avez jamais mis les pieds, sachez que dans l'État du Nevada, le jeu est PARTOUT ! Et l'on trouve des machines à sous dès l'aéroport, il en est même truffé ! On s'y habitue, au fil des jours. Une pompe à essence ? Une machine à sous. Une pharmacie ? Une machine à sous. Un magasin de bricolage ? Encore une machine à sous.

Si vous êtes accro au jeu, surtout ne venez jamais ici, vous perdriez votre chemise !

Direction les locations de voiture : nous la jouons plus sobre que lors de notre voyage à Los Angeles l'an dernier. Et en plein juillet à Las Vegas, mieux vaut ne pas choisir une décapotable, nous finirions cramés ! Il fait environ 38 degrés. Nous avons donc opté pour une petite Chevrolet, avec un toit et une clim, indispensable, même si je déteste ça.

Pour notre séjour, j'ai trouvé un Airbnb à deux pas du centre-ville, près d'un parc. Au dixième étage, nous avons pleine vue sur le strip et le High Roller, la grande roue illuminée toute la nuit.

C'est un fast trip de seulement cinq jours ! Je bosse tout l'été à LCI. Impossible pour moi de faire autrement : si je veux pouvoir poser tous les jours dont j'ai besoin, je dois impérativement économiser mes jours de congé. Les grandes vacances, ce sera pour l'année prochaine ! Et oubliez le sans solde, mes finances ne me le permettent plus pour l'instant.

Pour notre premier soir, nous finissons dans un *diner* très typique pour engloutir un bon burger qui nous faisait rêver, accompagné pour ma part d'un milk-shake au chocolat. Le genre de menu dont on se pourlèche les babines mais qu'on regrette à la minute même où l'on a achevé son repas. Demain est un grand jour ! Nous avons rendez-vous chez Whitney ! Ghislain a un peu le trac. Il a peur de ne pas assurer suffisamment en anglais et d'être un peu largué.

– Ne t'inquiète pas, je t'aiderai !

Dès le lendemain, nous choisissons de petit-déjeuner dans le bistrot de l'hôtel de Paris. Sorte de réplique assez réaliste d'une brasserie parisienne, au pied d'une kitchissime tour Eiffel (bien plus petite que l'originale) que les Américains adorent photographier pour se donner l'impression d'être venus chez nous. J'avoue, on retrouve vite nos réflexes... mais c'est la terrasse qui nous semble la plus accueillante ! Une histoire de repère, probablement. Et à dire vrai, une des seules terrasses qui existent sur le strip : les touristes préfèrent visiblement les grandes salles climatisées pour déjeuner. Personnellement, je les abhorre, il y fait généralement 18 degrés, le chaud et froid très peu pour moi. Mais ici, l'air conditionné est partout, c'est l'une des spécificités culturelles de ce beau pays !

Après avoir avalé un chocolat chaud et une jolie gaufre, nous avons encore un peu de temps pour nous balader. Rendez-vous est pris avec Whitney en tout début d'après-midi.

Devant le 565 Shoshone Way, Ghislain descend de la voiture, un sac à la main avec quelques cadeaux pour les enfants, et pour Jacob et Whitney. De mon côté, j'ai une bouteille de champagne que nous sommes allés chercher dans une boutique « Liquors ».

– Vas-y, c'est à toi de sonner !

Le paysage n'a pas changé par rapport à mars. C'est juste la température qui a sérieusement grimpé ! Le mercure s'affole en cette fin juillet dans le désert du Nevada où aucun souffle de vent ne vient rafraîchir l'atmosphère.

Quelques instants d'attente. Cette fois-ci, Whitney attend ses visiteurs, alors la porte s'ouvre beaucoup plus rapidement que lors de mon premier voyage ici. Nous nous tombons dans les bras et nous embrassons.

À la française ! Qui tranche un peu avec le hug moins intime des Américains. Mais la bise, c'est un joli réflexe qu'ils apprécient. Jacob est là aussi, et les filles un peu intimidées mais joyeuses.

Ne serait-ce la barrière de la langue, qui ralentit forcément un peu les choses, on entend rapidement une ambiance gaie de fête de famille, avec les verres qui trinquent, les enfants qui rient, les sourires et la tendresse. Tout est si naturel, si spontané.

Whitney est particulièrement en beauté. Un petit haut noir, qui moule son ventre rebondi, une robe légère et multicolore.

– Il n'arrête pas de donner des coups de pied ! Il vous attendait, les garçons, c'est sûr !

Devant nos attitudes un peu gauches et empruntées, Whitney a compris que nous n'osons pas. Elle attrape doucement ma main et la guide jusqu'à son ventre. Là. On va pouvoir le sentir. Notre petit garçon... ! Et nous ne sommes pas déçus. C'est la fête là-dedans ! Il remue dans tous les sens. Je lui parle un peu en regardant le ventre. Trop abstrait pour Ghislain qui n'ose pas vraiment. Je pense qu'il est des mystères que seules les femmes sont en mesure de comprendre.

Jacob interrompt ce beau moment d'intimité pour nous rappeler à nos obligations.

– Nous avons rendez-vous dans une demi-heure pour l'échographie ! Il ne faut pas perdre de temps !

Nous avons décidé de nous suivre en voiture. Toute la petite famille est là ! Dans leur gros SUV, Whitney et Jacob à l'avant, et Addison, Emily et Avery à l'arrière. Et nous suivons dans notre petite Chevrolet. L'autoroute n'est pas loin, nous talonnons notre guide, dans la petite ville d'Henderson, entre Las Vegas et Boulder City.

Le centre médical est situé sur une zone commerciale, entouré de gigantesques parkings. Il n'est jamais compliqué de trouver une place pour sa voiture aux États-Unis, ça nous semble un peu insolite, pour les Parisiens que nous sommes.

Voici donc cette petite troupe hétéroclite qui se présente à l'accueil. Trois hommes, une femme, trois enfants : ça fait du monde pour une échographie ! Ils n'ont pas dû en voir souvent, des spécimens comme nous !

On nous fait entrer dans une grande pièce où trône un échographe, près d'un fauteuil, et dans un coin, un coffre débordant de jouets est installé pour occuper les enfants. L'opératrice, qui ne connaît pas Whitney et notre projet, ne comprend pas trop ce que font tous ces hommes autour d'elle !

– Qui est le père ?

– Nous !!! lançons-nous comme un seul homme avec Ghislain.

– Oui, c'est une Gestation Pour Autrui, précise Whitney.

La jeune femme sourit, aux États-Unis, il n'est pas rare de rencontrer des mères porteuses, notamment dans l'État du Nevada qui est particulièrement favorable pour la reconnaissance des enfants nés de GPA.

Les yeux rivés sur l'écran alors que la sonde se promène sur le ventre de Whitney, nous peinons à décrypter quelque chose dans les énigmatiques images en noir et blanc qui apparaissent sur l'écran. On entend aussi des bruits étranges, comme un métronome qui se serait emballé.

– Ce sont les battements de cœur !

Quoi ? Si vite ? C'est normal ? Je ne m'attendais pas à cela ! 120 à 140 battements par minute ! Deux fois notre rythme cardiaque ; 120 BPM me rappelle plutôt les pistes de danse des boîtes de nuit de ma jeunesse. Mais aucune inquiétude à avoir, c'est tout à fait normal.

Soudain une forme devient plus claire, sur l'écran. On distingue un visage. Des petites mains. Mais le bougre, il remue comme un beau diable, la jeune opératrice a toutes les peines du monde à réussir à lui mettre la main dessus. Des premiers clichés sortent de l'imprimante : nous sommes hilares devant la photographie de ce qui ressemble davantage à un petit cochon qu'à un bébé.

À la deuxième tentative – ouf ! –, l'opératrice parvient à capturer le visage de notre futur petit garçon. On voit sa petite figure, la forme de son crâne, ses lèvres bien ourlées, son petit nez parfaitement dessiné. Quelle émotion d'apercevoir le visage de notre fils, avec quatre mois d'avance !

Tout le monde pose ensuite dans le hall, une infirmière immortalise cet instant. Dans nos mains, avec Ghislain, nous tenons les clichés du bébé, avec un sourire qui trahit notre fierté de futurs papas. Première photo de notre famille élargie, notre famille américaine !

Désert du Nevada, 24 juillet 2019

Je tends la perche à selfie que j'ai achetée à l'aéroport. Comme deux bons vieux touristes, nos lunettes de soleil vissées sur le nez, Ghislain et moi nous photographions au cœur du Red Rock Canyon. Un des hauts lieux de visite autour de Las Vegas. Au cœur d'un désert rocheux de pierres rouges et orangées, un paysage accidenté qui rappelle la planète Mars.

À une bonne demi-heure de voiture des casinos et de leurs devantures clinquantes, on se croirait au bout du monde ! Profitons donc de ces quelques jours de vacances pour faire du tourisme. Nous nous arrêtons dans un village tout proche qui semble s'être arrêté dans les années 90. Tout ici nous rappelle des images qu'on croirait sorties d'une série de notre enfance ou d'un film de série B. Biberonné à ces productions hollywoodiennes, tout nous semble à la fois assez familier... et tellement dépaysant malgré tout. C'est une sensation bizarre.

Remontant vers Vegas, nous faisons un détour par Hoover Dam, le barrage Hoover. Une gigantesque construction de béton, inaugurée en 1935 par le président

Roosevelt, il permet d'alimenter en eau non seulement la cité du jeu... mais au total 18 millions d'Américains vivant dans ces contrées inhospitalières et sèches. Oh, vous l'avez certainement déjà vu dans un film : il est détruit par un tremblement de terre dans *Superman* en 1978 et il s'effondre dans le film catastrophe *San Andreas* en 2015. Les Américains m'ont toujours fasciné à prendre un malin plaisir à détruire leurs plus beaux symboles dans leurs films et leurs séries !

Le lendemain, retour à Boulder City. Whitney et Jacob nous ont invités pour nous offrir une petite promenade surprise. Journée importante aussi car nous allons rencontrer la mère de Whitney, Annette.

Dès notre arrivée, nous voyons cette très belle femme, élégante, cheveux courts à la garçonne, très stylée. Annette nous fait un grand sourire, avec l'œil qui frise. Nous apprenons alors qu'elle a déjà fait le tour du monde, qu'elle a divorcé plusieurs fois, qu'elle vit aujourd'hui entre la Californie et Hawaii. Une femme fantasque et moderne qui semble s'être toujours moquée du regard des autres. Alors quand Whitney lui a confié son désir de devenir mère porteuse, Annette lui a aussitôt répliqué « C'est génial ! Va au bout de ton projet ! ».

Annette est bavarde, passionnée, elle veut tout savoir de nous ! Instagrameuse de choc, elle me suit depuis quelques semaines, elle a des tonnes de questions à nous poser, elle nous parle de Madame, de notre maison, de mon boulot, elle semble déjà si bien nous connaître !

C'est alors qu'apparaît Jacob, revenant du garage avec une grande mallette.

– On est prêts, allez, on y va ! Vous nous suivez ?

Annette fera office de baby-sitter pour les filles pendant notre petite virée ! De notre côté, nous suivons Whitney et Jacob, tout excités de la surprise qu'ils nous préparent. Mais qu'ont-ils donc derrière la tête ? Nous nous glissons dans le gros SUV de Jacob et nous partons pour une petite balade d'une dizaine de minutes.

Dès que l'on sort du centre-ville de Boulder City, on se retrouve rapidement dans le désert ! Gigantesques routes vides pleines de poussière, et des collines de roches et de sable mélangés couleur ocre à perte de vue. Au bout d'un long chemin de terre qui serpente à gauche et à droite, nous voici arrivés devant un grand grillage surmonté d'un panneau : « Desert Hills Shooting Club ». Un club de tir ! Paumé au milieu du désert !

Jacob est fier de son coup, nous ne nous attendions pas à ça. Nous descendons de la voiture et nous dirigeons tous les quatre vers le petit bureau en contreplaqué où un vieux barbu bourru, la casquette USA vissée sur son crâne dégarni, accueille les tireurs, les guide vers leur zone de tir et leur distribue des casques antibruit.

Whitney et Jacob dégainent leur carte de membre ! Nous serons leurs invités du jour. Il nous faut impérativement montrer notre pièce d'identité. Tout est noté dans un grand carnet à spirales par le vieux barbu.

Ni Ghislain ni moi n'avons jamais tenu une arme de toute notre vie ! Pas de chasseur dans la famille... et nous expliquons à Whitney qu'en France personne n'a d'armes chez soi ou presque. Mais c'est culturel. Ici aux États-Unis, c'est le contraire et c'est même constitutionnel ! L'héritage d'*Il était une fois dans l'Ouest* ; 88 % des Américains possèdent une arme à feu à la maison. Pas étonnant donc que la famille Moyer n'échappe pas à la tradition. Whitney, aussi douce et innocente qu'elle puisse paraître, semble très assurée lorsqu'elle arme son fusil pour viser le mannequin sur lequel Jacob a fixé une cible rouge et noire à une trentaine de mètres.

Et je peux vous dire qu'elle vise parfaitement bien ! Voilà que je la découvre sous un autre visage. Je suis surpris par le bruit de ces armes. Assez puissant quand on est à côté. Mais les fusils des autres tireurs qu'on entend au loin émettent un son un peu ridicule, on est loin des films d'action hollywoodien. La réalité est souvent décevante !

Ghislain et moi n'avons manifestement pas l'instinct naturel pour bien manier le fusil ! Nous sommes surpris par le choc au moment où l'on appuie sur la détente, la détonation fait violemment cogner la crosse contre notre épaule.

Jacob sort alors d'une valisette une autre arme :

– Regardez ! C'est le pistolet d'Annette !

J'aurais dû m'en douter ! La mamie aussi a son flingue ! Un petit Glock 24, où l'on insère la munition, comme dans une série policière. Nous nous amusons à nous prendre en photo en mode flics. Manque de pot, ce jour-là, j'ai choisi de mettre une chemisette à fleurs, alors je suis loin du look idoine du tireur d'élite viril et impressionnant ! On est plutôt sur un Magnum sous-doté en muscles et sans la moustache.

Le lendemain, nous ne sommes décidément pas au bout de nos surprises, c'est Annette qui a décidé de nous inviter sur le lieu de travail du petit frère de Whitney. Il bosse dans un circuit de voitures de course. Nous nous retrouvons donc avec Ghislain à bord d'une stock-car fumante qui s'envole entre deux collines dans un nuage de poussière, pour un tour à 100 à l'heure où l'on dérape joyeusement, quel pied !

Ce séjour, c'est vraiment un ascenseur émotionnel ! Nous touchons pour la première fois notre bébé, nous découvrons que Whitney et Jacob sont des snipers, et nous réalisons que la mamie a plutôt des airs de Ma Dalton ! Un grisant mélange au cœur du pays des cow-boys. L'Amérique, la vraie ! Celle qui est capable de tout, du pire comme du meilleur.

Ce pays qui sera la patrie de notre petit garçon : car c'est la loi du sol qui prévaut aux États-Unis. Il naîtra dans le Nevada, il sera donc américain, avant d'obtenir ses papiers français. Alors nous allons apprendre à l'aimer, cette culture américaine, et surtout à aller au-delà des clichés yankees dont l'arrogance française a parfois tendance à se moquer avec condescendance.

En tout cas, quelle famille !!! Au moment de se dire au revoir, nous parlons encore à bébé. Nous remercions Whitney pour cet incroyable voyage. Cinq mois de grossesse déjà, ça passe si vite. Notre vie va basculer très bientôt.

Alors que nous faisons la queue au contrôle, à l'aéroport McCarran, nous nous regardons avec Ghislain, nous pensons exactement la même chose en cet instant :

– La prochaine fois que nous serons dans cet aéroport...
– ... oui, c'est que ce sera la bonne !!!

L'accouchement de Whitney est prévu pour début décembre. Mais d'ici là, nous avons encore tant de choses à faire ! Préparer la chambre de bébé, son futur berceau, lui acheter ses premiers vêtements. Mais surtout ce moment si difficile pour tous les parents du monde, hétéros ou gays : choisir le prénom !

Le coffre à jouets

Sèvres, fin juillet 2019

– Anatole ? Tu rigoles ? C'est hors de question, c'est le nom d'un âne dans une BD que j'adorais quand j'étais gamin... !

Avec son stylo bleu, Ghislain raye « Anatole » de sa liste. Une dizaine d'autres attendent notre jugement. Comme tout le monde, nous nous arrachons les cheveux à trouver le bon prénom ! Pas trop commun, pas trop moderne, pas trop banal, pas trop désuet... Aïe aïe aïe ! Quelle responsabilité sur nos épaules. Choisir un prénom c'est donner un sens, une direction à la vie de notre petit garçon. Et un prénom adorable pour un bébé peut s'avérer difficile à porter à l'adolescence. Et pensez à l'avenir : il s'agira d'être pris au sérieux par son patron ou son banquier quand il aura 40 ans !

J'avance, audacieux, un « Gaspard ».

– Ça va pas, non ?

OK... visiblement, ça ne prend pas. Il faut réussir à trouver un terrain d'entente. Et le secret d'un couple qui dure, vous le savez, c'est le compromis. Nous voici donc partis dans un jeu de propositions, parfois farfelues...

– Célestin ? J'aime bien.

– Mais non, ça fait nom de bouteille d'eau, tu sais, Vichy Célestin !

– Augustin ?

– J'aime bien, mais c'est le prénom du jeune journaliste avec qui je bosse tous les matins sur LCI... Je n'arrive pas du tout à me projeter...

Nous déroulons d'autres idées. Esteban... très mignon mais trop espagnol. Marceau... c'est doux, mais ça me fait trop penser au mime. Robin, ah, pas mal. Mais j'ai l'image du comparse de Batman en collants moulants dans la tête. Force est de constater, lorsqu'on se plonge dans cette quête du juste prénom, que nous pensons un peu à tout et n'importe quoi.

Alors on consulte les sites de prénoms sur Internet, on fouille les dates du calendrier. Et impossible de trouver le bon coup de cœur.

Je ne parviens plus à me souvenir du moment où Valentin est sorti du chapeau. Sans doute le hasard, au gré d'une recherche. D'emblée, nous sommes séduits. Quel symbole magnifique ! Le prénom de l'amour. Et ce bébé sera vraiment un enfant de l'amour. Un petit Valentin tellement désiré qu'il nous a donné la force de déplacer des montagnes !

– En plus, ça fera plaisir à mon père, me lance Ghislain, il est né le 14 février.

Joli clin d'œil en effet. Et nous serons certains de ne jamais oublier sa fête ! Ni l'anniversaire de son grand-père. Nous n'aurons aucune excuse !

Plus que quatre mois et nous rencontrerons notre joli Valentin. J'adapte mes messages vocaux à Whitney. Désormais, j'appelle bébé par son futur prénom. En lui assurant que nous serons près de lui dans très peu de temps.

« VA... LON... TON ? »

Qu'il est difficile pour Whitney d'articuler ce prénom ! Il existe aux États-Unis sous la forme « Valentine », comme pour le fameux « Valentine's Day ». Outre-Atlantique, c'est un prénom masculin terriblement désuet (pour ne pas dire ringard) mais ça nous amuse. Avec Ghislain, nous essayons de le lui faire répéter afin qu'elle le prononce correctement. Elle s'y applique consciencieusement.

Le soir venu, alors qu'elle éteint sa lampe de chevet, Whitney caresse doucement son ventre bombé et d'une voix tendre, articule maladroitement « *Good night*, Valontone... »

Paris, 25 août 2019

– C'est super pour vous, mais moi ça me gêne un peu, les mères porteuses. Moi, jamais je ne pourrais abandonner mon enfant...

Soirée de boulot. Pas mal de collègues qui se croisent, qui échangent. Des garçons, des filles. Des hétéros, des gays. Forcément, notre projet parental se retrouve souvent au centre des conversations. Alors, chaque fois, je tente d'expliquer la démarche, de faire preuve de pédagogie. D'aller contre les idées reçues. Je réalise que les arguments fallacieux martelés par La Manif pour tous ont malgré tout infusé les esprits, au-delà de leur sphère d'influence. Je raconte la bonté de Whitney, son désir profond de nous aider. J'explique en quoi consiste la GPA éthique. Je dis à quel point cette aventure de la Gestation Pour Autrui est tout sauf un commerce.

Souvent, les gens me répondent qu'ils ignoraient que ça se passait comme ça, qu'ils saisissent mieux maintenant. Je réalise alors qu'il est important de raconter. De dire.

Dans nos familles respectives, avec Ghislain, nous jouons bien souvent au service après-vente de la GPA. C'est certain, il peut y avoir hésitation, gêne, questionnements. Parfois même opposition.

D'ailleurs, c'est très sain de poser des questions ! Cela nous permet de donner les réponses, d'expliquer doctement et de briser les stéréotypes.

Nos mamans aussi nous confient qu'elles nous défendent parfois en famille ou dans leur entourage. Tout le monde n'est pas aussi « open », un tonton bourru ou une cousine coincée s'ingénient parfois à jouer les trouble-fête : mais les futures mamies défendent leur progéniture comme des louves ! Michèle et Corinne, nos deux gardes du corps en jupons. Ça, il ne faut pas toucher à la prunelle de leurs yeux : si on nous attaque, elles sortent les griffes ! La mère de Ghislain est tellement impatiente de devenir grand-mère, et ma mère de l'être une nouvelle fois !

Jamais je n'ai voulu importuner ma mère avec la complexité des démarches, pour éviter de l'inquiéter. Si elle savait les difficultés, les embûches... Je connais son penchant naturel pour la dramatisation, elle n'en dormirait pas ! J'aimerais bien ne pas être la raison pour elle de replonger dans son péché mignon, le Temesta.

Quant à Corinne, elle évite de demander des nouvelles car elle est très stressée, elle préfère attendre que Ghislain le fasse. Plus jeune, la maman de Ghislain a subi plusieurs fausses couches, nous la savons terrorisée de cette grossesse à distance. Elle désire tant devenir grand-mère...

Nous les protégeons, tant bien que mal. Et nous savons qu'elles nous soutiennent du plus profond de leur cœur. Pascal aussi, le papa de Ghislain. Souvent taiseux, il n'en pense pas moins. Et je me souviens de ses yeux humides le jour du mariage. Bien souvent, les plus discrets et costauds d'apparence sont les cœurs les plus tendres.

Tout le monde autour de nous s'impatiente. Et nous aussi ! Mais le prénom reste secret pour l'instant. Sans doute un petit fond de superstition. Et pour nous occuper durant cette interminable attente, nous préparons la chambre de l'enfant roi !

Il aura la chance d'hériter d'une immense pièce sous les toits de notre maison. Deux fenêtres qui donnent sur le bois de Meudon au loin. Une vieille cheminée en marbre. Nous avons repeint et déjà acheté un joli berceau blanc. Claire, l'une de nos bonnes amies, nous a donné le lit à barreaux de sa fille, devenue trop grande. Sur les portes de la petite penderie, j'ai collé des stickers dorés représentant un petit renard et des étoiles. Nous avons customisé une ancienne étagère qui dormait à la cave. Des peluches s'entassent déjà. Il ne manquera certainement pas de jouets ! Au mur, nous avons accroché une toile, trouvée dans une vieille brocante, représentant des animaux dans le public d'un théâtre imaginaire : des singes, des ours, des poules, une girafe... c'est un adorable bestiaire. Et au mur, nous avons accroché des têtes d'animaux en peluche comme autant de trophées : ici un cerf, là un éléphant. Au-dessus de la cheminée, le trio : un tigre aux longues moustaches blanches, un âne gris et la figure joyeuse d'un chimpanzé aux yeux perçants. Tout est en place pour qu'un petit garçon fasse de cette belle chambre sa tanière, son refuge au cœur de la jungle. Là où il vivra toutes ses aventures. Où il jouera, dormira, rira.

Il reste malgré tout une chose à faire, si importante pour moi. Le vieux coffre de mamie Jeannine ! Elle nous l'avait offert il y a quelques années. Il a longtemps trôné dans ma chambre à Orsay. Depuis le déménagement, ce vieil objet poussiéreux était mis de côté. Mais je suis bien décidé à lui donner une seconde vie. Avec une petite brosse d'abord, je le libère des toiles d'araignées qui s'y étaient installées. Cette antique pièce de bois foncé va retrouver des couleurs vives ! Au magasin de bricolage, j'ai sélectionné deux peintures : une bleu ciel et une turquoise. Pour l'intérieur et l'extérieur du coffre. Et surtout, je suis allé acheter des petites lettres, pour composer le prénom « Valentin ». Bombées en doré, je les ai ensuite soigneusement collées sur le lourd couvercle du coffre.

Son premier meuble, quasiment sur mesure ! Et surtout, je me dis que l'âme de ma grand-mère sera là, avec lui, pour veiller sur son sommeil. J'aurais tellement aimé que mamie Jeannine rencontre son arrière-petit-fils. Elle aurait été si heureuse de me savoir papa. Elle à qui j'avais si souvent confié mes rêves et mes projets. Elle est partie trop tôt pour le voir. Même le mariage, hélas. À quelques mois près...

J'aimerais m'inspirer d'elle quand je chanterai des chansons à Valentin, comme elle m'a chanté tant de comptines pour m'endormir. Quand je lui raconterai des histoires folles, comme elle me les inventait grâce à son imagination débordante. Des aventures de soucoupes volantes et d'hommes troglodytes dont elle imitait la voix pour me faire rire. Quand je le prendrai dans mes bras pour le câliner, comme elle le faisait avec moi petit garçon et qu'elle me fredonnait son « câlin... cagnotte... ».

J'étais son petit trésor, comme Valentin sera le nôtre.

Sèvres, début septembre

« Et voilà ! C'est prêt ! »

Ghislain descend de l'escabeau. Il vient d'accrocher les ultimes décorations sur les fenêtres de la chambre de Valentin. Des fanions de tissus représentant des petites voitures. Sur les étagères sont déjà installées de futures petites veilleuses si jamais il avait peur du noir. Dans la penderie, d'adorables bodies et pyjamas sont déjà soigneusement pliés. Un mobile musical a été accroché sur le berceau. On y voit des petits personnages en peluche tourner en rond pour endormir bébé : un petit lama, un nuage, un cactus, un poisson... Un fauteuil dans le coin, où nous pourrons donner le biberon la nuit. Le coffre bleu de mamie Jeannine déborde déjà de peluches rigolotes, de nounours moelleux, de petits lapins et autres dinosaures multicolores qui n'attendent qu'une seule chose : faire briller les yeux d'un petit garçon. Il ne manque plus que toi, Valentin, à présent.

Bientôt. Très bientôt, tu seras là. Peut-être même plus tôt que prévu !

En attendant Valentin

Sèvres, 15 octobre 2019

– Ghislain... ça me soûle... impossible de prendre un billet pour bébé sans son passeport...

J'enrage depuis trente minutes sur le site de réservations d'Air France. Je suis dans une position inextricable : on ne me permet pas d'acheter le retour d'un bébé sans son aller... et par définition, à l'aller, Valentin ne sera pas là. Et tant qu'il ne sera pas né, forcément, impossible d'avoir un numéro de passeport. On se croirait dans un mauvais épisode des Shadocks !

– Appelle l'agent de voyages qu'on t'a conseillé !

Ghislain a raison. Je me disais pouvoir faire quelques économies en me débrouillant tout seul, mais mieux vaut faire appel à un professionnel. Je suis simplement un peu hésitant, ce que nous allons lui raconter est très intime, je n'aimerais pas que tout le monde soit au courant de la naissance très prochaine de notre bébé !

Lucas, dont on m'assure la plus grande discrétion, va donc nous donner un coup de main. Adorable et serviable, on sent qu'il se couperait en deux pour nous faciliter la vie. Après une courte discussion, il me dit qu'il n'a en effet jamais rencontré ce type de situation mais que, avec ses contacts à Air France, il va nous régler ça en deux temps trois mouvements. Ouf !

Nous décidons, comme nous l'a conseillé Bernadette, de réserver un vol trois semaines avant le terme prévu. Valentin devant pointer le bout de son nez aux alentours du 6 décembre, nous devrons donc décoller mi-novembre.

À Boulder City, Whitney se prépare, l'échéance est proche ! Elle multiplie les rendez-vous avec sa gynécologue-obstétricienne, docteur Lewis. Elle a dû en changer en cours de route. Avec la précédente, elle se sentait jugée. Visiblement, cette dernière ne voyait pas d'un très bon œil la démarche de porter un bébé pour un autre couple. Mais docteur Lewis, Whitney nous l'a assuré, est beaucoup plus open. Nous aurons l'occasion de nous en rendre vite compte !

« Vous savez j'ai un peu peur... quand serez-vous là ? Je n'aimerais pas donner naissance à Valentin sans vous... »

Whitney est de plus en plus angoissée. Elle nous confie que pour aucune de ses trois filles elle n'est allée à terme. Mais on ne peut pas se permettre de partir à Las Vegas avec deux mois d'avance. Il faut ensuite compter quatre à six semaines sur place pour obtenir les papiers avant de pouvoir prendre le vol retour. Trois mois de congé sans solde, ça ne s'improvise pas aussi facilement. D'autant que mi-novembre, juste avant de partir, j'ai « Le Grand Bêtisier » du 31 décembre de TF1 à tourner avec Karine Ferri. Sans compter la Matinale de LCI qui compte sur moi. Ghislain aussi travaille. Alors nous allons croiser les doigts ! Ça va le faire, c'est sûr. Mais la méthode Coué... ça ne marche pas toujours.

Sèvres, 5 novembre 2019

Nous sommes profondément endormis avec Ghislain quand soudain le téléphone sonne. Je sors ma tête de sous la couette et saisis mon téléphone. À l'autre bout du fil, à l'autre bout de l'Atlantique, la voix de Whitney, habituellement si douce, se teinte d'une angoisse bien compréhensible.

Elle sort de son rendez-vous avec le docteur Lewis, qui lui assure que la naissance est imminente !

– Vous devriez venir !... VITE !

Sa voix se brise dans le téléphone.

– Valentin va arriver plus vite que prévu ! Docteur Lewis m'assure qu'il y en a pour quelques jours maximum. Peut-être même quelques heures, venez vite !

Ghislain me le dit : il va falloir réagir vite. Nous répondons à Whitney que nous faisons au mieux et que nous la tiendrons au courant.

Je bondis hors du lit. Vite, l'ordinateur. Trouver un billet !!!

– Il ne va quand même pas arriver avec un mois d'avance...

Difficulté à respirer. Nous imaginons Whitney prise de contractions si loin de nous. Valentin qui s'apprête à venir au monde... sans nous ?

Après tant d'attente, tant de lutte, tant d'angoisses, d'espoirs, d'amour... nous ne pouvons pas manquer ce moment de la naissance de notre bébé. Ce serait tellement dommage, ce serait si triste.

Et puis, que se passera-t-il si nous ne sommes pas encore là ? Qui va s'occuper de notre bébé ? Tant de questions et de terreurs nous assaillent.

– Bon, Christophe... chaque chose en son temps ! D'abord, on cherche des billets.

Impossible d'appeler notre agent de voyages à 1 heure du matin.

Bonne surprise sur Google ! Je peux acheter des allers simples sur la petite compagnie low cost en vol direct pour Las Vegas que nous avions déjà utilisée l'été. Gagner trois heures de correspondance, ce n'est pas rien ! Il reste des billets pour demain, 14 h 30. Cliquer... entrer son numéro de carte... les noms des voyageurs... les numéros de passeports. Voilà qui est fait.

J'envoie un texto à mon ami Bastien, le producteur de la Matinale. On part plus tôt que prévu ! Il me répond immédiatement.

Ne t'inquiète pas ! Il y a des priorités dans la vie ! Donne-nous des nouvelles.

Nuit blanche pour boucler les valises. Nos vêtements, c'est vite fait. Et nous avions déjà prévu une valise pour Valentin : ses vêtements, une petite baignoire gonflable, un nid d'ange pour ses premières nuits, une petite licorne musicale pour l'aider à s'endormir, les biberons, les tétines, quelques peluches, les couches, et même le lait en poudre ! Nous préférons venir avec le lait français que nous avons sélectionné pour qu'il n'y ait pas de souci de changement d'alimentation.

Le lendemain matin, j'appelle ma mère.

– Maman... j'ai un truc à te dire...

– Que... qu'est-ce qui se passe ?

– Non, ne t'inquiète pas... mais il y a des signes avant-coureurs, tu vas être mamie plus tôt que prévu ! On a eu Whitney hier soir, on vient de prendre des billets. On décolle à 14 h 30 !

– OK, je viens pour fermer la maison et m'occuper de Madame.

Ma mère m'impressionne de sang-froid, elle qui pourrait éclater en sanglots pour une machine à laver en panne, la voilà qui prend les choses en main.

Les parents de Ghislain, de leur côté, viendront ce week-end pour venir chercher notre chien, elle bénéficiera de petites vacances privilégiées, nous ne nous faisons aucune inquiétude. Tout le monde réagit au quart de tour.

Dans le taxi qui nous emmène à Roissy, nous échangeons quelques messages avec nos amis les plus proches pour les prévenir de notre voyage improvisé. Je reçois des textos de mes collègues de la Matinale qui me souhaitent bonne chance. Pascale de La Tour du Pin ou Élizabeth Martichoux.

Quelle chance tu vas avoir ! Il n'y a rien de plus extraordinaire qu'un nouveau-né.

Installés dans l'avion avec Ghislain, nous nous regardons en nous disant que le voyage s'annonce long. Très, très long. Près de onze heures. Nous n'avons qu'une seule obsession : atterrir à temps !

Juste avant le décollage, j'enregistre une dernière note vocale que je demande à Whitney de faire écouter à Valentin :

« Un peu de patience Valentin, attends-nous... Tes papas arrivent, promis. »

Enfermés dans cet oiseau de fer où nous sommes déconnectés de tout, l'esprit a le temps de gamberger ! Que se passe-t-il à Las Vegas ? Whitney est-elle en train de ressentir les ultimes contractions ? Valentin saura-t-il patienter jusqu'à l'arrivée de ses papas ?

Va-t-on entendre son premier cri ? Serons-nous les premiers visages qu'il apercevra ? Serons-nous les premières peaux qu'il touchera ? Serons-nous les premiers bras qui le porteront ? Valentin... mon bébé...

6 novembre, Las Vegas

Nous voici de retour à l'aéroport McCarran, comme nous nous l'étions promis il y a quelques semaines, à déambuler entre les bandits manchots qui fleurissent entre les duty-frees. Nous rallumons nos portables et rappelons immédiatement Whitney.

Ouf ! Tout va bien : nous apprenons que les contractions se sont espacées. Whitney se serait-elle un peu affolée pour pas grand-chose ?

Le temps de passer les contrôles et récupérer les bagages, nous arrivons en ville en fin d'après-midi. Nous venons de récupérer une des dernières voitures restantes à la location mais impossible de trouver une chambre d'hôtel !

– Désolé, vous tombez mal ! nous répond-on, c'est l'un des plus gros salons de l'année à Las Vegas, le monde de l'automobile de toute la planète se réunit ici !

À force de chercher, nous finissons par débusquer une chambre pour deux jours dans un sordide motel. On se croirait dans un mauvais téléfilm de l'après-midi sur M6. Des chambres sombres à l'odeur de clim viciée autour d'une piscine poisseuse et de quelques palmiers déplumés. Ah, le rêve américain en prend un coup ! Mais pas grave, nous ne sommes pas venus pour nous prélasser dans un waterbed et écumer les casinos !

Après une courte nuit, nous rejoignons Whitney à Boulder City. Elle dont nous admirions la ligne, à se demander où petit Valentin se planquait, a enfin le ventre tendu que nous imaginions.

— Je suis tellement soulagée de vous voir ! Les contractions se sont calmées. Nous allons peut-être attendre quelques jours encore.

Nous profitons du soleil doux de novembre pour poser avec Whitney dans le désert, juste derrière chez elle. Elle porte une belle robe rouge, elle est épanouie et sublime. Les dernières photos avant la naissance ? Probablement.

Ce jeudi file vite. Je me prends à m'inquiéter avec Ghislain.

— Imagine que finalement c'était une fausse alerte ! Nous allons devoir attendre un mois jusqu'au terme ! Qu'est-ce qu'on va bien faire ici ?

Henderson, vendredi 8 novembre 2019

Il est midi et demi. Nous nous retrouvons avec Whitney devant le 1701 du North Green Valley Parkway. C'est le bureau du docteur Michelle Lewis.

Jacob garde les filles à la maison. Nous sommes tous les trois avec Whitney. Alors que nous venons d'emprunter le couloir, une porte s'ouvre soudain et surgit la docteure : un personnage ! Les cheveux courts blonds peroxydés et hérissés, des lunettes de star tout en écailles, un look sorti tout droit des années 80, à mi-chemin entre Jakie Quartz et Desireless, la blouse blanche en sus.

– Ah c'est vous les garçons ! Formidable ! Enchantée, je suis Michelle Lewis, vous savez que Whitney est une femme exceptionnelle ! Tenez Whitney, entrez donc, vous, vous nous attendez ici, ne vous inquiétez pas, ça ne va pas durer longtemps. Ah ah ! Vous m'avez l'air timides, non ? C'est le jetlag ? Vous êtes très beaux en tout cas, les futurs papas. Ça va bien ? J'adore Paris. Allez, laissez-nous un peu d'intimité entre filles !

La tornade Michelle Lewis referme brusquement la porte en pouffant. Nous n'avons même pas eu le temps de prononcer un seul mot ni même de reprendre notre respiration. En effet... Whitney nous avait prévenus que ce personnage était assez atypique. Nous ne sommes pas déçus !

Après une dizaine de minutes de consultation, le docteur Lewis ressort de son cabinet.

Tout en retirant ses gants de latex, elle nous regarde avec un grand sourire :

– Messieurs, j'ai le plaisir de vous annoncer que vous serez papas d'ici ce soir ou demain matin !

Je crois que j'ai manqué de m'évanouir en entendant cette phrase. Le cœur battant, nous bredouillons un merci approximatif.

Whitney semble sereine. L'habitude, sans doute, elle qui a déjà donné la vie à trois reprises. Elle nous explique qu'elle va rentrer chez elle, et au moindre signe, elle partira à la clinique Sainte-Rose. Sa petite valise est déjà prévue.

Quant à Jacob, il a posé quelques journées aux premières contractions, pour être sûr de pouvoir accompagner sa femme dans cet accouchement pas comme les autres.

Dans notre triste motel, nous essayons de passer le temps, tant bien que mal. Je joue à Tetris sur mon téléphone portable. Ghislain surfe vaguement sur Instagram. Quelle étrange ambiance !

Un peu plus tôt, j'ai réussi à trouver une jolie maison à louer pour les quinze prochains jours. L'endroit idéal pour nos premiers pas de papas. Mais elle ne sera disponible que dimanche.

17 heures. Whitney nous envoie un message WhatsApp.

Ma mère est en route pour venir garder les filles. Elle sera là d'ici un quart d'heure. J'ai de plus en plus de contractions, je préfère aller à l'hôpital, j'espère qu'ils accepteront mon admission. Je vous tiens au courant.

18 heures. Texto de Jacob.

Whitney a vu le docteur Lewis. Elle lui a conseillé de marcher pendant une bonne heure dans les couloirs et elle reviendra vérifier.

19 h 20. Nouveau texto de Jacob.

C'est un petit gars obstiné ! Whitney n'est dilatée qu'à trois. Nous attendons le docteur Lewis.

Je crois que jamais une attente n'a été si longue... une sorte de supplice chinois *via* un iPhone.

20 heures. Jacob nous adresse un nouveau message.

Whitney est installée dans une chambre, mais ça n'a pas beaucoup bougé. On va essayer de faire une sieste, on vous tient au courant d'ici une petite heure.

21 h 06. Whitney nous écrit à son tour. Les choses avancent visiblement !

Docteur Lewis vient d'arriver. Elle me dit d'attendre encore un peu, je devrais perdre les eaux dans les heures qui viennent.

Nous n'en pouvons plus ! Attendre dans cette minuscule chambre à la moquette défraîchie nous déprime trop. Nous décidons de rejoindre Whitney et Jacob à l'hôpital. Quitte à attendre, autant être sur place ! Petit détour par une épicerie, nous achetons un paquet de Tostitos, ces chips de maïs ultra-grasses et salées, et la sauce qui va avec, c'est mon péché mignon. Ghislain choisit un paquet géant de M&M's. Il faut bien avoir de quoi grignoter, même si notre repas n'aurait clairement pas été validé par un diététicien de Comme j'aime.

Un peu avant 22 heures, nous voici arrivés dans le hall de l'hôpital. Un immense bâtiment de couleur saumonée ressemblant à s'y méprendre à un hôtel de Disneyland. Au sol, d'immenses dalles de marbre rose. Devant l'entrée, une statue de la Sainte Vierge en bronze. Ou en plastique, on ne saurait dire, tout fait si toc, ici ! N'oublions jamais que nous sommes à Las Vegas. Le royaume du jeu et de l'apparence ! D'immenses couloirs vides... un labyrinthe de portes et de tournants. Parfois une infirmière qui se hâte.

Après dix bonnes minutes de course d'orientation, nous trouvons enfin les ascenseurs pour aller au service maternité et obstétrique, au troisième étage.

Chambre 312. Nous toquons.

Jacob vient nous ouvrir. Whitney est allongée dans un lit, sous un drap d'où semble dépasser une gigantesque protubérance. Le ventre de Whitney aurait-il gonflé à ce point à quelques heures de l'accouchement ?

Jacob soulève le drap pour nous montrer. Entre les jambes de Whitney, un énorme ballon gonflable rose en forme de cacahuète géante.

– Mais qu'est-ce que c'est que ça ???

– C'est un ballon pour aider à élargir le col, nous explique calmement Whitney.

Mais visiblement, ça ne paraît pas diablement efficace. Nous laissons Whitney tranquille, elle a besoin de se reposer, et retournons dans la salle d'attente vide.

Nous allons devoir nous armer de patience ! Monsieur Valentin semble avoir décidé de jouer avec nos nerfs !

Une heure d'attente. Puis deux. Quelques chips quand nos ventres gargouillent trop.

Un large canapé gris nous accueille pour une sieste. Mais difficile de fermer l'œil !

2 heures du matin.

Je retourne toquer discrètement chambre 312. J'entrouvre la porte.

Whitney est là, sa cacahuète géante aussi. Jacob assis sur une banquette ronfle paisiblement. Sur l'écran, un vieil épisode de *Grey's Anatomy*. Une mise en abîme, en quelque sorte.

– Ça avance, je le sens. Mais ça risque de prendre encore quelques heures..., me chuchote Whitney.

Avec Ghislain nous repensons à un couple d'amis qui nous a raconté que pour leur bébé, l'accouchement avait duré plus de douze heures ! Imaginez... là, Whitney n'a même pas commencé...

De retour dans la salle d'attente. Un monsieur s'est assoupi sur un fauteuil tout près. Futur papa ? On ne sait pas. Nous ne croisons quasiment personne. Il règne un calme et un silence qui tranchent avec l'ambiance des séries médicales américaines que j'affectionne tant.

4 h 42 du matin.

Alors que nous avions commencé à sérieusement piquer du nez, un nouveau message arrive sur nos portables. C'est Jacob.

– Venez les gars !

On ne se fait pas prier, une porte battante à passer, un petit couloir sur la gauche. Nous ouvrons la porte. Une infirmière s'affaire à régler je ne sais trop quoi. Whitney semble calme. Jacob nous dit que ça ne devrait pas tarder à commencer.

Michelle Lewis fait son entrée, toujours aussi extravagante et ébouriffée.

– Hello les garçons ! Je vais avoir besoin de vous !!!

Elle s'adresse à Jacob, puis à Ghislain et moi.

– Vous, tenez la jambe de Whitney. Et vous, tenez l'autre jambe. C'est un travail d'équipe, allez allez !

J'ai mon téléphone dans une main, et l'autre sur la jambe de Whitney. À côté de moi, Ghislain semble comme tétanisé. Nous ne savons pas trop quoi faire. Nous sentons simplement que le moment le plus important de notre vie est sur le point d'arriver.

En cinq minutes nous sommes en place.

Nous entendons la respiration de Whitney se faire plus puissante. Et la voix du docteur Lewis.

– Allez-y respirez... détendez-vous... ça va aller... Et maintenant... poussez !!!

Une première fois. Je vois le visage de Whitney qui serre les dents. Le temps de reprendre sa respiration, une deuxième poussée, un peu plus forte.

L'accouchement a commencé depuis trois minutes maximum, lorsque mon regard penche un peu vers les mains du docteur Lewis. Et là... que vois-je ? Des cheveux... Une tête, déjà ? Mais ça n'est pas possible, ça ne peut pas aller aussi vite ?

– *He's coming*... (Il arrive) nous dit la gynécologue.

– *Oh my gosh*, lâche Jacob.

Dernière poussée, et bébé est expulsé. Et déposé sur la poitrine de Whitney devant nos yeux ébahis.

Trois minutes, montre en main ! J'ai l'impression que mon cœur va jaillir hors de ma poitrine. Jamais je n'ai vécu quelque chose de si fort.

4 h 51 du matin. Valentin est né.

Le one-woman show du docteur Lewis commence alors : comme en transe, elle pousse des cris de joie ! On la sent totalement transportée d'avoir encore donné naissance à un bébé alors que c'est son quotidien. Mais on croirait que c'est la première fois !

– Regardez ce beau bébé !!! Hello baby boy !!!! Bienvenuuuuue ! Qu'il est beau !!! Il va bien, regardez-le, oooooh !!! Ouiiiiii !!!!

Bébé tout fripé, tout violacé, commence à pleurer. Le docteur Lewis nous dit que nous pouvons le toucher. J'effleure ses petites mains qui se serrent déjà à mon index. Nous avons la tâche de couper le cordon, avec Ghislain. Devant le téléphone de Jacob qui filme ce moment pour nous, pour ne jamais oublier, nous saisissons les ciseaux à deux et nous détachons à jamais Valentin de celle qui l'a porté et fait grandir durant plus de huit longs mois.

Je croise le regard de Whitney et son immense sourire de nous voir aussi bouleversés. La voix brisée par les larmes, je lui prends la main.

– On ne pourra jamais te remercier pour ce que tu as fait pour nous, Whitney. Merci, merci... tu as changé notre vie... merci...

À côté, c'est Ghislain qui s'écroule dans les bras de Jacob. L'amour nous a envahis soudain. Plus fort que nous ne l'avions imaginé. Une vague de bonheur d'une violence inouïe. Indescriptible.

Mais une infirmière s'inquiète soudain. Valentin a du mal à respirer. Il semble encombré. Ses pleurs sont entrecoupés par un bruit liquide étrange.

« Il faut se dépêcher... » semble dire, tendue, une aide-soignante. Dans le tumulte du moment, c'est ce que je crois comprendre.

Les infirmières enroulent Valentin dans une couverture et l'emportent au loin *via* la porte battante.

L'une d'elles se retourne et nous lance :

– Suivez-nous, messieurs, nous emmenons votre bébé en soins intensifs !

Sans même réfléchir, nous quittons la pièce d'un pas inquiet pour rejoindre la cohorte médicale qui se presse déjà dans la pénombre d'un long couloir.

Le tourbillon a cessé. Plus un bruit dans la chambre soudain vide. Plus de bébé. Plus de papas. Plus d'équipe médicale. Whitney et Jacob se regardent, seuls. Les larmes coulent sur les joues de Whitney, elle dit à son mari :

– Ça va bien se passer hein... ? Dis-moi que tout va bien se passer...

Le mystère de la couverture arc-en-ciel

Henderson, 9 novembre 2020

« Bip... bip... bip... »

Le bruit des électrocardiogrammes qui résonne... un univers ouaté au calme percé parfois par quelques pleurs de nourrissons. Il n'y a plus une seule couveuse de libre au sein de l'Unité de soins intensifs du St Rose Hospital.

Près de nous, une petite fille... si minuscule... grande prématurée probablement. Là, un petit garçon adorable qui semble avoir du mal à respirer. Et nous, à la fois épuisés et admiratifs devant notre petit Valentin. Des fils accrochés partout. Des goutte-à-goutte. Sur le moniteur, on voit les battements de cœur régulier. Tout va bien, heureusement.

Bébé semble avoir eu du mal à expulser le liquide qui obstruait ses bronches. On l'y a aidé. Et maintenant il dort paisiblement. Mais nous n'avons pas encore pu le prendre dans nos bras. Il est né depuis une petite heure, à peine. Encore tout fripé, il a la tête du boxeur qui vient de perdre un match. On lui a mis un bonnet et des petites moufles pour le réchauffer. Il n'a pas encore écarquillé les yeux pour voir le monde qui l'attend. Nous lui parlons, doucement.

– Vous voulez que je vous prenne en photo... ? nous demande l'adorable infirmière qui nous rassure depuis que nous avons débarqué ici en catastrophe à 5 h 01 du matin.

Nous attrapons alors Valentin, maladroitement, il a encore le corps empêtré dans une multitude de fils colorés et son petit visage est tout congestionné. Mais en cet instant, c'est à nos yeux le plus beau bébé du monde. Notre petit miracle. Que ses deux papas attendaient depuis si longtemps.

Photo prise, je m'empresse d'envoyer le texto à la famille et aux amis. Ça y est ! Nous sommes papas !

Immense soulagement à l'autre bout du monde. La mère de Ghislain respire.

« Enfin grand-mère ! » doit-elle penser. Elle qui n'aurait jamais cru cela possible un jour.

« Encore grand-mère ! » doit se dire ma mère, heureuse de ce nouveau petit-fils qu'elle n'attendait plus.

Et puis j'envoie immédiatement un message à Whitney. Installée dans une chambre de repos avec Jacob, elle mourait d'inquiétude. Apaisée désormais, elle regarde Jacob qui lui caresse tendrement la joue. Elle a fait son devoir. Elle a accompli sa mission, jusqu'au bout, sans faillir. Et maintenant, elle s'apprête à partager ce bonheur avec nous.

Entre une immense fatigue de cette nuit blanche à t'attendre... et le bonheur indescriptible de te voir enfin près de nous, les souvenirs se bousculent un peu dans ma tête. Comme à côté de moi-même. Je me souviens de ce berceau à roulettes, quand nous quittons les soins intensifs, cet ascenseur, et au bout d'un long couloir, cette chambre où nous allons rester quelques jours.

Et ça, je m'en souviens particulièrement bien, ton premier biberon. Certains bébés hésitent un peu, nous dit-on. Toi, pas de soucis, tu te goinfres avec avidité sans encore ouvrir un œil !

Nous essayons de dormir alternativement. Une adorable infirmière à l'accent latino nous apprend à t'emmailloter.

– *Like a burrito* ! nous dit-elle.

Une tradition aux États-Unis, l'emmaillotage. Une fois « coincé » dans ta couverture, tu t'endors si paisiblement, comme rasséréné. Avant que la faim qui te tenaille (toutes les 3 heures environ) ne te réveille et nous avec. En France, il paraît que nos grands-mères et nos arrière-grands-mères emmaillotaient les bébés. Mais cela s'est perdu avec le temps. Nous sommes heureux d'avoir eu les conseils de cette infirmière, ça marche particulièrement bien avec toi, ça t'apaise.

Lourdes, c'est son prénom, semble se prendre d'affection pour nous. Elle nous guide. Deux papas, ce n'est pas si courant ! Elle nous donne ses petits trucs, pour changer bébé, la bonne position pour le faire boire, comment lui faire faire son rot.

Une nuit, alors que Ghislain dort sur la banquette et qu'une simple petite veilleuse éclaire la chambre, Lourdes vient papoter avec moi alors que je donne son biberon à Valentin. Elle me montre des photos de son fils, 18 ans, qui lui a fait son coming out. Elle semble à la fois un peu inquiète et fière qu'il assume ce qu'il est. Je comprends mieux pourquoi elle est si douce et maternelle avec nous. Elle se dit peut-être que son fils pourra fonder une famille, comme nous l'avons fait.

Henderson, 11 novembre 2019

– Je peux entrer ?

Tiens, une voix française ! Ça fait du bien ! Bernadette a pris le premier vol pour venir nous voir et nous assister dans les quelques étapes qui nous attendent à l'hôpital. Nous ne l'avons pas vue depuis l'année dernière mais c'est comme si c'était hier. Le tutoiement revient tout de suite.

Elle qui a l'habitude de côtoyer des bébés s'extasie quand même à la vue de Valentin. Adorable bébé, dit-elle. Nous n'allons pas la contredire sur ce point !

Néanmoins, si Bernadette s'est déplacée si vite, c'est qu'il y a tout de même un souci. Pour une mystérieuse raison, la clinique n'a pas reçu un document indispensable : le PBO. Pre-Birth Order. Une décision de justice du comté qui établit la parentalité, sur la foi du contrat que nous avons signé. Cela aurait déjà dû être fait depuis des semaines ! Même si Valentin est arrivé plus vite que prévu, une erreur a été commise par le cabinet d'avocats diligenté par Extraordinary Conceptions. Des documents vraisemblablement arrivés en retard.

Pour vous résumer la situation ubuesque dans laquelle nous sommes plongés, nous voilà coincés dans une chambre avec notre bébé. Sans lit pour nous, mais avec une simple banquette rudimentaire et une couverture. Et nous avons l'impossibilité de quitter l'hôpital avec Valentin. Car ils n'ont pas la preuve administrative de la parentalité. Nous sommes donc cloués ici... Précision qui a son importance : chaque nuit dans cette clinique de luxe est facturée... 2 500 dollars supplémentaires ! Sans compter les frais de l'ICU (Intensive Care Unit). Trois heures tout au plus, mais qui valent de l'or, paraît-il.

Après avoir fait le pied de grue à plusieurs reprises auprès de Diane, la secrétaire du cabinet d'avocats Stovall, et avoir tenté de lui secouer les puces, j'ai appelé Bernadette au secours. Mais nous sommes le 11 novembre ici. Et comme en France, c'est un jour férié, tout fonctionne au ralenti, même chez les ultralibéraux yankees !

– Mais Diane, vous plaisantez ? Nous pourrions être sortis depuis hier déjà ! Il faut vous bouger ! je fulmine.

Il va donc falloir attendre un jour supplémentaire et donc une nuit de plus sur la note ! Alors que nous pourrions déjà être loin de Ste Rose.

C'est là que Bernadette intervient, en qualité de négociatrice avec le service financier. Vous avez bien lu, aux États-Unis, la santé est un commerce pareil aux autres, on peut donc marchander, comme au souk.

Je garde en mémoire cette jeune docteure, arrivant avec un petit chariot muni d'un appareil pour tester l'audition de Valentin. Elle m'annonce alors que nous bénéficions d'un « discount » de 50 % si je règle immédiatement et elle dégaine de sa blouse blanche une machine à carte. Voilà qui nous semble éminemment choquant, pour nous autres Européens, mais qui est d'une totale banalité outre-Atlantique. Autre lieu, autres mœurs !

Henderson, 12 novembre 2019

– J'ai deux bonnes nouvelles pour vous, les garçons !

Bernadette déboule dans notre chambre, tout sourires.

– L'avocat est allé jusqu'à Reno pour voir directement le juge, le document sera faxé d'ici la fin de matinée. Et j'ai discuté avec Linda du service financier, je pense qu'on va trouver un bon accord !

ENFIN ! Nous allons pouvoir quitter l'hôpital et nous retrouver dans la petite maison que nous avons louée. Nous embrassons Bernadette. J'avoue que nous sommes un peu à bout. Nuits blanches, bébé qui pleure, biberons à la chaîne, pas de lit, pas de salle de bains... On commence à fatiguer un peu. Mais bon... on va dire que c'est le métier de papa qui rentre ! Heureusement, les infirmières, qui ont compris la situation, sont aux petits soins pour nous.

Bernadette, installée sur une chaise en plastique orange, fixe le berceau de Valentin. Et son regard s'attarde soudain sur une couverture en laine.

– Oh, que c'est joli ! C'est vous qui avez ramené ça de France ?

Depuis la nuit dernière, bébé a en effet une nouvelle couverture en laine, soigneusement tricotée, motif arc-en-ciel. « Rainbow flag », comme on pourrait dire.

– Non ! Je suppose que c'est une couverture de l'hôpital. Elle est dans son lit depuis hier, répond Ghislain.

– Je connais bien cette clinique, nous répond Bernadette. Ce n'est pas une couverture d'ici. À vue de nez, d'ailleurs, ça me semble fait à la main. Il y a une étiquette ?

– Je vais regarder...

Je saisis la couverture arc-en-ciel, la tourne et la retourne dans tous les sens. Pas de trace de la moindre étiquette, ni d'une marque, ni même d'indications de lavage. En effet, on a vraiment l'impression que ce bout de tissu a été tricoté à la main. Cette couverture est toute petite, de la taille d'un bébé. Parfaite pour Valentin. De surcroît avec le symbole de l'arc-en-ciel qui symbolise les LGBT de par le monde.

L'infirmière que je questionne n'a vu personne la déposer.

– Aucune idée ! Mais ça m'étonnerait que ça vienne de chez nous. Vous savez, nous ne sommes pas très nombreuses et nous avons tout l'étage à nous occuper. Ça se saurait si nous avions le temps de jouer les couturières !

Mais d'où vient donc cette « *rainbow blanket* » qui réchauffe Valentin quand le froid envahit la chambre à la faveur de la nuit désertique du Nevada ?

J'ai bien peur que cette question reste sans réponse. Peut-être Lourdes, avec qui j'avais échangé lors de notre première nuit dans cette chambre ? Mais elle me l'aurait dit, non ? Je tente d'enquêter auprès de ses collègues.

– Elle est en congé, elle ne revient pas avant la semaine prochaine ! me répond-on. Mais je n'ai jamais entendu dire qu'elle savait tricoter...

Il est 11 heures, Bernadette doit partir prendre son avion. Après nous avoir chaleureusement embrassés et fait promettre de lui donner des nouvelles, la voilà qui s'enfuit avec sa petite valise. L'infirmière en chef débarque à son tour dans la chambre.

– Nous avons tous les papiers ! Vous êtes libres !

La libération ! Enfin ! La vie, notre nouvelle vie, va commencer.

Nous installons Valentin dans le petit siège bébé que nous avons acheté juste avant sa naissance dans un supermarché. Aux États-Unis, les règles sont claires :

interdiction de laisser un bébé quitter la maternité sans un siège bébé agréé.

Tout est en ordre, tout est en règle. Nous chaussons, Ghislain et moi, nos lunettes de soleil. Le ciel est d'un bleu magnifique, le temps est au beau fixe, comme notre moral. Mais il fait un peu frais dehors.

Qu'importe, pour se réchauffer, Valentin a sa jolie couverture arc-en-ciel. Venue de nulle part. Venue d'une bonne fée, ou d'un ange gardien ? Nous ne le saurons jamais. Le mystère de ces quelques pelotes de laine restera entier. Un signe du ciel, peut-être. De l'arc-en-ciel ?

Alors que nous quittons le parking de l'hôpital, Valentin solidement arrimé dans son siège à l'arrière, nous nous regardons avec Ghislain.

– On est prêts ?

– Ben... à vrai dire... je ne sais pas...

Il est temps d'apprendre à être papa ! C'est le premier jour du reste de nos vies, comme le dit la chanson. Le début de l'aventure, et elle ne s'annonce pas si facile.

Les apprentis papas

Las Vegas, 13 novembre 2020

Valentin a quatre jours. Il a ouvert les yeux pour la première fois il y a quelques minutes. À cet âge-là, un nourrisson n'y voit guère mieux qu'une petite taupe. Il se repère surtout grâce à nos voix. Nos odeurs, sûrement. Nos peaux. C'est charnel, un bébé. Un adorable petit animal qui ne se sent bien que sur les peaux nues de ses parents. Cet endroit chaud et si familier. Son foyer.

Dans notre petite maison en carton-pâte, qu'on croirait tout droit sortie de Wisteria Lane dans *Desperate Housewives*, nous menons une vie de parfaits petits Américains !

Notre première sortie à trois dans le monde extérieur, nous la faisons ce matin dans un *diner* pour notre petit déjeuner. On n'a pas encore eu le temps de faire des courses. Bébé dort paisiblement dans son cosy et nous nous régalons de pancakes au sirop d'érable. J'ai aussi commandé un milkshake au chocolat, surmonté d'une tonne de chantilly ! Après quatre jours à l'hôpital, nous avons besoin de reprendre des forces.

– C'est ton tour... maugrée Ghislain en s'enfouissant sous la couette.

Il est 4 heures du matin, nous alternons les biberons, ce qui permet à chacun d'entre nous de dormir au moins cinq ou six heures, le luxe ! J'adore ce moment dans la pénombre de la nuit. Une petite lampe de chevet éclaire faiblement la chambre d'un halo jaune. Bébé contre moi avale son petit biberon. Ses adorables et minuscules petites mains agrippent un de mes doigts et le serrent fort. Jamais je n'aurais imaginé une telle complicité, si vite. J'ai le sentiment que nous ne sommes déjà rien l'un sans l'autre.

Je me souviens de nos amis, affolés, qui s'interrogeaient sur nos premiers jours. Allons-nous savoir gérer ? Serons-nous à la hauteur ? N'allons-nous pas nous faire dévorer par le stress ? Nous en avons beaucoup parlé avec Ghislain et on ne va pas vous la jouer bravaches... nous étions perclus de doutes.

La respiration douce de Valentin, lové contre mon torse, ses petites mains s'entortillant autour des miennes, son petit ventre rebondi, cet être si innocent, abandonné à son sommeil... tout cela me semble totalement naturel. Les bons gestes sont venus, semble-t-il, tout seuls. Nous avons fait ce qu'il fallait, les bons réflexes pour prendre soin de notre bébé.

Je me souviens de l'infinie douceur de Ghislain la première fois qu'il a pris Valentin dans ses bras. Un peu d'appréhension sans doute, il semble si fragile. Mais tant de précaution, tant d'amour dans les yeux d'un père qui commence à apprivoiser son petit garçon.

Chaque jour les gestes se font plus précis, chaque jour la conduite est plus sûre. Bébé nous aide aussi, il fait connaissance avec ses papas. À chaque heure une petite pierre est ajoutée à notre nouvelle famille, nous construisons notre équilibre, doucement, naturellement.

Quand nous en parlons à nos amis, et notamment les jeunes mamans de notre entourage, elles nous disent ô combien nous sommes chanceux !

– Vous n'avez pas le défilé de la famille, des amis, jamais tranquille ! Et la belle-mère qui te dit quoi faire et qui t'explique par A+B que tu t'y prends mal... mais soi-disant c'est pour ton bien !

En effet, ici, dans ce petit quartier résidentiel de Las Vegas où nous avons trouvé refuge, nous sommes seuls. Pas solitaires, pas abandonnés au bout du monde comme je le craignais. Mais sereins. Apaisés. Épanouis. Accomplis.

Boulder City, 16 novembre 2019

Les petites sont surexcitées. Voir ce petit bébé si minuscule, si proche... Avery rêve de le tenir dans ses bras. Mais tu es encore trop petite ! Deux ans et demi, non. Nous allons te guider.

Valentin est paisiblement endormi dans les bras de Whitney.

Nous sommes tellement heureux d'être de retour dans la maison de celle qui a accueilli Valentin dans son ventre pendant de longs mois. Notre bienfaitrice.

Lors de la signature du contrat, nous étions convenus avec Whitney qu'elle ne tirerait pas son lait. Elle pensait que si elle ne sollicitait pas ses glandes mammaires, le lait allait se tarir naturellement. Mais cela ne s'est pas passé comme prévu. Elle a donc dû utiliser une tireuse et nous a mis de côté plusieurs biberons. Nous alternons ainsi le lait en poudre et le lait de Whitney.

Les Moyer nous ont invités à une « baby shower ». La fête était prévue en principe avant la naissance, mais bébé est arrivé par surprise ! C'est l'invité d'honneur de cette garden party. Jacob est affairé au barbecue. Les amies de Whitney sont venues, elles qui ont suivi toute la grossesse et qui l'ont soutenue. Des enfants courent partout. La joie éclate dans les sourires, les rires et les yeux de tous.

Annette, la maman de Whitney, nous a apporté un cadeau : une planche de bois gravée, en français, « NOTRE FAMILLE » avec nos trois prénoms.

Tout le monde a fait le déplacement avec un petit présent pour bébé : des livres illustrés. Des peluches. D'adorables bodies de nouveau-né. À vrai dire, j'ignore si tous les couples ayant eu recours à la GPA ont la chance d'avoir bâti un lien si précieux avec la famille de celle qui a porté leur bébé. Mais Whitney est désormais bien plus qu'une connaissance. Davantage qu'une amie. C'est un membre de notre famille, à part entière.

La famille éloignée peut-être. Mais ce lien, personne ne pourra jamais le briser.

Désert du Nevada, 17 novembre 2019

– On t'emmène vers tes racines, Valentin ! Ghislain prend le cosy et sort de la voiture, ses baskets foulent le sable du désert.

Eh oui ! Le Far West ! L'histoire des États-Unis. Nous sommes à environ quarante-cinq minutes de voiture de Las Vegas. Première grande balade pour notre petit garçon. La longue route 165, quasi vide, qui traverse des collines ocre de sable et de poussière. Quelques rares buissons survivent dans ce paysage inhospitalier. Et au détour d'un immense virage d'où l'on voit toute la vallée, un village abandonné.

Nelson Ghost Town, Nelson, la ville-fantôme. Au XVIIIe siècle, des centaines de chercheurs d'or avaient élu domicile ici et creusé une mine. Fermée à la fin des années 40, il ne reste plus que les baraquements en bois, la vieille entrée de la mine, d'antiques granges ornées de panneaux publicitaires rétro pour vanter les délices du Coca-Cola. Une incroyable machine à remonter le temps !

Peut-être un jour te souviendras-tu, baby cow-boy, d'avoir traversé cette ville étrange au cœur du désert.

Nous posons avec Valentin devant les vieilles guimbardes américaines plantées là dans le sable, elles aussi. Ces magnifiques Chevrolet aux chromes autrefois rutilants, restées à l'abandon, comme si le temps s'était soudainement arrêté.

Les apprentis papas que nous sommes ont décidé que tu nous suivrais partout ! Pas question d'arrêter de vivre maintenant que tu es là, au contraire. Nous allons en partager, des choses !

Mais déjà, une première épreuve attend Ghislain ! Je vais abandonner la famille ! Je m'étais engagé auprès de TF1 à animer « Le Grand Bêtisier » du 31 décembre que nous tournons en avance au mois de novembre. Nous enregistrons après-demain, dans un grand studio de la Plaine Saint-Denis, au nord de Paris. J'ai donc décidé de faire l'aller-retour ! Ça semble audacieux, je l'admets bien volontiers. Mais je n'ai pas envie de planter Guillaume, le producteur de l'émission qui compte sur moi. Et puis, continuer d'animer mes émissions, c'est aussi prévoir l'avenir de Valentin.

Ghislain m'a encouragé, mais Dieu sait que ça va être difficile pour lui d'assumer bébé en papa solo pendant trois jours.

Le lendemain, je quitte ma petite famille en taxi vers 14 heures. Mon avion est dans l'après-midi. Compte tenu du décalage horaire, atterrissage prévu le lendemain matin, jour du tournage. Norah ma maquilleuse ne va pas lésiner sur l'anticernes, c'est certain ! Cela va me faire bizarre de quitter mon bébé... 9 jours à peine !

– S'il te plaît, Valentin... arrête de pleurer...

Ghislain essaye de ne pas se laisser dépasser par les événements. Mais ça en fait des choses à gérer de front !

Les biberons, les couches, les nuits... Pour rompre son ennui, il hante les magasins de déco américains, bébé dans le caddie. Lui qui est passionné, il s'ingénie à acheter tout un tas d'objets sans doute inutiles mais qui inspirent ses penchants naturels de designer d'intérieur. Si bien que nous serons contraints d'acheter une troisième valise pour ramener toutes ses trouvailles en France !

Pendant ce temps, à 8 000 kilomètres de là, un peu décalqué, j'ajuste mes boutons de manchettes et mon smoking. Avec mon amie Karine, nous rions aux blagues de nos invités. L'émission en boîte, de retour dans la loge, un cadeau m'attend : un immense ours en peluche, et d'adorables petits vêtements. Les équipes des programmes de TF1 m'ont gâté. J'ai quand même fait un aller-retour pour faire mon job alors que j'aurais pu m'en passer. Mais je suis un bon soldat. Pas toujours récompensé mais, que voulez-vous, la télévision est un univers impitoyable.

De retour à Las Vegas le lendemain, j'ai fait le tour du cadran ! Bébé n'a même pas eu le temps de me manquer. Tout est allé si vite ! Et au-delà de la joie de retrouver cette petite créature de trois kilos autour de laquelle s'articule désormais mon existence, ce retour s'accompagne d'une bonne nouvelle, arrivée par mail. Nous devrions avoir le « Birth Certificate » dans quelques jours. Le certificat de naissance, où figurent les noms de ses deux papas, document indispensable pour nous permettre de faire la demande de passeport ! Mais attention, il faut que celui-ci soit d'abord « apostillé » par les services de l'État du Nevada, c'est-à-dire certifié conforme pour l'international.

Encore quelques embûches et nous pourrons rentrer à la maison, ouf !

Las Vegas, 26 novembre 2019

Me voilà seul en voiture, Ghislain est resté à la maison avec bébé, direction le North Las Vegas City Hall. Les bureaux administratifs (équivalents de notre préfecture) où je vais pouvoir faire la fameuse démarche d'apostille. J'ai avec moi sur le siège passager une enveloppe avec tous les documents indispensables. Les papiers de Ghislain au cas où, également. Le Pre-Birth Order. Le Birth Certificate. *A priori* tout est prêt. Ah, et j'oubliais ! Ma carte bancaire, car c'est évidemment un service payant.

Me voici à l'autre bout de Las Vegas, loin du lustre des casinos, où je traverse des quartiers à moitié délabrés pour arriver devant ce bâtiment vieillot, héritage sans doute de la fin des années 60, un immense bloc de béton à l'allure soviétique. Petit parcours du combattant pour trouver le bureau. Je découvre en traversant ces longs couloirs que l'administration américaine n'a rien à envier à la nôtre ! Des dédales et des tonnes de documents ! On pourrait tout aussi bien être à la préfecture de n'importe quelle ville française. Immense file d'attente, je prends un formulaire à remplir, le temps d'attente. Demande d'apostille. Il s'agit de cocher la bonne case. Et ce qui change avec notre administration, c'est que le tarif évolue en fonction de la rapidité d'obtention des documents !

Première case, vous n'êtes pas pressé, ce sera 20 dollars. Entre quatre jours et une semaine.

Deuxième case, pour le lendemain, ça monte à 90 dollars.

Troisième case, vous êtes très pressé : vous pouvez obtenir le document dans le quart d'heure. Comptez alors 500 dollars !

Eh oui, avec un portefeuille bien garni, les miracles sont possibles au pays de l'Oncle Sam ! En l'occurrence je coche la deuxième case, je ne peux pas me permettre de cocher la première : après-demain, c'est Thanksgiving. Tout sera fermé ! Et les administrations font le pont, c'est le week-end le plus important pour les familles américaines qui traversent le pays pour se retrouver. Si nous n'obtenons pas les papiers maintenant, nous perdons au moins une semaine ! Nous avons tellement hâte de retrouver notre maison, de serrer nos mamans dans les bras, de présenter Valentin à tout notre petit monde...

Et là, gigantesque surprise ! La dame du guichet me dit qu'il y a peu de demandes aujourd'hui. Elle va me faire le papier tout de suite, je n'ai qu'à attendre quelques minutes ! Encore une bonne étoile, visiblement.

Nous allons enfin pouvoir envisager le retour. Il ne manque plus que le passeport. Et, pour l'obtenir, il faudra aller directement au bureau fédéral à Los Angeles, c'est là que tous les documents, pour la Californie mais aussi pour le Nevada, sont traités.

Aussitôt rentré à la maison, je retrouve mes hommes, assoupis tous les deux. Je vais préparer un burger à Ghislain, j'en ai profité pour faire quelques courses chez Sprout, un supermarché bio où, m'a assuré Bernadette, on pouvait trouver des produits de qualité. Ne soyons pas trop regardants ! Mais il y a quelques produits frais qui semblent mangeables.

Je reçois alors un appel de Jacob :

– Bonjour Christophe, tout va bien ?

– Oui ! J'ai pu faire valider le Birth Certificate ! Nous allons pouvoir faire la demande de passeport !

– Formidable !.... (Je sens alors une hésitation dans sa voix.) Mais ça veut dire que vous allez bientôt nous quitter...

Un silence s'installe.

– Je suppose que vous n'avez rien de prévu pour jeudi soir ?

– Heu... non, mais qu'y a-t-il jeudi ?

– C'est Thanksgiving ! On vous invite !

J'avais oublié ! Quel plaisir de retrouver toute cette petite famille. Être invité pour Thanksgiving dans un foyer américain, c'est un symbole qui n'est pas commun ! C'est comme si vous conviiez un ami pour le repas de Noël. Cela signifie un degré d'intimité et d'amitié si fort que vous faites un peu partie de la famille. C'est évidemment un immense « OUI » ! Nous sommes si heureux de retrouver Whitney, Jacob et les filles. Sans compter Annette, son mari Luis, et aussi le frère de Whitney, le pilote de stock-cars.

Boulder City, 28 novembre

– Voici du champagne, mettez-le au frais !

Nous troquons la bouteille contre des biberons, Whitney a encore un peu de lait à revendre. Tout le monde s'affaire autour de la table. Annette s'occupe de la gigantesque dinde qu'elle est parvenue à enfourner et qui cuit depuis la fin de la matinée.

Elle a aussi concocté une purée de patates douces. Une sauce aux airelles pour accompagner le tout. Quant à Whitney, elle a préparé une pecan pie pour le dessert, une tarte à la noix de pécan.

La jolie table est dressée. Il est tellement rare dans la culture américaine que toute la famille se réunisse pour dîner autour d'une table que cette soirée de Thanksgiving prend toujours une dimension très particulière. Et nous n'avons pas le sentiment d'être des étrangers ! Nous sommes les cousins de France dans cette jolie famille recomposée, dont Valentin, tranquillement endormi dans son cosy, fait désormais partie.

Nous rions, nous mangeons, nous buvons. Quel bonheur de retrouver ces plaisirs simples. Mais je vois bien que les sourires de Whitney sont déjà empreints de mélancolie. Elle ne cesse de jeter des coups d'œil à Valentin. Elle se lève pour le bercer de temps en temps. Parfois juste pour vérifier que tout va bien et écouter sa respiration.

Elle sait que dans quelques heures elle ne le reverra plus. Après-demain, nous quittons notre villa de Las Vegas pour Los Angeles. Dernière étape de cet incroyable périple avant de retrouver notre maison.

Et pour Whitney de retrouver sa vie d'avant. Sans Valentin. Sans ce petit bébé qu'elle a consciencieusement fait grandir dans ses entrailles depuis le mois de mars. Mais avec la satisfaction de la mission accomplie. Une héroïne américaine, assurément.

Las Vegas, samedi 30 novembre

– C'est bon ? Je peux refermer le coffre ?

Ghislain vient de glisser la troisième valise, que nous avons dû acheter ici, celle remplie de ses achats de décoration, notamment une immense lettre « V » dorée que nous allons clouer sur la porte de la chambre de Valentin.

Bébé est assoupi à l'arrière. Nous refermons la jolie maison en carton-pâte du pseudo-Wisteria Lane qui nous accueillait. Je prends une dernière photo-souvenir de la voiture garée devant l'imposant cactus qui trône devant la porte d'entrée. Cet endroit où nous aurons passé nos premiers jours et nos premières courtes nuits de papas.

Avant de prendre l'autoroute pour Los Angeles, nous allons faire un ultime détour par Boulder City. Shoshone Way. La petite maison de bois. Pour saluer l'incroyable famille qui nous aura offert le plus beau cadeau qu'on puisse imaginer : notre famille. Whitney, Jacob, leurs enfants... leurs amis même, la grand-mère, l'oncle...

tous ont contribué à faire de nous le plus heureux des couples. À rendre ce miracle possible.

Ghislain appuie sur la sonnette pour la dernière fois. Whitney nous attendait, elle ne se fait pas prier pour ouvrir la porte.

Nous ne trouvons pas les mots. Jacob et Whitney non plus. Alors nous en prononcerons peu. Whitney va prendre Valentin dans les bras. Et le serrer fort contre elle. Je vois les yeux de Jacob s'embuer un peu. Et une larme couler sur la joue de Whitney. Oh non, elle n'est pas triste. Elle est heureuse. Heureuse d'avoir pu nous combler de bonheur. Mais ce petit bébé, qu'elle connaît si bien, il va falloir lui dire au revoir. Pas adieu, hein. Au revoir. Car nous garderons le contact. Whitney restera sa marraine, sa bonne fée. En cet instant, nous nous demandons avec Ghislain comment nous pourrons un jour remercier cette famille de l'incroyable don qu'elle nous a fait.

À notre tour, nous éclatons en sanglots. Avery qui joue avec sa peluche dans le salon ne comprend pas bien ce chagrin collectif.

L'intensité de ce moment reste gravée, comme si c'était hier. La beauté de Whitney. La bonté de Whitney.

La seule chose que nous savons lorsque nous redémarrons la voiture et que nous voyons dans le rétroviseur au loin Whitney et Jacob nous faire un signe de la main, c'est que nous allons nous revoir. C'est sûr.

Au revoir Whitney.

Au revoir.

La maison d'Olivier

California Highway I 15, 30 novembre 2019.

– On nous l'avait pourtant dit, Ghis !

Je peste, coincé dans les incroyables bouchons des retours de Thanksgiving. On ne peut pas jouer les innocents, Annette nous avait bien mis en garde. Ce sont généralement des embouteillages records à cette période de l'année. En principe, pour rallier Las Vegas à Los Angeles, il faut quatre bonnes heures... et cela en fait déjà sept que nous avançons en accordéon.

Dieu merci, nous avons le bébé le plus adorable du monde ! Bercé par le moteur et la douce odeur de neuf qui règne dans la voiture, Valentin dort paisiblement... Sommeil parfois troublé par une petite faim, mais nous dégainons désormais les biberons comme deux pros ! C'est le métier qui rentre, comme dirait l'autre.

Fin d'après-midi, alors que le jour décline et que le fond de l'air se fait un peu plus frais dans les collines californiennes, nous approchons doucement de notre point d'arrivée !

Nous sommes censés passer trois jours à Los Angeles, pas plus... le temps de récupérer les papiers de Valentin, enfin ! J'ai demandé à mon ami Olivier s'il connaissait un bon plan pour seulement quelques jours et il nous a gentiment proposer de nous héberger : il a installé une guesthouse chez lui pour la famille ou les camarades de passage. Nous disposerons même d'une petite cuisine et d'un salon, nous précise-t-il. L'idéal pour nous occuper de bébé ! Cet Olivier, vous le connaissez, vous le retrouvez tous les ans moulé dans son blouson de cuir, la barbe bien taillée et l'œil qui frise, dans les escaliers de Fort Boyard.

Mais ce que beaucoup ignorent, c'est que l'animateur partage sa vie entre la France et son petit cocon de Los Angeles, où il s'était réfugié lorsque la cruelle télévision avait soudain décidé d'être moins généreuse avec lui. La sotte a eu vite fait de réaliser son erreur, Olivier est donc redevenu un pilier du service public. Mais il a gardé cette double vie qui lui sied parfaitement.

Nous arrivons enfin près de chez lui, avec trois heures de retard ! À deux encablures de West Hollywood et quelques minutes de l'aéroport de Burbank, se niche Kittridge Street. Adorable ruelle arborée, des maisonnettes soigneusement rangées les unes à côté des autres. Nous sommes au calme, tout près du tumulte de la ville. Et la maison d'Olivier est particulièrement charmante : une petite construction de plain-pied des années 30 magnifiquement rénovée. Des bardages peints en vert, un très beau jardin où poussent une jolie glycine et des citronniers.

Olivier nous attendait. Il nous accueille avec une chaleur qui nous touche tant... nous ne sommes pas des amis très proches, je l'ai rencontré pour la première fois lorsque j'ai tourné une émission de « Fort Boyard ». Nous avions beaucoup ri et j'ai tout de suite senti chez lui l'intelligence du cœur et une sensibilité qui colle à mon caractère. Quelqu'un de profondément humain, on le sent d'emblée.

Fiers comme des coqs, nous lui présentons notre petit poussin, qu'il couvre d'éloges. L'inverse aurait été impossible, de toute façon. Mais nous sentons bien que notre histoire, notre périple, le touche, lui qui n'a pas eu d'enfants.

Après un nouveau biberon et une promenade au calme dans le petit jardin d'Olivier, nous remettons bébé au lit. Il s'endort paisiblement tandis que nous rejoignons Olivier dans son salon. Le feu crépite dans sa cheminée, le champagne est déjà servi. Vive la France !

Quel bonheur de retrouver un petit bout de notre tradition si loin de chez nous. L'apéro, la fête, la joie. Olivier nous raconte sa vie, entre ses enregistrements à Paris et son quotidien à LA. Il est justement en train d'achever un livre où il raconte l'aventure du Château Marmont, cet hôtel d'Hollywood fréquenté par toutes les stars depuis les années 50.

Nous échangeons sur les affres de la télévision et de ses directeurs de programmes aux humeurs cyclothymiques, de la difficulté de durer dans ce joli métier et autres papotages qui ont l'heur d'irriter Ghislain – il me reproche souvent d'être trop centré sur le nombril de mon double télévisuel ! Mais pas d'inquiétude, avec le petit bonhomme qui fait désormais partie de nos vies, nous avons désormais un sujet de conversation bien plus passionnant !

Nous racontons donc cette aventure à Olivier. Il a d'autres amis qui ont fondé une famille, comme nous. Je le sens ému. Il nous a ouvert ses portes avec une incroyable générosité, comme pour nous aider dans ces moments forcément un peu déstabilisants, loin de chez nous, loin de nos repères.

Chez Olivier, rassurez-vous, c'est nettement plus accueillant que dans « Fort Boyard », et sa cuisine est bien plus succulente que les araignées et autres yeux de poissons qu'on nous fait parfois avaler là-bas !

Dans ces instants si précieux, si intenses que nous vivons depuis plusieurs mois et surtout depuis la naissance de notre petit garçon, il y a moins de trois semaines, nous nous souvenons de chaque geste, de chaque sourire. De cette dame qui s'extasie de voir notre bébé dans ce magasin américain, « *He's so tiny, so precious !!!* ». De ce jeune homme un peu maladroit, homo, qui nous a abordés pour nous demander si c'était notre enfant : « Quelle chance vous avez d'être devenus pères ! » Du sourire de Whitney. Des larmes de Jacob. De la bienveillance d'Annette. Des confidences nocturnes de l'infirmière de la maternité. De la joie de Bernadette. Et de l'incroyable hospitalité d'Olivier. Tous ces gens qui ont un peu fait partie de l'histoire, chacun à leur niveau. Mais qui restent là, dans nos mémoires.

Los Angeles, 1er décembre 2019

– Tiens-le... attention...
– Allez !!!! Coucou !!! Coucou bébéééé !

Que de pirouettes, que d'énergie déployée ! Si vous nous voyiez, je pense que vous ririez de bon cœur. Deux espèces de clowns surexcités qui tentent de stimuler bébé, lui arracher un timide sourire ou qu'au moins il entrouvre un peu les yeux.

Ghislain est moi sommes parvenus à trouver un studio photo spécialisé dans les photos d'identité pour nouveau-nés. Le petit papi propriétaire des lieux a exhumé un antique appareil photo, probablement de son poussiéreux grenier. Et sa femme, qui nous a accueillis gentiment, a installé le petit siège pour bébé et la couverture blanche de rigueur pour ce type de photo. La boutique est assermentée pour fournir des photos d'identité conformes.

J'avais fouiné sur Internet afin de trouver quelques petits trucs pour faciliter le cliché d'un bébé. Asperger son visage d'un peu d'eau, pour le surprendre et le réveiller. Gare alors à ne pas louper l'instant où il faut appuyer sur le déclencheur ! Quelques gouttes d'eau et voilà Valentin qui écarquille les yeux, surpris d'être ainsi dérangé dans sa sieste. Le petit monsieur immortalise ce moment juste avant les hurlements désapprobateurs d'un bébé importuné.

La photo est assez ignoble, mais au moins, on voit ses yeux. Nous rions ensemble et validons le cliché. Je pense qu'on n'arrivera pas à faire mieux ! Pauvre Valentin, je te conseille de ne jamais montrer cette photo à quiconque de peur de subir lazzis et quolibets jusqu'à la fin de tes jours !

En sortant de la boutique, nous levons les yeux au ciel : grand bleu ! Le moment est venu d'emmener bébé à la mer pour la première fois de sa vie. Direction Santa Monica Beach, notre plage californienne préférée. Son immense étendue de sable blanc. Sa jetée mythique. Sa promenade le long de la mer. Et surtout ses cabanes de maîtres nageurs en bois, peintes en bleu pastel. À se demander si ces vestiges semblés tout droit sortis des années 60 ne sont pas restés tels quels pour faire plaisir aux touristes car on n'y voit finalement rarement des lifeguards, mais plutôt des voyageurs en quête de selfies. Mon bébé, ce sera donc une photo typique de touriste de base, au pied de la cabane de plage envahie par les mouettes, qui sera ton premier souvenir de plage !

Los Angeles, 2 décembre 2019

Un gros policier, engoncé dans un uniforme visiblement un peu trop étroit pour lui, nous indique la file d'attente. Nous avons rendez-vous à 10 heures pour déposer notre dossier pour le passeport de Valentin.

Nous voici au Federal Building de Los Angeles dans le quartier de Westwood. Un bâtiment administratif gigantesque aux couloirs interminables encadré d'un immense parking et de quelques espaces verts.

Une fois passé les contrôles, il nous faut monter au deuxième étage, prendre un ticket, attendre à nouveau... j'avais bien vérifié sur le site, j'ai rassemblé dans une enveloppe tous les documents indispensables : le Birth Certificate, la copie de nos pièces d'identité, la copie du jugement de parentalité, un formulaire dûment rempli avec notre adresse en France et celle d'Olivier qui nous accueille ici... plus le justificatif de notre billet d'avion afin que notre demande de passeport passe en « express ». En principe, nous décollons le 4 décembre à 15 h 20.

Un monsieur mal aimable agrippe mon dossier de l'autre côté de son hygiaphone. Tout va bien sauf... la photo ! Pas conforme, m'assure-t-il. Il paraît que bébé n'est pas bien cadré. Lui qui ouvrait pourtant les yeux. Il faut recommencer.

Ghislain et moi nous devenons livides. Non ! C'est une blague ? Et si nous ne trouvons pas un bon studio photo capable de réussir, ce coup-ci ? Le fonctionnaire nous rassure : il suffit de monter au quatrième étage, ils font les photos, ici.

Ah, si nous avions su ! Nous récupérons notre dossier, le maxi-cosy sous le bras, notre voyage au cœur du système administratif américain se poursuit encore un peu, direction l'ascenseur. Nouvelle file d'attente. Je vois un petit panneau : 15 dollars la photo. Eh bien ! Le bureau fédéral n'y va pas de main morte ! Et c'est précisé « cash only ». On ne perd pas le nord, au pays de l'Oncle Sam. N'ayant pas assez de liquide sur moi, on m'aiguille vers un distributeur automatique, ils ont pensé à tout.

À se demander si cette petite plaisanterie de photo non valable n'est pas un habile subterfuge pour nous soutirer à nouveau quelques dollars. Il n'y a pas de petits profits !

Photo faite, bébé étonnamment calme et gentil, nous voici de retour au deuxième étage. De nouveau la file d'attente pour déposer le dossier. Ce coup-ci, la photo passe, même si elle est objectivement absolument affreuse. Et là que se passe-t-il ?

« Merci d'attendre ici, vous avez le numéro B 123... »

Formidable ! Quatrième file d'attente ! On se croirait dans *Les Douze Travaux d'Astérix*... vous savez, « la maison de fous » : le formulaire B-55... le récépissé A-39... mais il faut d'abord le laissez-passer A-18... Honnêtement, on n'en est pas loin !

Une dame nous appelle au guichet, pas plus aimable que son collègue. Ah, il n'y a pas à dire, lorsqu'il n'est plus question de pourboire comme dans les restaurants, l'incroyable politesse et jovialité américaine s'évapore bien vite ! Et l'on se croirait dans une sous-préfecture bien française !

Tous nos documents sont validés, ouf ! La demande est passée. Mais hélas, nous sommes arrivés trop tard pour obtenir le passeport aujourd'hui, ce sera pour demain fin de matinée.

Clap de fin sur cette journée de fous...

Et le lendemain, c'est un nouveau guichet qui nous attend, au rez-de-chaussée cette fois-ci. Et est-ce l'habitude de la météo clémente en Californie, tout le monde fait la queue dehors ! Nous ne sommes pas les premiers, il doit y avoir à vue de nez une bonne cinquantaine de personnes. Heureusement le soleil est de la partie. Bébé roupille tranquille dans son cosy, qui est devenu son berceau portatif grâce auquel on le balade à longueur de journée. Tant qu'il est avec ses papas, il semble le plus heureux des bébés ! Notre tour arrive enfin... et l'on me remet, dans une petite enveloppe blanche, le précieux sésame qui va nous permettre de rentrer enfin chez nous.

Impatients, nous nous jetons sur le document : un petit livret bleu très foncé tirant sur le noir, estampillé « United States of America » en lettres d'or... à l'intérieur le dessin de l'aigle symbole de l'Amérique.

Le genre de bonne nouvelle qui se fête ! Nous revenons chez Olivier avec une bonne bouteille : ne jamais rater une occasion de célébrer, ce sera l'une des premières valeurs qu'on a l'intention de t'inculquer, Valentin. Nous faisons promettre à Olivier de nous prévenir la prochaine fois qu'il sera en France et, le soir venu, nous bouclons nos valises, pour la toute dernière fois.

Encore une courte nuit de sommeil dans le cocon joyeux de la maison d'Olivier et ce sera l'heure du grand voyage. Le tout premier de la courte vie de notre petit garçon ! Un long-courrier alors qu'il est âgé d'à peine trois semaines, ce n'est pas banal.

LAX, 4 décembre 2019, 12 h 45

J'ai la gorge sèche. Avec Ghislain, nous n'en menons pas large ! Nous venons d'enregistrer les bagages pour le vol Air France de 15 h 20. Nous avons nos petits bagages à main. Un sac pour Valentin, avec ses couches, son lait... tout l'attirail pour supporter les onze heures de vol le mieux possible.

Mais ce qui m'inquiète, ce sont les contrôles ! Je me souviens d'avoir échangé avec Alexandre, le président de l'Association des familles homoparentales qui prodigue bons conseils et petits tips pour les futurs papas. Il connaît bien le parcours, lui qui est déjà passé par la GPA pour ses deux enfants. Un jour il m'a raconté l'histoire d'un couple de garçons et de leur nouveau-né aux prises avec un officier de police très suspicieux, si étonné qu'un bébé américain voyage avec deux hommes français qu'il bloque leur passage, invoquant des soupçons de rapt d'enfants. Il nous a conseillé de nous munir du jugement américain instituant la parentalité, au cas où. Voilà pourquoi aussi nous avons décidé de changer notre nom d'usage après le mariage « Beaugrand-Gerin », et de refaire nos passeports avec notre nouvelle identité. Ainsi, nous portons tous les trois le même nom de famille : Ghislain, moi... et Valentin !

Tandis que nous faisons la queue (et quiconque est passé par l'aéroport de Los Angeles sait que ça peut être très long), l'angoisse monte. L'inquiétude à la vue de l'œil sourcilleux du policier au bout de la file. Sera-t-il particulièrement zélé ? Ou fera-t-il son travail tranquillement, sans être soupçonneux outre mesure ?

Un couple devant nous semble ne pas disposer de tous les papiers adéquats, nous voyons bien que l'homme qui les contrôle est particulièrement tatillon. Comment se comportera-t-il avec nous ? Puis vient le tour d'une originale, une femme pieds nus portant une tenue invraisemblable, tricotée à la main dans un tissu beige informe, un look de vieille hippie semblant sortir de Woodstock. Au moment du contrôle, elle se met à psalmodier d'étranges phrases incompréhensibles avant de pousser des petits cris. Le policier dit à la femme de se calmer. L'ambiance s'échauffe. Une femme policier vient prêter main forte à son collègue. La tension monte. La femme qui se met à hurler est exfiltrée *manu militari* devant le regard médusé des voyageurs.

Autant vous dire qu'après cette folle nous apparaissons comme de doux agneaux incroyablement normaux ! Deux jeunes gens bien coiffés, à la barbe soigneusement taillée, portant un adorable bébé qui ne pleure même pas. Nous passons les contrôles comme une lettre à la poste ! J'ai stressé pour rien.

Nous voici maintenant de l'autre côté. Celui de la vraie vie, dans notre pays.

Nous nous installons dans l'avion. Les hôtesses et le steward sont aux petits soins pour nous, ce n'est pas si souvent qu'ils voient voyager un nouveau-né. Ils nous aident à fixer le landau dans la cloison du premier rang. Nous avons préparé sa petite couverture, un doudou, sa petite peluche musicale préférée, une petite licorne offerte par sa future marraine Sandra. Tout ira bien, c'est sûr.

Après quelques heures de vol, une femme installée au rang derrière se lève et me demande si elle peut approcher du berceau. Elle est américaine et nous dit à quel point elle raffole des bébés. Elle s'appelle Jane, jolie brune d'une quarantaine d'années. Nous échangeons et je lui raconte rapidement notre histoire. Elle semble émue, mais surtout elle s'extasie sur le calme de Valentin. Puis elle retourne se rasseoir près de l'homme, plus âgé, qui l'accompagne. Je réalise alors de qui il s'agit. Quelle coïncidence, c'est drôle ! C'est Christopher Lloyd, vous savez l'acteur de *Retour vers le futur*. Doc, le savant fou !

Nous ce n'est pas *Retour vers le futur*. Mais retour à la maison !

Alors qu'il ne reste plus qu'une petite demi-heure de vol, l'adorable équipe d'hôtesses et de stewards nous apportent un petit gâteau. Avec du chocolat, ils ont écrit dans l'assiette « 1er vol... Lax Paris ». Et ils nous donnent le diplôme de baptême de l'air signé par le commandant de bord lui-même ! La classe ! Même si, Valentin, tu ne te rappelleras probablement pas ce beau voyage, sache qu'il aura été marqué par la gentillesse de tous ceux que nous aurons croisés, encore une fois.

Aéroport de Roissy, 5 décembre 2019

— Bonjour, bienvenue à Paris !

Il est presque 11 heures du matin. Nous avons atterri. Une petite dame aux courts cheveux blonds nous attend à la sortie. Elle est envoyée par notre ami Maxime qui travaille à la communication d'Air France. Rencontré *via* des amis communs, il s'est fait une spécialité de faciliter les choses aux couples de garçons rentrant du bout du monde avec un petit bébé. « On m'a surnommé Tata GPA ici ! » plaisante-t-il. Il me donne les prénoms de tous ces bébés qu'il a aidés à accueillir plus facilement : Colette... Theo... Félicien... Agathe...

La petite dame, habituée à ces arrivées de bébés, régulières et de plus en plus fréquentes depuis ces dernières années, nous guide dans les méandres de l'aéroport pour nous aider à atteindre les contrôles plus facilement. Une femme policière nous accueille avec un grand sourire et se penche pour apercevoir le visage de Valentin. Un dernier tampon sur son tout jeune passeport. Et voilà bébé qui foule le sol français !

Fini, le ciel bleu de Californie. Finie, la chaleur du désert du Nevada.

Te voilà dans ton pays, Valentin. Ton autre pays. La France. Le ciel est plus gris mais tu apprendras à l'aimer, j'en suis convaincu.

Mais l'aventure n'est pas finie pour autant : un nouveau combat commence alors. Pour que tu sois reconnu à part entière. Ne t'inquiète pas, Valentin, tes papas sont des battants, comme toi.

La guerre continue...

Nous n'imaginions pas à quel point.

« Valentin, vos papiers ! »

Sèvres, 6 décembre 2019

Corinne et Pascal se sont jetés dans leur voiture après le boulot. Pas une minute à perdre, l'impatience est si grande ! Dans une petite valise, leurs affaires pour le week-end. Dans une autre, une tonne de cadeaux pour Valentin. Ils ont installé Madame à l'arrière sur une couverture. Pour Corinne, c'est une émotion gigantesque ! Imaginez : la voici mamie, elle qui avait fait une croix sur l'espoir de devenir grand-mère. Pascal aussi bout d'impatience de serrer son petit-fils dans ses bras, même s'il est plus taiseux, comme toujours.

Depuis le mariage l'année dernière, Corinne et Pascal ont totalement intégré la vie un peu différente qu'a choisie Ghislain. Et ils savent bien qu'il n'a pas vraiment choisi, et que sa vie, au fond, elle n'est pas si différente. Et puis, ils ont la conviction que nous nous sommes trouvés. Et d'autant plus épanouis que nous sommes à présent papas. Je sais que désormais mes beaux-parents peuvent sortir les griffes si l'on critique le mariage gay ou l'homoparentalité. Bien sûr, ils ont toujours été des gens ouverts... mais lorsque l'on n'est pas concerné, ce n'est jamais pareil.

Quelques heures de route pour rejoindre la maison. Affronter les bouchons autour de Lyon puis ceux qui vous ralentissent inévitablement après le péage de Saint-Arnoult.

Pendant ce temps, à la maison, une autre grand-mère est là. Elle a bénéficié d'un jour d'avance, elle était ici pour nous accueillir après nos onze heures d'avion. Pendant notre séjour, elle est venue nourrir le chat, rallumer la chaudière et faire le ménage pour que tout soit parfait pour notre retour. Déjà trois fois grand-mère, elle m'assure que l'émotion est toujours intacte quand on tient dans ses bras un nouveau-né. Son nouveau petit garçon ! Et si proche, contrairement à ma sœur qui vit en Allemagne. Ma mère a décidé de s'installer dans son nouvel appartement, à cinq minutes à pied !

– Promis, je n'abuserai pas ! nous assure-t-elle.

En revanche, peut-être que nous, nous abuserons, en cas de besoin de baby-sitting. Enfin, de mamy-sitting, pour être précis ! Ce « fils à papa(s) » sera surtout un petit-fils à mamie(s).

L'apéro est prêt pour célébrer les retrouvailles, champagne, Ricard pour papi... et biberon fraîchement préparé. Ghislain et moi, si fiers de présenter notre trésor à la famille !

Je me souviens de tout. Chaque geste. Chaque parole. La sonnette. La joie de Madame qui saute comme un cabri. Les bras chargés de cadeaux. Les sourires qui fendent tous les visages. Les yeux humides de Corinne quand elle serre son petit-fils, si fragile, contre elle. La douceur. Le bonheur. Le regard brillant et émerveillé de Pascal. Tu vois Valentin, ce sera ton seul papi. L'autre est parti là-haut, trop tôt. Mais il t'aimerait tant.

Des grands-parents qui rencontrent leur petit-fils pour la première fois, ce moment vous semble peut-être naturel. Si banal, en somme. Mais sachez que, pour nos familles, il revêt un caractère exceptionnel. Inespéré. Précieux comme un diamant. Nous sommes conscients de faire partie des rares privilégiés à avoir réussi à mener à bien notre projet parental. Si nombreuses sont ces familles qui ont dû se résigner à en faire le deuil. N'oublions jamais notre incroyable chance.

Paris, 10 décembre 2019

Sous un beau soleil d'hiver, je gare mon scooter dans une rue du 9e arrondissement, juste derrière la petite église de Notre-Dame-de-Lorette.

J'ai rendez-vous avec Fabien, notre avocat français. Car, après le bonheur des retrouvailles, la joie des biberons nocturnes, la jubilation des changements de couches et la félicité des câlins, la folle aventure de la parentalité n'est toujours pas terminée ! Même si Valentin possède un passeport américain, il ne dispose pas encore de son équivalent français. Nous devons donc commencer les démarches.

Avant, j'y reviendrai, de lancer une procédure pour l'inscription à l'état civil qui permettra de reconnaître notre statut de papas à part entière.

Nous nous installons dans son bureau qui donne sur la rue et il m'explique les papiers à remplir, dossier de CNI (Carte Nationale d'Identité), dossier pour le passeport, traduction des papiers américains, etc. Je suis venu avec une grande enveloppe kraft contenant tous les documents nécessaires : avant tout le Birth Certificate (certificat de naissance) et le Pre-Birth Order (jugement pré-natal). Le tout en anglais, évidemment ! Il s'agit donc d'abord de faire traduire les documents, nous passons par un cabinet assermenté et spécialisé en traduction juridique, pas le choix : 450 euros supplémentaires.

Une fois cela fait, nous pourrons d'abord envoyer un formulaire à la Sécurité sociale (puis à notre mutuelle). Ensuite, nous pourrons déposer un dossier pour les papiers. Une fois les papiers obtenus, plus des documents américains encore manquants, alors nous pourrons déposer une demande pour reconnaître notre filiation et notre parentalité à l'état civil français. J'y reviendrai, j'ai encore bien des choses à vous expliquer dans ce parcours du combattant un brin ubuesque.

Une semaine plus tard, le cabinet Fields nous envoie les documents traduits et certifiés conformes. Première étape, envoyer la demande à la Sécurité sociale. Il faut TOUT photocopier, les versions originales en anglais, les versions françaises, nos papiers avec Ghislain, le passeport de bébé. Et ensuite, tout dépend sur quel fonctionnaire on tombera, nous souffle Fabien notre avocat. Plus ou moins rapide... plus ou moins tatillon... plus ou moins méfiant.

À moi ensuite de remplir la demande pour les papiers d'identité français de bébé. Et là, Fabien nous a mis en garde : plusieurs problèmes ou lenteurs en provenance du 92. Visiblement, certains départements sont moins « gay-friendly » que d'autres. Il nous conseille de faire notre demande à Paris. Pour des papiers d'identité, on a la liberté de déposer notre dossier dans n'importe quelle commune de France, et pas forcément celle où l'on réside.

– Passez par la préfecture de police, ils sont généralement plus efficaces et moins soupçonneux.

Heureusement que nous bénéficions des conseils de Fabien, lui-même est passé par toutes ces étapes. Son adorable petite fille a deux ans de plus que Valentin. Des dossiers, il en a déposé de nombreux ! Pour lui, et pour ses clients qui voulaient aussi, tout simplement, faire reconnaître leurs enfants et leur famille. Il sait que parfois on peut se casser les dents, alors privilégions les solutions qu'il nous indique.

Rendez-vous pris sur le site internet pour à la fois commencer à remplir le dossier et caler une date de remise. Ce sera donc le 16 janvier. Aucun rendez-vous plus tôt !

Cinq semaines à attendre où l'identité de Valentin ne sera qu'américaine.

Quant à nous, ses papas, le flou va demeurer... un long moment encore ! Au minimum six mois, généralement un an, le temps qu'un tribunal français statue sur notre filiation. *Grosso modo*, la France va donner des papiers d'identité française à un enfant (car des documents américains stipulent qu'il a deux parents français, en l'occurrence Ghislain et moi), mais, en revanche, la France ne va pas l'inscrire à l'état civil. Ce qui signifie que sa filiation n'existe pas et qu'aux yeux de l'État français nous ne sommes pas officiellement ses parents. Vous voyez, on marche sur la tête ! En cas de drame, si par malheur nous trouvions la mort dans un accident par exemple, les grands-parents, ma mère, les parents de Ghislain n'existent pas et n'ont aucun droit sur ce bébé. Théoriquement, notre bébé finirait à l'assistance publique !

Voilà pourquoi nous devons nous battre, et vite ! Pour protéger notre enfant. Afin de lui offrir un cadre sécurisé pour qu'il puisse grandir.

Néanmoins, les choses ont beaucoup évolué grâce à la circulaire Taubira de 2016, l'inscription à la Sécurité sociale et l'obtention des papiers français est beaucoup plus rapide. Mais elle s'est arrêtée au milieu du gué. Et depuis, nous sommes dans cet entre-deux insécurisant aussi bien pour nous que pour nos enfants, qui sont pourtant des bébés de la République, qu'on le veuille ou non.

Parfois, je me dis que ceux qui déploient tant d'énergie à nier nos familles, soi-disant pour le bien des enfants, pourraient aussi le faire pour qu'ils soient reconnus, ainsi que leurs grands-parents. S'ils aimaient vraiment les enfants, si leur objectif était vraiment de les protéger, c'est probablement ce qu'ils feraient. Si seulement...

Paris, 16 janvier 2020

– Tu as tout ce qu'il faut ?
– Oui oui, ne t'en fais pas. Tout est prêt.

Valentin aussi d'ailleurs, il dort tranquillement dans la voiture. C'est bien simple, dès que l'on démarre, il est bercé et ferme systématiquement les yeux. Nous sommes en route pour la préfecture de police de Paris, Quai de Gesvres. Juste derrière l'Hôtel de Ville.

Avec tous les documents importants. Et avec bébé, il doit être là ! Nous avons refait des photos d'identité un peu plus dignes. Certes, il fait la tronche, mais au moins il a les yeux ouverts.

Nous avons un rendez-vous précis, mais lorsque nous pénétrons dans les bureaux, nous constatons qu'il y a un monde fou ! La jeune fonctionnaire de police qui nous accueille me demande la faveur d'un selfie, auquel je me prête de bonne grâce. Au moins, nous sommes reçus avec le sourire. Il faut prendre un ticket et attendre son tour devant une myriade de guichets qui clignotent lorsqu'ils se libèrent.

Valentin s'impatiente mais un biberon parvient à le calmer un peu lorsqu'un fonctionnaire nous fait signe. Mince... c'est celui que je craignais d'avoir. Il a une drôle de tête, une paire de lunettes épaisses comme des culs-de-bouteille, l'air totalement antipathique. Je misais plus sur la jeune femme à droite, une petite brune qui m'avait jeté plusieurs sourires. Pas de pot. Avec celui sur lequel nous sommes tombés, je ne pourrai pas jouer le charme du présentateur télé pour pousser notre dossier.

Ghislain, Valentin dans son cosy et moi nous approchons du petit bureau. L'homme me demande froidement tous les papiers. Il nous pose quelques questions sans jamais jeter un coup d'œil ni à nous, ni à Valentin. Flûte ! Même un bébé ne semble pas à même de lui arracher un sourire attendri.

Et puis il farfouille dans son ordinateur et laisse passer de longues plages de silence sur lesquelles nous n'avons vraiment pas envie de nous allonger.

Étrangement, nous avons peur qu'il nous manque un document, que le bonhomme revêche nous accuse de quelque chose. Drôle d'impression qui me rappelle les douanes à Los Angeles Airport.

Mais notre guichetier semble être surtout un scribouillard administratif zélé donc il vérifie tout, dans les moindres détails. Grâce aux conseils de Fabien, j'ai réponse à tout. Rien ne semble manquer. Ce n'est vraisemblablement pas la première fois qu'il gère un dossier de pièces d'identité pour des enfants nés de GPA aux États-Unis, il connaît même les termes juridiques américains. Aussi mal aimable soit-il, voilà que monsieur « grosses lunettes » m'apparaît soudain comme un très grand professionnel de l'administration française !

Après une torture d'une bonne vingtaine d'interminables minutes, et après avoir soigneusement scanné tous nos documents, l'homme nous libère en nous remettant un petit récépissé qu'il nous alerte de n'absolument pas perdre ! Il sera indispensable pour récupérer les papiers de Valentin.

– D'ici un mois, nous dit-il, bonne fin de journée, messieurs...

Encore un peu de patience ! En attendant, la vie quotidienne s'installe. Les habitudes de bébé. Ses premières nuits complètes. La foule des peluches dans sa chambre. Que l'on installe autour de lui dans son berceau, comme pour former un barrage pour le rassurer. Quel bonheur indescriptible de le bercer tendrement pour qu'il s'endorme après le dernier biberon du soir. Et ce petit bonhomme qui grandit déjà, qui ne rentre plus dans ses pyjamas.

Sa première fête au restaurant chez notre ami Jean-Jacques. C'est l'anniversaire de dame Éliane, notre grande amie, la fiancée de Dominique, elles ne sont toujours pas mariées. Je les appelle affectueusement mes marraines parisiennes. Dominique, que j'ai connue lorsqu'elle s'occupait de la communication à Pink TV. Et la chiquissime Éliane, la femme sans doute la plus douce et élégante que j'aie jamais vue. Une immense liane avec toujours sa fine cigarette aux lèvres. Tellement heureuse et émue de faire connaissance avec Valentin. Bébé qui s'endort malgré la musique de la fête et les amis qui viennent se pencher sur lui pour s'extasier devant son adorable frimousse. « Des Gars dans la cuisine », c'est le nom du restaurant. Et un gars dans la poussette !

« Valentin, vos papiers ! »

Et puis, un matin, début février, seulement trois semaines après avoir déposé le dossier, ce SMS qui arrive sur mon téléphone. Les papiers sont prêts. Carte nationale d'identité. Passeport français. Ta petite bouille de bébé. Notre signature en lieu et place de la tienne. Un nouveau petit citoyen.

Ça y est, Valentin ! Tu es français. FRANÇAIS !

Plus qu'une étape à franchir... et pas des moindres : parvenir à t'inscrire à l'état civil puis sur notre livret de famille. Car, non, la carte d'identité ne suffit pas !

Officiellement, nous ne sommes toujours pas les papas de Valentin. Nous ne sommes donc pas encore au bout de cette incroyable... et épuisante aventure.

La bonne fée en robe rouge

Paris, mars 2020

– Ça y est ! Nous avons tous les papiers ! »

Fabien, notre avocat, vient de recevoir le précieux document qui nous manquait : le « Post-Birth Order », le jugement post-natal du tribunal américain qui a géré notre dossier, toujours un peu long à obtenir. Ce document juridique américain prouve au juge français qui va examiner notre cas que la femme qui a porté notre bébé, en l'occurrence Whitney, confirme bien le contrat de Gestation Pour Autrui que nous avions conclu et n'a l'intention de réclamer aucun droit sur l'enfant. C'est ce qui permet de valider notre papa-parentalité avec Ghislain.

Certains vont donc me dire : « Et alors, Valentin n'aura pas de maman ? »

En effet, mais nous n'avons pas privé Valentin de sa maman, qui en réalité n'existe pas. Notre petit garçon a deux parents : ses deux papas. Et ces derniers ont eu la chance de rencontrer deux bonnes fées qui ont rendu ce rêve possible. La figure féminine, entre ses marraines (Valentin en a deux, et pas de parrain, nous aimions ce joli symbole), ses mamies et toutes les femmes de notre entourage, il n'en manquera pas !

Il s'agit maintenant de lancer la procédure d'« exequatur de jugement » : un tribunal de grande instance va statuer que le jugement américain de parentalité peut-être valable sur le territoire français et va donc le retranscrire dans notre droit. Concrètement, l'un d'entre nous, Ghislain ou moi, sera le père biologique, et l'autre (parent d'intention pour les Américains) deviendra père par un acte administratif s'apparentant à une adoption. Mais aucun dossier ou enquête sociale à mettre en branle, il ne s'agit pas d'une procédure d'adoption à proprement parler, mais simplement d'une écriture administrative.

Dès lors, une fois ces longues étapes franchies, Valentin pourra apparaître sur notre livret de famille, rappelez-vous, celui que la maire du 8e arrondissement nous avait confié après notre mariage et qui m'avait tant bouleversé.

Je suis convaincu, chers lecteurs, que vous voulez absolument savoir qui est le père biologique et qui ne l'est pas, je vous vois venir avec vos gros sabots ! Je vous demanderai donc quelques minutes d'attention : cette question n'a pas de sens, ni pour Ghislain ni pour moi. Nous sommes ses deux parents, à part entière. Il n'y a pas un « vrai » papa et un « faux ». Voilà pourquoi je me refuse toujours à répondre à cette question que je trouve à la fois malvenue et surtout totalement déconnectée de la démarche de parentalité que nous avons entamée. Alors, désolé de vous décevoir ! Sur le livret de famille, cette information ne sera pas précisée non plus. Peut-être devrions-nous tous corriger notre vision des choses, souvent trop « biologique ». Car la parentalité, c'est autre chose que des gamètes, j'espère vous l'avoir modestement montré avec cet ouvrage.

Nous nous attelons donc à monter le dossier pour l'exequatur de jugement et là, j'ai un aveu à vous faire. Nous vivons désormais au 9, rue de la Guadeloupe, dans le 18e arrondissement de Paris. Enfin, officiellement... car en réalité nous n'avons pas déménagé. Nous nous sommes fait domicilier chez ma meilleure amie Sandra, la marraine de Valentin.

Notre avocat nous a expliqué la situation : à Paris, vous avez 100 % de réussite sur les demandes d'exequatur. Dans les Hauts-de-Seine où nous vivons, c'est environ 50 %. Si nous étions dans les Yvelines, ce serait refus systématique ! Il nous faudrait alors partir dans d'interminables procédures pour réussir à gagner l'état civil de notre propre enfant. Une certaine vision de la justice où les Français ne sont pas tous à égalité ! Tout dépend où vous vivez ! À Montpellier, c'est formidable... dans l'est de la France, c'est la galère. À Paris, vous êtes tranquille, à Versailles c'est le chemin de croix. Comment comprendre de tels traitements différenciés ? Eh bien, tout dépend du président du tribunal et de ses convictions personnelles.

Pour limiter les risques, nous entamons donc la procédure à Paris. Ça démarre bien... ça démarre vite, tous les documents sont réunis et le procureur visiblement à l'écoute. Et puis, soudain, un étrange virus vient percuter la France et le monde. Fermeture des tribunaux, affaires en souffrance. Tout le monde se met en pause... le temps de faire face à la pire épidémie jamais vue sur la planète. Il va donc falloir prendre son mal en patience, l'ombre du coronavirus plane !

Boulder City, avril 2020

– Nous sommes tellement déçus... mais on n'a pas le choix...

Whitney vient de nous envoyer son message les larmes aux yeux. Elle se blottit contre Jacob. Tous deux se réjouissaient tant de nous revoir. Nous avions décidé de les convier à la maison en juin. Visiter Paris, profiter du soleil du début de l'été et, surtout, retrouver Valentin. Mais le Covid en a décidé autrement. Je viens d'annuler les billets, la mort dans l'âme. Là-bas, à Las Vegas, les malades tombent comme des mouches. Ici, en région parisienne, nous sommes confinés et les réanimations affichent complet. Comme des millions de gens de par le monde, cette épidémie glace nos projets, gèle nos retrouvailles, abîme nos familles.

Depuis notre retour en France, il ne se passe pas deux jours sans que nous échangions avec Whitney et Jacob.

Des messages, des pensées. Énormément de photos et de vidéos. Chaque petit progrès effectué par Valentin, son premier sourire, sa première purée de carottes, ses premiers pas à quatre pattes... Ils n'ont rien manqué, nous avons tout partagé avec nos cousins, nos bienfaiteurs d'Amérique.

Dans la salle à manger, sur la console, trois cadres photos trônent. Et notamment cette dernière photo avant la naissance. Whitney, le ventre gonflé, entourée de Ghislain et moi, au milieu du désert. Notre bonne fée dans sa belle robe rouge. Nous avons tant envie de la revoir... Ce sera pour 2022, sans doute pas avant. Mais Whitney est dans nos cœurs, et nous en parlons souvent à Valentin. Cette dame qui t'a donné la vie, qui a permis à ces deux barbus de devenir les papas les plus heureux du monde.

Il y a quelques mois, nous avons répondu à une interview pour le magazine *Gala* pour évoquer notre bonheur avec Valentin et pour louer la générosité de Whitney. Nous tenions à ce qu'elle prenne la parole. Je m'étais fait l'intermédiaire entre le journaliste et elle. Seule une ou deux réponses avaient été retenues pour l'article.

J'ai envie ici de vous faire lire l'intégralité, pour vous permettre de mieux comprendre son état d'esprit.

Pourquoi avez-vous eu envie de devenir mère porteuse ?

Whitney : « C'est quelque chose qui m'a toujours fascinée. Je pense qu'avoir des enfants est le plus beau cadeau que la vie puisse vous apporter. Prendre part à aider un couple à devenir une famille, permettre à des gens pour qui cela semblait impossible, d'avoir un enfant, me semblait vraiment incroyable. J'ai trois filles, je suis épanouie lorsque je suis enceinte, j'aime le fait de porter la vie. J'ai adoré l'ensemble du processus.

« Et franchement, je n'aurais pas pu rêver mieux que Christophe et Ghislain pour vivre cette expérience. Nous avons créé un lien si fort... amical et même familial. Je me sens extrêmement chanceuse d'avoir pu devenir mère porteuse. »

Avez-vous subi des critiques ?

« La GPA est davantage acceptée en Amérique. Cela étant dit, plusieurs personnes de mon entourage ont été un peu troublées que je sacrifie mon corps pour quelqu'un d'autre. Tout le monde n'a pas l'esprit ou le cœur suffisamment ouvert pour comprendre la Gestation Pour Autrui. Si vous ressentez l'envie, au fond de vous, de tenter cette expérience, ne laissez pas les peurs ou les opinions des autres décider à votre place. Si vous avez le pouvoir d'aider quelqu'un et la volonté d'aller au bout, il faut le faire. »

C'est un projet de famille ?

« Absolument ! Avoir mon mari à mes côtés pour me supporter a représenté un immense soutien à mes yeux. Je n'étais pas la seule à être concernée par cette grossesse, mais ma famille entière allait la vivre avec moi. Jacob m'a accompagnée à chaque étape de l'aventure. Ma mère aussi m'a été d'un grand soutien, je peux même vous dire qu'elle était très enthousiasmée par le projet. Et puis, comme le reste de ma famille, ils ont eu un coup de cœur immédiat pour Christophe et Ghislain. »

Comment vos enfants ont réagi quand vous leur avez annoncé votre décision ?

« Nous avons toujours essayé d'élever nos filles dans la tolérance, l'ouverture aux autres. Nous tenons à ce qu'elles respectent toutes formes d'amour et de famille, et nous leur avons appris à aider les autres dès que vous en avez l'occasion. Du coup, elles ont trouvé notre projet formidable, nous ont soutenus dès le début de nos démarches. Il était primordial pour mon mari et moi qu'elles fassent partie de l'aventure dès le début et qu'elles valident notre projet. »

Comment ont-elles réagi quand elles ont rencontré Valentin ?

« Elles étaient particulièrement impatientes de faire sa connaissance. Elles avaient passé des mois à l'observer grandir, dans mon ventre, elles avaient senti ses petits coups de pied, elles étaient à la fois impatientes et anxieuses de faire sa connaissance. En tout cas, elles se réjouissaient pour Christophe et Ghislain, qu'ils aient enfin leur propre famille. Je peux vous dire qu'elles ont pleuré quand elles les ont vus avec lui pour la première fois. Je me souviens de ce qu'a dit Emily : "Je pleure parce que je suis si heureuse pour eux !" Avec mon mari Jacob, nous sommes très fiers de la façon dont elles ont réagi et de ce qu'elles ont appris de cette expérience. »

Vous souvenez-vous de la première fois que vous avez rencontré Christophe et Ghislain ?

« Oui ! D'abord nous avons eu un rendez-vous en visio. J'ai su en quelques instants qu'ils étaient le couple avec qui j'avais envie de vivre cette aventure. Leur chaleur, l'amour qui les unissait, ça m'a bouleversée d'emblée. Ils avaient tellement envie de devenirs papas et du coup je me suis dit que j'avais vraiment envie de les aider à concrétiser ce rêve. Nous avons rencontré Christophe en personne trois jours après le transfert d'embryon, il a débarqué par surprise à la maison ! Quel choc ! J'ai eu l'impression que nous nous connaissions depuis longtemps déjà, un sentiment d'amitié naturel s'est immédiatement créé. Ils ont eu l'opportunité de venir tous les deux quelques mois plus tard et nous sommes allés ensemble à l'échographie. Ils ont pu aussi sentir les petits coups de pied de Valentin pour la première fois. Et puis on les a aussi présentés à tous nos amis et notre famille lors d'une “daddies party” qu'on a organisée. Tout le monde était là pour nous soutenir et pour rencontrer les parents du petit bébé que je portais. Quand je me remémore tous ces moments, ça m'émeut, c'était une aventure extraordinaire. »

Qu'avez-vous ressenti à la naissance de Valentin ?

« C'était incroyable ! J'étais très concentrée évidemment, et mon désir le plus fort c'était de voir les visages de Christophe et Ghislain au moment où ils allaient rencontrer leur petit garçon. C'était bouleversant et si beau ! Mon mari Jacob a pu tout filmer, cette naissance magnifique. Des images à la fois pour eux... mais aussi pour nous. »

Quelle relation souhaitez-vous avoir avec Valentin ?

« Ma famille et moi souhaitons vraiment garder le contact avec Christophe, Ghislain et Valentin. Nous voulons le voir grandir. Aujourd'hui encore, nous nous envoyons des messages, nous nous donnons des nouvelles. Nous avons tout vécu : ses premiers repas, ses premiers sourires, ses premiers pas. Ils nous ont tout montré. Les filles étaient très heureuses, et moi aussi. De voir ce petit bonhomme grandir et s'épanouir dans une famille qui l'aime est si touchant.

« Vous savez, être une mère porteuse, ce n'est pas juste le temps de la grossesse. C'est un lien solide qui unit deux familles pour la vie. Cela peut être une chose merveilleuse. »

En relisant les mots de Whitney, je mesure à quel point nous avons été chanceux de la rencontrer. Rares sont les êtres si généreux sur cette planète. Évidemment que notre lien est fort. Nous partageons encore tout avec Whitney.

Oui, l'aventure que nous avons vécue fut une chose merveilleuse.

Les pieds dans la dune

Sèvres, juin 2020

– Ce sera du jamais vu à la crèche !

Sandrine, la directrice de la crèche, nous accueille avec Ghislain et Valentin. Deux papas... une petite incongruité que l'établissement accueille avec bienveillance et un peu de curiosité. Elle nous confie alors qu'ils ont déjà eu le cas d'un enfant qui avait deux mamans. Mais deux papas, ce sera une nouveauté ! Nous faisons quelques blagues, pour détendre l'atmosphère, mais aucune animosité n'est perceptible, bien au contraire. « Vous savez, nous dit Sandrine, nous, ce qui nous importe, c'est que votre petit garçon soit heureux et épanoui et que les parents soient satisfaits ! »

Et de ce côté, ça sent déjà bon : Valentin jette un coup d'œil à l'endroit : tant de jouets ! Tant de bêtises potentielles et de petits camarades bruyants à rencontrer ! Son petit visage s'illumine d'un grand sourire. Incontestablement, le feeling passe.

On nous présente Corinne, c'est elle qui s'occupe du groupe des tout-petits dans lequel va atterrir bébé à partir de fin août. D'une gentillesse infinie et d'un amour palpable pour tous ces petits bébés dont elle prend soin. Et puis il y a Frédérique, la psychologue de la crèche ! Un jour par semaine, elle est là pour vérifier que les bambins vont bien. Elle vient nous saluer avec entrain. D'emblée, nous sentons avec Ghislain que notre famille va devenir un joli sujet d'étude pour elle qui semble se réjouir des formes de familles alternatives !

– Mais il a l'air très bien dans ses baskets, votre petit !!!

Nous échangeons quelques minutes sur les dernières questions que nous nous posons sur l'organisation, les repas et la logistique. Et cette visite s'achève, le temps de finaliser l'inscription.

En sortant de la crèche sous ce soleil radieux du mois de juin, nous nous sentons tellement rassurés ! La société a visiblement bien évolué : ici, on ne juge pas ceux qui sont différents, à aucun moment nous ne nous sentons montrés du doigt. Nous serons des parents comme les autres, et Valentin un des petits pensionnaires de la crèche comme les autres également !

D'ailleurs, dans le quartier, l'arrivée de bébé a été saluée par nos voisins, adorables et gentils. Charlotte et Patrick, deux retraités de la maison d'à côté, nous ont même invités à boire le champagne pour faire connaissance de leur nouveau petit voisin. Qu'il est doux et rassurant de voir que l'amour peut aussi entraîner de l'amour ! Une façon toute simple de faire avancer les mentalités, finalement.

Vivre tous ensemble, avec nos différences, et s'accepter tous tels que nous sommes.

D'ailleurs, la façon dont mon ami Laurent Ruquier me met en boîte aux « Grosses Têtes » en se moquant gentiment de mes nouvelles préoccupations de papa contribue aussi à normaliser les choses. L'autodérision, l'humour, noir parfois. Se moquer de soi et de tous, n'est-ce pas la meilleure façon au fond d'intégrer tout le monde ? Laurent qui a la dent dure à la radio mais tellement tendre dans la vraie vie... Il a offert à Valentin sa première tenue Bonpoint, so chic ! Un petit manteau, un pantalon, une chemise. Magnifique ensemble qui a fini aspergé de purée de carotte. Sa bienveillance mêlée de tendre ironie m'accompagne depuis de longues années maintenant... et il prend toujours soin d'inviter aussi les enfants de ses amis lors de ses fêtes ou de ses virées en vacances. Même si je suis persuadé qu'il préfère Madame à Valentin !

Mais, avant la rentrée, il est l'heure de nos premières vacances de papas !

Sèvres, 2 août 2020

– Je te dis que ça ne passe pas !!!

Ah qu'il est dur de tout faire rentrer dans le coffre ! J'avoue, enfant, je me moquais souvent de mon père quand il s'ingéniait à jouer au Tetris pour parvenir à tout faire rentrer dans la malle ! Valises, sacs, poussettes, jouets... Sans oublier Madame, sa gamelle et ses croquettes.

Dans le garage, le casse-tête joue les prolongations alors que je rappelle à Ghislain qu'il ne faut pas oublier le parasol, indispensable pour aller à la plage avec bébé.

Premières vacances pour Valentin sagement installé à l'arrière avec, allongée près de lui, sa baby-sitter préférée, Madame. Elle est son souffre-douleur favori, lui qui adore lui tirer sur les poils ou agripper ses petites oreilles ! Pour elle aussi le voyage s'annonce long.

Lorsque nous faisons notre entrée sur l'A10 et que le ronron tranquille de la voiture commence à s'installer, Valentin s'assoupit. Madame aussi. Tout comme Ghislain.

Je baisse un peu la musique et me dis que je vis enfin le rêve que je chérissais depuis mon plus jeune âge. La famille ! Construire ma famille à moi. La seule chose qui compte vraiment dans l'existence.

Les kilomètres déroulent. Arrêt au péage... quelques embouteillages... puis la pause sur l'aire de repos. Tandis que Ghislain promène Madame en fumant une cigarette, je pars de mon côté acheter des sandwichs dans la petite boutique de la station-service avec mon fils dans les bras. Valentin se prend de passion pour les petites peluches posées opportunément près de la caisse. J'en attrape une, un toucan multicolore. Lorsque je lui appuie sur le ventre il se met à gazouiller. Je vois alors les yeux de Valentin s'écarquiller, il pose son regard sur le toucan, puis sur moi, à la fois fasciné et curieux.

Tu as gagné, bébé. Ce sera deux sandwichs... et un toucan s'il vous plaît !

Il va falloir que je prenne garde à ne pas trop le gâter.

Nous roulons en direction de ma tanière... mon refuge... mon Sud-Ouest. Bordeaux et ses environs d'abord, pour présenter Valentin à la famille. Et puis nous irons sur le bassin d'Arcachon.

Première étape : Tico, ma grand-tante. La sœur de ma mamie Jeannine. Cela me fait tant plaisir d'aller la voir ! Elle qui a toujours été si gentille avec nous. Elle approche doucement les 90 printemps mais ne les fait vraiment pas ! Avec ses petites lunettes au bout du nez, elle prend doucement Valentin dans ses bras. Un nouveau petit bonhomme dans la famille. Cet immuable recommencement. Ces générations qui se croisent. Les grands-mères et les grands-tantes qui tirent leur révérence, petit à petit, tandis que les bébés font resurgir la vie, c'est le cycle éternel.

Mais quel crève-cœur de retourner à Bordeaux sans pouvoir serrer ma mamie dans mes bras. Elle aurait été si heureuse de faire la connaissance de Valentin. Soulagée sûrement aussi de constater dans les yeux de son petit-fils le bonheur éclatant de celui qui se dit qu'il a réussi le plus beau projet qu'il ait pu rêver dans sa vie. Sans doute quelque part voit-elle notre petite famille de son regard attendri, et veille-t-elle sur nous.

Nous avons loué une petite maison de bois typique du bassin, à deux pas de la dune du Pilat et de ses immenses forêts de pin. À pied nous pouvons nous rendre sur une petite plage, il n'y a qu'une rue à traverser. Au bord de la route, nous marchons sur les aiguilles de pin et le sable mêlés. Un escalier donne accès à une bande de sable plus ou moins large en fonction du coefficient des marées. Sur la côte, on aperçoit des villas tranquilles, nichées dans la colline, sous les pins centenaires, vue plongeante sur le banc d'Arguin. Et un peu plus loin l'on aperçoit les cabanes tchanquées, ces deux petites maisons de bois sur pilotis qui trônent au cœur du Bassin, tout près des parcs à huîtres et des piquets où se croisent les pinasses. Ce paysage semble ne pas avoir changé depuis mon enfance. Les odeurs non plus. Les blockhaus, un peu plus proches des flots, peut-être. Qui glissent inexorablement vers la mer centimètre par centimètre tous les ans.

La sérénité des racines. Le coucher de soleil le plus beau du monde sur la corniche.

J'ai envie que notre fils connaisse ces émotions-là, qu'il sente cette terre qui est la sienne aussi. Que ce sable est sien. Que ces pins sont à lui. Que les délicieux cannelés et chocolatines de la boulangerie d'à côté seront ses madeleines de Proust estivales. Lors de ces vacances idylliques, le « bar à Papa » où les surfeurs viennent célébrer leur fin de journée en buvant des verres, chantant et riant, n'a jamais aussi bien porté son nom.

C'est sur la dune, dans le sable chaud de ce mois d'août, que Valentin a fait ses premiers pas. Son petit ventre tendu en avant, ses petites fesses cambrées dans son maillot de bain aux motifs de palmiers. Les pieds dans la dune, qui avancent maladroitement. Avant de chuter le nez sur la plage dans un fou rire qui avalerait le monde. Ses premiers bains de mer, nous les aurons faits ici. Ce symbole qui compte tant pour moi.

La première fois que j'ai posé un pied dans le sable, c'était ici, moi aussi. Il y a plus de quarante ans. Mais la mer est la même, ou presque. Et le sable est aussi chaud. Et les coquillages n'ont pas changé. Les aiguilles de pin qui picotent les pieds aussi lorsque l'on marche sans chaussures pour rejoindre la maison. Que de souvenirs me sautent à la mémoire. Forcément, ici, tout me rappelle papa. Surtout lorsque je vois ces voiliers tirer des bords devant le cap Ferret. C'était il y a si longtemps et en même temps cela me paraît si proche. Les pieds dans la dune.

Papa, si tu savais comme j'aurais aimé que Valentin fasse ses premiers pas à tes côtés. Que, comme moi, il vogue sur le bassin, au gré du vent. Qu'il sache cette odeur de varech, ces coquillages dans les écopes rouges que l'on ramassait à marée basse, qu'il tente de tenir en équilibre sur ta planche à voile orange, qu'il se baigne accroché à un bout alors que le bateau redémarre, qu'il nous aide à jeter l'ancre sur l'île aux Oiseaux. Qu'il fasse la sieste dans la cabine, bercé par le ressac. Qu'il dévore un sandwich préparé par mamie. Qu'il joue aux petits chevaux, en équilibre sur le bastingage.

Et qu'à la fin de la journée, alors que le soleil est avalé par la mer et le sable mêlés, qu'il s'endorme dans les bras de son papi Philippe. Papa... que tu sois son roc, son géant barbu, comme tu le fus pour moi.

Aujourd'hui, la boucle est bouclée. J'étais un fils. Je deviens un père. Fort de tout ce que m'a appris le mien, de tout l'amour que m'a apporté ma mère, du soutien sans failles et de la bonté de Corinne et Pascal qui m'ont accueilli dans leur famille comme un deuxième enfant, nous savons avec Ghislain que Valentin sera l'enfant le plus heureux au monde. Un petit bout d'homme qui unit une famille et que l'on va guider sur le chemin tortueux de la vie.

La prunelle de nos yeux.

Notre héritier.

Notre fils.

Un fils à papa(s).

Épilogue

Sèvres, 13 janvier 2021

Et voilà, Valentin ! Nous avons devant nos yeux le document qui confirme ton état civil.

Tribunal judiciaire de Paris,
Déclare exécutoire sur le territoire français l'ordonnance établissant la filiation rendue le 26 novembre 2019 par le tribunal d'instance de la neuvième circonscription judiciaire de l'État du Nevada pour le Comté de Douglas ayant dit que Christophe Jean Beaugrand et monsieur Ghislain Pascal Gerin né le 9 novembre 2019 à Henderson comté de Clark dans l'État du Nevada et les a autorisés à ce titre à figurer sur l'acte de naissance.
Dit que l'enfant Valentin portera le nom de famille Beaugrand-Gerin choisi par leurs parents conformément à l'article 357-1 du code civil français.
Fait et jugé à Paris le 13 janvier 2021.

Nous sommes et nous resterons à jamais tes deux papas. C'est gravé dans le marbre. Ta filiation est garantie, ta sécurité est assurée. La République t'ouvre les bras, un enfant de France et ses parents. Dans quelques semaines, le temps de passer les délais administratifs, tu apparaîtras sur notre livret de famille.

Ce livre qui s'achève ainsi, nous l'avons écrit pour que tu saches tout. Que tu connaisses ton histoire dans les moindres détails. Que tu saches que tu es né d'amour et de don. Que tu te joignes à nous pour rendre hommage à Bruna et Whitney qui nous ont permis de devenir papas.

Quand tu seras en âge de lire cet ouvrage, la société aura probablement évolué, je l'espère de toutes mes forces. Tu auras sûrement croisé tout au long de ton enfance et de ton adolescence d'autres enfants comme toi, qui auront grandi avec deux mamans ou deux papas.

Tu auras peut-être été rejeté parfois par les plus étroits d'esprit. Tu nous auras sûrement défendus, par moments, contre les attaques de certains malfaisants.

Mais ce que nous souhaitons du plus profond de notre cœur, c'est qu'en lisant ces lignes, tu sentes ton cœur gonflé de fierté !

Fier de tes papas qui ont vaincu tant d'embûches pour que tu viennes au monde.

Fier de ta famille, pas comme les autres et pourtant si banale.

Fier que ce livre, dont tu es le héros bien malgré toi, ait pu montrer à ceux qui en doutaient que nos familles méritent autant que les autres le respect et le bonheur.

Épilogue

Nous sommes convaincus avec Ghislain qu'un exemple de joie et d'épanouissement recèle en une image, une simple photo, la force de faire bouger les mentalités. Ton bonheur, celui de notre famille, nous le montrons donc à tous.

Non, pour vivre heureux, nous n'avons pas à vivre cachés. Au diable cette injonction à la discrétion ! Notre bonheur avec toi nous le vivons au grand jour et nous le partageons avec tous les Français qui ont l'esprit suffisamment ouvert pour ne pas en faire un scandale.

Valentin, notre histoire ne fait que commencer, et fais-nous confiance, nous serons toujours là pour toi.

Tes papas.
Christophe et Ghislain

Note

Au moment où j'écris ces lignes, on ignore encore ce qui se profile pour les enfants nés de GPA à l'étranger (qu'ils soient issus de familles hétérosexuelles ou homoparentales).

Le président Macron s'était engagé pendant la campagne de 2017 à ce que leur filiation soit reconnue à l'état civil français, conformément à la jurisprudence de la Cour européenne des droits de l'homme. Mais hélas, rien n'a encore été voté en ce sens à quelques mois de la fin du quinquennat. Ce qui se profile rendrait plutôt plus ardues ces démarches, contraignant les parents à passer par l'adoption.

On estime aujourd'hui qu'entre 30 000 et 50 000 enfants vivent et grandissent en ce moment au sein de familles homoparentales en France. Mais les statistiques n'existent pas vraiment. Certaines associations évoquent plus de 100 000 enfants.

Quant à la GPA, difficile également d'avoir des statistiques dans la mesure où la pratique n'est pas légale en France. Entre 200 et 400 familles françaises se lanceraient chaque année dans l'aventure de la GPA, souvent grâce au bouche-à-oreille ou à la « débrouille ». On estime que les couples homosexuels concernent 50 % des démarches de Gestation Pour Autrui. Les autres GPA touchant des couples hétérosexuels stériles.

Plusieurs agences américaines ont pignon sur rue, les plus connues étant The Circle ou Extraordinary Conceptions. Mais elles sont de plus en plus nombreuses et elles embauchent souvent des personnels français (ou francophones) pour faciliter les choses aux couples hexagonaux.

L'ADFH (Association des familles homoparentales) peut donner quelques informations juridiques, notamment pour la reconnaissance des enfants une fois les démarches GPA effectuées.

Quoi qu'il en soit, comme vous l'aurez compris en lisant ce livre, c'est une longue et laborieuse aventure... mais croyez-moi, elle mérite d'être vécue !

Remerciements

Je tiens à remercier les hommes de ma vie, Ghislain et Valentin, qui sont devenus ma raison de vivre.

Merci à Whitney d'avoir été l'incroyable magicienne qui a bouleversé nos vies : tu seras à jamais notre bonne fée.

Merci à ma famille, et tout particulièrement ma maman, de m'avoir toujours soutenu et compris. Et à Corinne et Pascal de m'avoir accueilli dans leur foyer comme un fils. Merci à Nathalie, Stéphane, Amandine, Étienne et Alice, la famille !

Merci à mes amis, mention spéciale à Sandra la marraine de Valentin, et Laurent qui a toujours su me tenir la tête hors de l'eau. Vous m'avez construit aussi. Merci à Jennifer, ma sorcière bien-aimée. Dominique et Éliane, mes mamans parisiennes. Olivier et sa maison verte. Clairette et sa Valentine. Jeannette et Monnier les copains costauds. Xavier et FX l'autrichienne.

Et tous ceux que j'oublie pardon pardon !

Merci spécial à Grégory qui m'a proposé d'écrire ce livre et qui a réussi à trouver les arguments pour me convaincre de coucher sur le papier l'histoire que vous venez de lire : sans toi, jamais je n'aurais osé. Merci de m'avoir guidé et de m'avoir permis de publier ce témoignage qui, je l'espère du plus profond de mon cœur, pourra contribuer à faire évoluer les mentalités.

Et enfin, merci à tous ceux qui me suivent depuis si longtemps et qui me soutiennent. Tous ces anonymes qui prennent quelques minutes de leur temps pour m'envoyer des messages bienveillants et chaleureux qui me prouvent à quel point il est vertueux de partager l'image de notre famille. Si vous saviez à quel point ça me touche !

Continuons ensemble à faire bouger les choses.

Table

Fils à papa(s)

Pour en savoir plus
sur les Éditions Plon
(catalogue, auteurs, vidéos, actualités...),
vous pouvez consulter
www.plon.fr
www.lisez.com
lisez!
et nous suivre sur les réseaux sociaux

Editions Plon

@EditionsPlon

@editionsplon

MIXTE
Papier issu de sources responsables
FSC® C003309
FSC www.fsc.org

L'éditeur de cet ouvrage s'engage dans une démarche de certification FSC® qui contribue à la préservation des forêts pour les générations futures.

Pour en savoir plus :
www.editis.com/engagement-rse/

Imprimé en France par CPI
en octobre 2021
N° d'impression : 3045678